Audience Analysis

当 代 世 界 学 术 名 著

受众分析

丹尼斯·麦奎尔（Denis McQuail）／著
刘燕南　李　颖　杨振荣／译

中国人民大学出版社
·北京·

“当代世界学术名著”
出版说明

中华民族历来有海纳百川的宽阔胸怀，她在创造灿烂文明的同时，不断吸纳整个人类文明的精华，滋养、壮大和发展自己。当前，全球化使得人类文明之间的相互交流和影响进一步加强，互动效应更为明显。以世界眼光和开放的视野，引介世界各国的优秀哲学社会科学的前沿成果，服务于我国的社会主义现代化建设，服务于我国的科教兴国战略，是新中国出版工作的优良传统，也是中国当代出版工作者的重要使命。

中国人民大学出版社历来注重对国外哲学社会科学成果的译介工作，所出版的“经济科学译丛”、“工商管理经典译丛”等系列译丛受到社会广泛欢迎。这些译丛侧重于西方经典性教材；同时，我们又推出了这套“当代世界学术名著”系列，旨在迻译国外当代学术名著。所谓“当代”，一般指近几十年发表的著作；所谓“名著”，是指这些著作在该领域产生巨大影响并被各类文献反复引用，成为研究者的必读著作。我们希望经过不断的筛选和积累，使这套丛书成为当代的“汉译世界学术名著丛书”，成为读书人的精神殿堂。

由于本套丛书所选著作距今时日较短，未经历史的充分淘洗，加之判断标准见仁见智，以及选择视野的局限，这项工作肯定难以尽如人意。我们期待着海内外学界积极参与推荐，并对我们的工作提出宝贵的意见和建议。我们深信，经过学界同仁和出版者的共同努力，这套丛书必将日臻完善。

中国人民大学出版社

译者前言

《受众分析》：解读与思考

受众研究是大众传播研究的一个重要领域。随着大众传媒的迅猛发展，尤其是以互联网为代表的新媒介在世界范围内的快速推进，今天的受众已不再只是游走于不同媒介之间的读者、听众或观众，也不再是单纯的信息接受者，如何从历史和社会等多个维度全面描绘受众的各种面相和角色，分析其特点，把握其变化规律，已成为受众研究的一项重要任务。然而，迄今为止，关于受众的研究论著不少，关于受众的全景式把握的作品却不多见，就此而言，丹尼斯·麦奎尔撰写的《受众分析》一书，可谓欧美传播学界全面、系统地探讨受众问题的一本著作。

麦奎尔的名字对我国传播学界来说并不陌生，20

年前，他的《大众传播模式论》一书中文版的发行，曾经为刚刚起步迈向传播学研究的中国学者，架起了一座快捷地通向传播学庞大理论体系的桥梁。作为著名传播学者、“欧洲传媒研究小组”成员、《欧洲传播学杂志》三位创始人之一，麦奎尔在传播学研究领域涉猎广泛，著述颇丰。他擅长从历史的纵深处找寻研究的起点，采用社会学视角，对各种大众传播研究成果进行梳理和整合，探讨各种理论和研究之间的内在关联性，形成并提出自己的理论观点。《受众分析》一书基本上体现了他的这一研究风格。

在《受众分析》中，麦奎尔以大家手笔，纵横捭阖，将历史与现实、理论与实践、宏观与微观、定性与定量、批判学派与经验学派等多种维度纳入研究视野，从解说受众概念入手，对各种受众现象和受众问题展开全方位讨论，分析原因，探讨规律。不仅为各种观点的展示和交锋提供了一个宽广的平台，为研究受众构筑了一个多元的学术空间，也给我们带来不少思考和启示。

一、大众、受众与大众受众

在受众研究领域，“大众受众”（mass audience）一词广为人知，然而，大众（mass）与受众（audience）并非天然一体，它们原本属于不同的话语范畴，一个是社会学的，一个是传播学的。大众与受众的勾连，一定程度上反映了历史和社会发展的内在逻辑。

按照大众社会理论，大众（mass）是现代工业化社会的产物，也是大众传播发展的结果，反映了脱离家庭、血缘、土地等传统纽带，相互依赖却又彼此陌生的人们的生存形态。大众具有规模大、分散、匿名和无根性的特点，既不同于有一定组织性的社会群体（group），也不同于松散的群集（crowd），以及有政治自觉意识的公众（public），他们没有任何组织性，没有稳定的结构、规则和领导者，也缺乏为实现自身目的而行动的意愿和手段。

而受众（audience），按照麦奎尔的说法，是社会环境和特定媒介供应方式的产物①。受众的发展经历了漫长的过程，受众的媒介使用亦具有鲜明的社会特征和环境特征。最早的受众可以追溯至古希腊古罗马时代，那些集聚在一起现场观看表演或竞技的城邦观众，他们是受众的原始雏形。15世纪印刷品的出现，催生了最早的大众媒介受众——阅读公众，一种拥有一定社会地位和阅读技能，相对自主的群体。电影的发明和影院放映方式的出现，则“创造了第一个真正意义上的‘大众受众’”②：数以百万计的人们一起分享相同的、经媒介传播的情感和体验，批量生产的拷贝传播，取代了个性化的、活生生的现场表演和互动。到20世纪初中期，广播电视的发明，使受众身份第一次与技术手段的拥有联系在一起，跨越有形疆域的无形传播，大大扩展了传播的影响面和影响力，时空转换性更强，共时分享的受众也更多。

最早用“大众”概念框架来分析“受众”的，是美国社会学芝加哥学派的代表人物之一布卢默。他从更广泛的社会生活变化特征的角度进行思考，将受众这一新型集合体的形成，视为现代社会各种因素相互作用的结果，并称之为“大众”，以与此前的“群体”、“群集”和“公众”区别开来③。大众或受众的形成，都离不开工业化都市化的发展、人们识字能力的提高、交通运输的发达、信息传播的普及、社会的集中化程度等因素的影响。大众传播的受众，不仅人数众多、分布广泛、层次参差、互不知晓，而且缺乏自我认同意识，也没有任何组织性，不为自己行动，却受外部力量的驱使。由此观之，用典型的大众社会论观点说，“大众传播的受众无疑就是大众本身，受众具备着大众的一切特点”④。

这个版本的大众受众，常常被视为像一盘散沙一样孤立无助、被动消极的个体，在大众传播中，他们处于单向的、非人格传播的接收端，

---

① See McQuail D., *Audience Analysis*, Sage Publications, London, 1997, p. 2.

② 同上书，5页。

③ 参见上书，6页。

④ 郭庆光：《传播学教程》，第1版，172页，北京，中国人民大学出版社，1999。

是中弹即倒的“靶子”和任人操纵的群氓。早期传播效果理论“魔弹论”眼中的受众便是如此。此后，随着社会的发展和研究的深入，人们重新发现了“作为群体的受众”，发现了“顽固的受众”，也出现了各种不同的受众观。然而，更明显的趋势是，随着大众传媒向产业经营方向发展，市场话语逐渐呈现强势，而将大众受众视为市场、视为消费者的观念也日益发达。在这种观念下，传播者与受众之间的关系被简化为一种“计算”关系，一种买卖关系，大众受众成为媒介资本和广告商（广告主）的“打工仔”。

在批判学派眼里，大众受众一词多少带有一些贬抑之意，意味着个性丧失、非理性和缺乏自我意识。用马尔库塞（Marcuse，1964）的话说，大众受众的形成是控制与同质化过程的一个组成部分，而控制和同质化导致出现了单维度（又译单向度）的社会和单维度的人①。他们无力为自己辩解，而传媒却可以将“心理无知”强加给他们②。然而，后期文化研究学派尤其是接受分析抛弃了传统的“大众”概念，也否认受众不可避免的被动性，他们认为，受众从来就不是绝对被动的，而是具有一定的主动性和选择能力，他们能够按照自己的意愿解读媒介文本，并建构意义。

二、受众研究的三种传统

对迄今为止林林总总、各式各样的受众研究，麦奎尔进行了删繁就简、提纲挈领式的整合和归纳，特别是参考和借鉴了詹森和罗森格伦关于受众研究的五种分类，在此基础上，将受众研究划分为三大传统，分别冠以结构性、行为性和社会文化性受众研究之名，并以图表的形式详加说明。③

麦奎尔认为，结构性受众研究源于媒介工业的需要，其目的是为了

---

① See Marcuse，H.，*One Dimensional Man*，Routledge & Kegan Paul，London，1964.

② See McQuail D.，*Audience Analysis*，Sage Publications，London，1997，p. 13.

③ 参见上书，16～21 页。

获得有关受众规模、媒介接触、到达率、流动情况等方面的量化信息，这些数据对于媒介广告经营来说是必不可少的，由此催生出了一个与广告和媒介市场研究密切相关的庞大产业。结构性研究也有助于区分受众类别，探讨社会背景、大众传媒系统与个人媒介使用之间的关系。

行为性受众研究的目的，重在改进和强化媒介传播效果，即通过考察受众外在的而非内在的表现，比如受众的媒介选择、使用、意见和态度等，来解释媒介的影响，预测受众的行为，为传播决策提供参考。在行为性受众研究中，受众被视若“黑箱”，不必了解其内在机理，通过察其言观其行，便可描述受众经验，推知其行为动机和传播效果。

社会文化性受众研究内容广泛，广义上包括批判研究、文学批评、文化研究和接受分析在内，狭义上则主要指后者。它与结构性与行为性研究的不同在于，它抛弃了传播效果的刺激—反应模式，也不再遵从媒介文本或媒介讯息万能的观点，更扬弃了传统批判学派所谓受众臣服于传媒体系的观点，它认为受众具有主动性和选择性，受众的媒介使用是特定社会文化环境的一种反映，也是赋予文化产品和文化经验以意义的过程。接受分析还特别强调了受众在对媒介文本进行“解码”中的能动作用，认为受众对于大众媒介所提供的支配性和霸权性意义，具有抵抗和颠覆的力量。

麦奎尔所概括的三种研究传统，其区别不仅在于研究目的的不同和受众观的差异，还在于研究方法的不同。结构性和行为性受众研究主要采用调查统计和心理实验等定量研究方法，这种方法常常为所谓“主流”的受众研究所采用。在传播学者伊恩·安（Ien Ang，1991）看来，这一类研究感兴趣的往往是通过测量系统和测量技术，来证实受众的存在，以便更好地操纵和利用受众，这样的数据可以用来说服广告商或广告主，却永远无法把握真正“受众本体”的实质①。社会文化性受众研

① See Ang, I., *Desperately Seeking the Audience*, Routledge & Kegan Paul, London, 1991.

究则主要采用民族志和定性的研究方法，试图在社会和文化的意义上全面深入地把握受众，强调对“人”的再发现。

按照麦奎尔的观点，受众研究目的的不同，根源于研究者立场的不同：是站在传播者一方唯传媒工业之马首是瞻，还是站在受众一方用他们的视角看问题。实际上，不同研究流派的差别，已经暗示了不同的研究目的和不同的研究方法。如果将“受众控制”和“受众自治”视为两个不同目的的端点，在受众控制一端，数量最多的无疑是定量受众研究，这是媒介工业需要并且愿意为之投资的研究。① 近年来，受众研究虽然出现了由“受众控制”向“受众自治”方向迁移、从传播者视角向受众视角转变的趋向，但是，整体上并未跳脱“主流”研究传统的窠臼。

三、社会视角：受众的媒介使用

《受众分析》一书对受众的媒介使用行为（或活动）的分析，反映了麦奎尔一直以来所秉持的社会学视角，也是他擅长的研究路径，即将受众的媒介使用置于更广阔的社会背景中来考察，探讨社会因素如何影响人们的媒介行为以及相互之间的互动。

麦奎尔反对那种将受众研究囿于传统的讯息传播线性过程模式，在实验室里研究受众的做法，认为这一模式和行为主义的偏见，往往扭曲了受众研究。在这一类研究中，受众的媒介接触行为被视为彼此无关的个体选择的总和，受众是暴露在媒介影响下由孤立个体组成的大众，讯息的“内容”和“影响”成为关注的重心，而几乎所有社会因素，都被视为需要隔离或剔除的“噪音”或干扰。麦奎尔认为，有计划的线性信息传输模式，只是一个抽象概念，它所描述的只是一个例外，不能反映大众传播活动的常态，也不能反映媒介业的真实情况；人们往往因为各

① See Beniger, J. R. , *The Control Revolution*, Harvard University Press, Cambridge, MA, 1986.

种社会原因接触媒介，其媒介行为总是与特定的时间和空间、特定的社会和文化习俗相联系；社会因素在受众的媒介选择、媒介使用，受众赋予媒介重要性等几乎所有方面，都具有重要的甚至是决定性的影响。[①]

麦奎尔对所谓"主流"传播学的一些看法也不以为然。"主流"传播学含蓄地将"媒介使用"与其他行为相区别，认为媒介使用是一种独立的、另类的行为类型，不可避免地会替代其他活动。麦奎尔认为，媒介使用是人们在特定社会环境中完成的众多行为之一，或者说是由各种社会因素合力促成的一种行为。依照接受分析的观点，媒介使用是人们生活的一个基本组成部分，是一种普遍存在的正常的社会行为，不可避免的是，它已经融进我们的日常生活当中，而不是妨碍或替代了其他活动。事实上，媒介的发展，常常要与人们的生活形态相联系、相协调，不能人为地将媒介使用从受众生活的社会环境中抽离出来。正是在这个意义上，今天的电视成为人们的生活背景之一，"看电视"往往比"看电视节目"更准确地描述了人们的日常生活形态；"去看电影"也总是更多地被视为一项社会交往活动，而不仅仅只是看电影。

在媒介使用的社会性这一层面，麦奎尔引入了多个研究维度，力图全方位地探讨受众的媒介使用与各种社会因素之间的关系。从公共空间与私人空间、亚文化、生活方式、种族、社会性别、社交、意义协商，一直到媒介使用的规范框架、内容规范以及社会病态问题，麦奎尔对每一维度都有专门论述，于旁征博引之间，为众多研究者及其观点提供了一个展示的舞台。

他本人也在不断寻求研究思想的深入表达。例如，在探讨公共空间和私人空间问题时，麦奎尔认为，受众的媒介使用一方面意味着分享更广泛的社会生活，另一方面则可能是完全自我的、私人化或小圈子化的行为。他援引戴扬和卡茨（Dayan and Katz，1992）[②] 关于媒介事件的

① See McQuail D.，*Audience Analysis*，Sage Publications，London，1997，p. 89.

② See Dayan，D.，& Katz，E.，*Media Events*，Harvard University Press，Cambridge，MA，1992.

研究说明，某些媒介使用形态具有明显的公共特征，大型媒介事件所集聚起来的受众，表现出对国家重大事务和公共生活的参与意识，反映出受众群的集体特征，而非完全松散的、原子化的大众特征。私人型受众经验则基本上是根据个人心态和环境条件建构的，不涉及对社会或其他人的参考，虽然不纯粹是内省的，但多半与自我比较有关。即便如此，人们的媒介选择，也仍然是在一定的社会角色认知下进行的。

从社会视角出发，麦奎尔也谈到对在受众研究中运用较多的抽样调查方法的看法。麦奎尔认为，这种方法不可避免地会消解受众群体与社会网络之间的复杂联系，它只能生产有关个体受众的总体信息，进一步强化将受众行为视为个体消费活动的产物这一趋向，而非韦伯"以他人为目的"的社会活动。其结果是，受众的群体特征被忽视或者被完全湮灭。①

四、批判意识与视听率话语

批判视域中的大众受众，常常是低级趣味的代称，或是受资本主义剥削和操纵的无知者。在批判学派看来，那些热衷于流行和娱乐内容的受众，既缺少品味也缺乏辨别力，他们的需求只是一种"虚假的需求"；传媒工业将受众视为非人格化的、剥削的对象，将活生生的受众转化为一组商业数据，其目的不过是使资本家获利而已。

文化研究尤其是接受分析学派则拒绝接受将受众视为被动、无知、毫无自觉意识的"乌合之众"的观点，认为受众具有一定的主动性和辨别力。他们从正面阐释了受众的品味和需求，认为流行文化（popular culture）并非低级文化的代称，两者不能相提并论，流行文化是一种不同于所谓"高雅文化"或精英文化的文化类别。

麦奎尔赞同批判学派对于媒介工业本质特征的揭露，同时，也肯定了接受分析对于传统的精英式批判研究的"批判"锋芒，以及文化研究

① See McQuail D., *Audience Analysis*, Sage Publications, London, 1997, p. 22.

力图将受众从意识形态批判、社会关怀、道德说教、文化悲观主义等批判浪潮的束缚下解放出来的努力，尽管这些并未从根本上改变受众事实上的弱势特征。不过，麦奎尔没有拘泥于某一个学派的学术观点和视角，或局限于某个单一话语维度中，而是采取了一种比较客观而多元的态度。

对于媒介业盛行的“数字受众”及其生产方式，麦奎尔颇不以为然，尽管如此，他并没有回避如今传媒业（尤其是广播电视业）中视听率话语占强势地位的现实，也没有一味排斥经验性量化研究，相反在《受众分析》中，大量引入和探讨了其他一些研究者的经验性研究成果，甚至肯定了掌握有关受众的“外部信息”的必要性。他注意到，在目前以美国为代表的商业媒介体制下，市场数据之所以受欢迎，是因为有强烈的社会需求在起作用，这也是传播学经验性定量研究之所以盛行的一个重要原因。

关于视听率数据，麦奎尔以批判性思维阐述了其负面影响，在现实层面，则进一步分析了商业媒介体制下受众被视为市场和消费者、成为一切商业活动基础的必然性，视听率作为一个直接表明受众现实价值的术语，对于整个商业媒介体制正常运行的重要性，乃至对于非商业媒介的意义。他指出：“在任何一种媒介业的游戏规则中，即使不牵涉利润问题，视听率也为节目成功与否提供了主要标准。”①

正是在这个意义上，麦奎尔不同意那些当遇到收视率低或其他市场挫折时，不是检查自身，反以受众无知或变化无常为借口为自己辩护的做法。从了解“客观”受众的必要性出发，他用相当大的篇幅，对受众收视率、到达率、重叠观众、受众流等一系列在收视率话语体系中经常使用的技术性术语和指标，进行了比较深入的解读。比如，他谈到不同的媒介有不同的到达概念，报刊的测量指标有四个，由阅读公众、付费读者、阅读受众到忠实受众；而广播电视（已不限于此），基本上可以

---

① McQuail D., *Audience Analysis*, Sage Publications, London, 1997, p. 14.

分为可能受众、潜在受众、实际受众和目标受众四种；而这些界定，不仅受媒介信号覆盖和个人接收条件等结构性因素的影响，同时与统计方式也密切相关。他甚至从颇为策略的角度探讨了受众群的保持问题。

麦奎尔给人的印象，非以经验性定量研究见长，尽管如此，他的研究没有排拒定量受众研究所使用的概念和框架，也不完全否认视听率数据的作用。事实上，收视率只是一个专业指标，一种量化数据，本身并无善恶之分，使用数据者的良苦用心，才是判断问题的关键所在。

当然，仅仅粗略地用视听率数据来描述受众是不够的，它无法反映受众的众多特征，比如受众对某一媒介或媒介内容的喜爱度和依恋度、期望满足程度、关注度和卷入度，尤其是受众的“主动性”等等。这些都与“质”的评价有关。“质”的指标变化独立于收视率，而且传达的信息更丰富。但是一般来说，“人们收看他们喜欢的电视节目，并且喜欢他们收看的节目”①。

五、传播技术发展与未来受众

传播技术迅猛发展，新媒介产生和渗透的步伐在不断加快，它们对受众的影响如何？一些人预言“传播革命”将会来临，源于技术的这场“传播革命”，将会扫除传统的传媒生态圈中的大量生物，包括人们所熟知的“大众受众”。换言之，所谓“传播革命”，与大众受众的衰微是相联系的。

从某种意义上说，技术的发展在一定程度上逐渐削弱了形成大众受众的可能性和必要性；从遥控器、录像机、有线电视、卫星电视，以及各种新的录制、存储和重放技术，到今天遍及全球的高速电子信息网络，传播技术的发明和应用，使传统的受众角色——被动的信息接受者、消费者、目标对象将终止，取而代之的是搜寻者、咨询者、浏览者、反馈者、对话者、交谈者等诸多角色中的任何一个。“在大众受众

① Barwise, P. & Ehrenberg, A., *Television and Its Audience*, Sage, London, 1988.

兴起长达一个多世纪之后，这样的变化也许的确堪称为革命。”①

麦奎尔没有否认技术的直接推动作用，但是对于所谓传播革命的说法，却认为有必要“保持适度的怀疑”②。他认为，技术的发展，媒介的增多和传播手段的丰富，虽然理论上为传播者的多样化开辟了道路，然而传媒业产业结构并未发生如技术进步所提供的可能那样奇妙的变化，相反，全球化、跨媒介并购、跨国媒介资本运动，却从两个相反方向建构着受众：一个是受众的细分和分化，出现了新媒介渠道和产品的专业化受众，即便如此，目前在大多数国家里，多数受众的注意力仍然集中在少数几个频道上，在大多数时间内，媒介“核心”仍然支配着大多数受众的使用行为；另一个是作为媒介集中之产物的更大规模受众群的生长。③ 此外，如纽曼（Neuman，1991）所言，面对新技术的发展，有两股相当强大的惯性力量，在制约着受众的形成和受众行为的根本性改变：一股是受众的媒介使用心理，一种根深蒂固的消极的、心不在焉的媒介使用习惯；另一股便是美国式大众传播工业模式，规模经济将传播推向追求公分母式的、单向的大众传播道路，而不是促进窄播和双向传播的发展。④

对基于计算机和网络系统的互动（或交互）技术的出现，麦奎尔认为，它改变了如博德韦杰克和范・卡姆（Bordewijk and van Kaam，1986）⑤ 所说的训示型受众形态，明显强化了受众介入、反馈、选择、接近和使用媒介的能力，为受众提供了在更大范围内参与传播和进行交

---

① McQuail D., *Audience Analysis*, Sage Publications, London, 1997, p. 129.

② 同上书，128页。

③ 参见上书，134、138、145页。

④ See Neuman, W. R., *The Future of the Mass Audience*, Cambridge University Press, Cambridge, UK, 1991.

⑤ 传播学者博德韦杰克和范・卡姆（Bordewijk and van Kaam，1986）曾经将受众划分为四种：训示型、咨询型、注册型和对话型。训示型反映一对多的单向传播，受众反馈的可能性受到限制；咨询型意味着人们可以按照自己的“菜单”来接触媒介，能够决定自己的信息内容和信息接收时机，是一群个性化的媒介使用者；对话型，两边都由个体控制，强调受众主动性；注册型则指受众被置于某一中心系统的监测和记录之下，例如人员测量仪监测的观众。详见本书第3章。

流的可能性，尤其是咨询型和对话型受众的出现，意味着受众主动性的恢复和增强，这在很大程度上取决于互动技术所提供的可能。与此同时，他也表示，交互性本身的潜在吸引力有多大，或者说是否有足够多的需求支撑互动网络的运转，仍然是非常不确定的。交互性表现为多种不同的形式，包括电视游戏、远程教育、信息查询等等。它虽然动摇了以往的受众经验，使受众经验多样化，但它仍然不是传统上人们所熟悉的"观看式"大众媒介的替代物。① 就是互动媒体完全投入使用，很大程度上也将从属于社会实践，从属于既有的对这一类技术的解说。②

在麦奎尔看来，目前一些新媒介的发展还没有从根本上改变人们的行为；即使在传播渠道大大增加的今天，大量的传播机器仍然准备开足马力将大众受众最大化；技术发展所提供的潜能，更多地表现在拓展而不是取代旧的"受众行为"模式方面。在本书中文版前言中，他写道："旧的模式依然存在（通俗内容拥有大量受众），并可能延续下去，因为它满足了个人、传播者和社会的众多需求——在群体环境中共享闲暇和娱乐是一种社会需求。……社会领袖、政治领袖和广告商们也需要向全社会的广大受众传播信息，因而也尽可能地支持着大众受众的延续。即使是像互联网这样的新媒体，在某些情况下，也试图培养大规模的、忠实的'使用者'群体。"他表示："只要'大众媒介'依然存在，关于受众的传统含义和传统现实，也将继续存在并且仍然适宜。"③ 这或许也是麦奎尔赞成保留受众（audience）这一术语的一个原因。

与此同时，麦奎尔仍然相信新媒介孕育和催生出一些新受众的可能性很大，这些受众可能具有多种角色，没有任何单一分类方法能够恰如其分地对他们进行划分，但是，诸如主动性或被动性程度、互动性与可互换性程度、群体特征、构成的异质性、传送者与接收者之间的社会关系等一些主要维度，仍然具有足够的张力。而且，新受众会催生出新的

---

① See McQuail D., *Audience Analysis*, Sage Publications, London, 1997, p. 145.

② 参见上书，126页。

③ 同上书，145页。

更确切的概念和术语。

显然，不能说麦奎尔是一位技术决定论者，也很难将他归入热衷于“未来想象”的预言家一类。事实上，对于技术发展所产生或将会产生的影响，对于新媒介所提供的机遇和可能性，都还有待进一步的观察和思考。从某种意义上说，麦奎尔对于传播技术发展与未来受众的探讨，并非一维的，而是二维或多维的；既是技术的，也是社会的。这多少反映了他一向所抱持的观点：受众的形成受各种社会因素的影响，受众不只是技术的产物，也是社会生活的产物。①

六、中国的受众研究

20世纪80年代以前，我国真正意义上的受众研究几乎是一张白纸。尽管全心全意为人民服务一直被视为媒体的宗旨之一，几乎所有报纸、电台和电视台在开办之初都会设立读者、听众和观众联系部门，但是对于受众的认识和了解，无论是业界还是学界，无论在研究投入还是方法改进上，都相当欠缺。所谓受众研究，大都停留在召开座谈会、接受来信、来电或来访，或描述现象或总结经验的层面，缺乏科学性和理论性。以观众研究为例，笔者曾经对历年出版的《中国广播电视年鉴》进行检索，结果发现在其收录的20世纪80年代以前发表的文章篇目中，找不到一篇系统分析视听众问题的文字，也找不到一篇运用现代社会科学方法进行视听众研究的文章，更谈不上理论性的探讨。②

改革开放尤其是经济体制的市场化转型，在包括传媒业在内的众多领域引发了一场从生存方式到思维观念的全方位变革。它将一向以吃皇粮为生的我国传媒业引向风险与机遇并存的市场，推动传媒业摒弃传统的、居高临下式的“传播者本位”意识，朝着更好地服务受众、更好地满足人们多种需求的方向转变，也为受众研究写下新的篇章。

---

① See McQuail D., *Audience Analysis*, Sage Publications, London, 1997, p. 11.

② 参见刘燕南：《中国大陆电视研究的历史回顾与探讨》，载《21世纪两岸广播电视发展趋势研讨会论文集》，台北，1999。

在学术研究界，1986 年在安徽黄山召开了第一届全国受众研究研讨会，之后又相继在浙江萧山和河北保定召开了第二届（1992）、第三届（2001）全国受众研究会。论题从拨乱反正，联系实际探讨受众研究对于新闻改革的推动作用，到确立受众调研是我国新闻学（包括广播电视学）领域中一个崭新的、独立的分支，再到评估 20 年来我国受众研究工作取得的成绩与不足，比较深入地探讨受众研究的理论与方法[①]，受众研究逐渐摆脱政治话语的束缚，回归受众研究“本位”，走上追求科学性、理论性、精确性和本土性相结合的道路。

在受众调研领域，以 1982 年在北京首次采用抽样统计方法对读者、听众和观众进行的调查为起点，我国的受众调研从无到有、从小到大，逐渐成长。尤其是在观众调研领域，目前在全国和省级市场，省会城市及主要城市市场上，基本上都有一年 365 天不间断的观众收视率监测数据，不仅有日记卡数据，还有比较先进的人员测量仪数据。此外，每隔 5 年进行一次的纵贯式全国观众大型抽样问卷调查也在持续进行。广播收听率调研也有了长足进展。这些都为进一步把握视听众，了解受众市场，促进传媒业良性发展提供了基础。一些电台和电视台还建立了旨在全面评价节目效果的评估体系，其中既纳入视听率量化指标，也包括品质导向的满意度指标，还包括一些成本指标。

受众调研取得的成绩有目共睹，人们的学习和钻研精神也可圈可点，然而这只是万里长征走完了第一步，绝无自满或沾沾自喜的理由，相反，面对国外受众研究成果和不断变化中的受众，我们应该清醒地看到自己的不足。

从过去零散、简单而随意的来信来访，到今天大量定量受众调研的出现，这是一个进步，但是或许由于追赶的心情太过急迫，来不及多作思考，我们对于受众的关注似乎又走到另一个极端：调查多，研究少；

---

① 参见陈崇山：《中国受众研究 20 年》，载《解读受众：观点、方法与市场》，第 1 版，保定，河北大学出版社，2001。

数据多，理论少。一直以来，我们缺乏从历史和社会等角度对受众进行全面、系统、深入的分析，鲜见关于受众理论的原创性观点，也很少拓宽视野，从国外受众研究的多种理论资源中汲取养料，在更广阔的学术时空中审视自己的研究层次和研究个性，受众研究几乎成为经验性描述的代名词，也是许多未经消化的数据的集散地。显然，这样的研究无论在学术意义还是实践意义上，都不足以支撑起庞大的受众研究大厦。

受众研究应该引入多种视角，借鉴和采用不同的研究方法和路径，唯其如此，我们对于受众的认识才会不肤浅、不偏颇，才可能更科学、更立体、更深刻。当然，学习和借鉴国外理论与经验，也要注意其适应性，注意与我国实际的有机结合。笔者从事受众研究尤其是观众调研和视听率研究多年，并为传播学相关专业的研究生开设“受众研究”和“视听率研究”课程，在研究和教学工作中，对此有一些切身感受。在世界日益多元化的今天，无论从价值观还是方法论的角度，容纳多元，接受多元为一种常态，也是一种必然趋势。

笔者希望《受众分析》一书的翻译出版，能够丰富我们的研究思维，给予我们多种视角的助力，多种理论的滋养，参考和借鉴各种不同的研究方法，使我们的受众研究能够百花齐放，不断精进。

刘燕南

2005 年 10 月于中国传媒大学

中文版序言

得知《受众分析》一书被翻译成中文，我深感荣幸，同时非常高兴能为中文版写下这段简短的序言。本书出版于 1997 年，在这段时间里，特别是在各国乃至全球范围内数字化和新媒介市场开放的作用下，传媒发生了相当大的变化。互联网日益成为一种跨越“旧媒介”和“新媒介”之间界阈的新型媒介。然而，尽管采用了新技术，但是其所传播的内容常常与“旧媒介”极为相似。所有这些变化，都对受众的本质产生了影响，虽然它们多半只是增强了几年前就已经相当明显的趋势，即早期大众传播中典型的大众受众趋向“分化”（fragmentation）的趋势。各种传媒的大量涌现，传播和存储新技术的出现，以及激烈的市场竞争，这些因素的结合增加了受众的选择性，并促成了具有不同品味和兴趣的许多更小规模受众群的产生。

尽管如此，旧的模式依然存在（通俗内容拥有大量受众），并可能延续下去，因为它满足了个人、传播者和社会的众多需求——在群体环境中共享闲暇和娱乐是一种社会需求。这种情况同样适用于新闻和信息，它们为人们提供谈资，是人们形成观点的基础。社会领袖、政治领袖和广告商们也需要向全社会的广大受众传播信息，因而也尽可能地支持着大众受众的延续。即使是像互联网这样的新媒体，在某些情况下，也试图培养大规模的、忠实的“使用者”群体。我们可以预期，上述社会需求将逐渐与新的传播可能性相适应，除了大众传播之外，还会有其他传播网络不断生长。很显然，受众分析所面临的任务变得愈来愈复杂困难了。众多小规模受众是难以测量和跟踪的，而且受众也不再局限于一国边界之内。不同媒介所带来的不同使用模式，改变了媒介使用的整体平衡，对传媒的反馈活动，也有了更多的可能性。受众能够比过去更加主动积极地进行互动交流，尽管其影响可能不那么直接了。

本书对上述主题和其他一些内容进行了探讨，我很高兴地得知，这些内容将在新的读者圈中、在笔者所不熟悉的社会文化环境中，受到关注并引起讨论。这样的讨论很可能会得出不同的结论，并引发新的问题。这些使我对本书中文版的问世感到格外欣喜，在此，我要向为完成这项工作而付出辛勤努力的译者和编辑表示衷心的祝贺。

丹尼斯·麦奎尔

于英国南安普敦

2004 年 11 月

目　录

前　言

这本薄书的写作，经历了一段漫长的孕育过程。从某种程度上说，其源头可以追溯至20世纪60年代初期，那时我正在从事博士论文研究，考察观众们收看英国电视节目的情况。那一段经历如今早已被淡忘，然而正是从那时起，我对这一领域便一直充满了好奇。时下，在破解有关大众传媒运作方式的奥秘，乃至解决如我们所知晓的“大众传播”严峻的生存问题方面，受众正显示出举足轻重的作用；与此同时，为解开受众自身之谜而进行的研究，仍在进行当中。20世纪90年代初，当我开始构思写作这本专著以来，这项研究便一直很难跟上思想的新发展。我希望这本书的出版有助于说明，从事一项重要的、正在发展中的研究的意义所在，尤其是在这个新型受众不断出现，并且对传统理论发起挑战的年代。

感谢杰克·麦克劳德和史蒂夫·查菲（Jack McLeod and Steve Chaffee）当初邀请我写作本书，特别要感谢后者对本书的严格编审以及给予我的宝贵建议。在构思写作这篇前言时，我意识到，事实上研究受众是非常有趣的，尤其是在雷·布朗和杰伊·布卢姆勒（Ray Brown and Jay Blumler）的时常充满诙谐幽默的公司里。对于我们来说，从研究受众中获得的个人内在满足远胜过我们的付出。我想这个结论同样适用于大多数受众行为，尽管这是一个尚需检验的假设。最后，我要感谢出版社用非常快捷而有效的方式将这部手稿变成了铅字。就本书而言，我期待能有超过我预期的更多受众。

丹尼斯·麦奎尔

于阿姆斯特丹

第1章　一个概念的历史

受众问题

自从大众传媒研究的先驱者们提出并且采用描述大众传播过程的简单线性模式（信源、渠道、讯息、接受者、效果）以来（参见如 Schramm[①]，1954），

① 威尔伯·施拉姆（Wilbur Schramm，1907—1987），美国传播学集大成者。早年当过记者和编辑，后从事新闻和传播学研究与教育工作。1934年起，相继创立艾奥瓦大学舆论调查中心、伊利诺伊大学传播研究中心、斯坦福大学传播研究所、夏威夷东西方传播研究中心等研究机构。他在归纳整合前人成果的基础上，创建了传播学科，培养了大批从事传播研究和传播实践的人才，成就卓著，被后人誉为"传播学之父"。施拉姆曾经于20世纪70年代末和80年代初数次访华，是最早向中国介绍传播学的外国学者之一。

施拉姆一生著述颇丰，有30余部著作及众多论文。中译本有《传播学概论》（新华出版社，1981）、《报刊的四种理论》（新华出版社，1980）、《大众传播媒介与社会发展》（华夏出版社，1990），《人文社科经典名著选读——西方新闻传播学经典名著选读》（中国人民大学出版社，2004）节选了其代表作《大众传播学》（*Mass Communications*）中的部分内容。

本书脚注均为译者注，以下不一一注明。

“受众”（audience）一词作为对“接受者”（receiver）的总体指称，早已为人们所熟悉。在这个业已建立的话语中，受众被简单地认为是一个或另一个媒介渠道、这一类或那一类媒介内容或表演的读者、听众或观众。受众还被划归为大众传播研究的一个分支，是经验性研究的一个重要领域。这一术语，不仅被媒介实务人员和理论家们所熟知并用于日常生活当中，而且被媒介使用者们所认可和接受，用来清晰地描述其自身特征。

然而，对受众一词，除了常规性的使用之外，对其意义的理解还存在相当多的分歧、误读和理论冲突。围绕这一概念之所以产生种种问题，其原因主要在于，如此单一且简单的术语却被用来概括一个不断多元化和复杂化的现实，并且还被应用于另类的、对抗性的理论模式。对
2 此，一位评论家指出：“正在发生的情况是，无论在人文科学还是社会科学领域，传播研究中受众一词的所指对象（referent）正在消解。”（Biocca，1988a，p. 103）换言之，我们仍在沿用熟悉的词语去指称事物，而事物本身却正在消逝。

对于多数大众传媒来说，除了零散、间接地接触受众外，受众通常都是看不见、摸不着的。所以，受众一词，与社会科学领域中其他诸如社会（society）、公众舆论（public opinion）等一些看似简单的概念一样，是一个抽象的、众说纷纭的概念，它所指称的现实事物，通常也是多种多样和不断变化的。例如，受众一词可以用来指称 18 世纪初小说的读者，也可以用来指称 20 世纪末卫星电视的订户，尽管两者相去甚远。这显示出一个简单概念的优势和迷人之处，但是，如果对这个概念缺乏清晰一致的理解，我们就要注意这个简单概念潜在的隐患了。

受众既是社会环境——这种社会环境导致相同的文化兴趣、理解力和信息需求——的产物，也是特定媒介供应模式的产物。两者常常相伴而生，如影随形，就像任何一家传媒都有自己的定位，要针对某一社会群体或某一地区的居民一样。受众的媒介使用，同样也反映了更丰富多样的时间使用模式、媒介的可得性、生活方式和日常作息规律。

因此，受众可以按照各种不同的、彼此相交的方式来定义，可以由地点（place）、人口特征（people）、各种媒介或渠道（medium or channel）、讯息内容（content）和时间（time）来界定。例如，按地点分，有地方传媒的受众；按人口特征分，有不同年龄、性别、政治信仰和收入水平的受众；按媒介或渠道类别分，有具备不同技术特征和组织形式的媒介的受众；按讯息内容分，有不同类别、主题和风格内容的受众；按时间分，有所谓“日间时段”（daytime）或“黄金时段”（prime-time）的受众，有瞬时和短时受众，与之对应的是所谓连续受众。

上述开场白足以表明，受众这一简单的术语是如何集多种意义于一身的。

■ 受众的历史

今天的媒介受众，起源于古代体育比赛的观众，以及早期公共戏剧与音乐表演的观众。我们对受众的最初了解，与人们亲身聚集于某一特定的地点相关联。每一座古希腊或古罗马城邦都会拥有剧院或竞技场。毫无疑问，它们都是由此前人们非正式地聚集在一起，观看类似演出或比赛、参加宗教仪式、国家典礼等的场所演化而来。古希腊罗马的受众与今天的受众有许多相似之处，其特征包括：

■ 与表演本身一样，观看和收听是有计划和有组织（organization）的；

■ 事件具有公共的（public）和“大众的”（popular）特征；

■ 表演内容是世俗的（secular）而非宗教的——如娱乐、教育和替代性情感体验；

■ 对事物的选择和关注是志愿的（voluntary）个人行为；

■ 作者、表演者和观看者是专门化（specialization）的；

■ 现场（locatedness）表演，观看者亲临现场（locatedness）观看。

可见，作为世俗性公共事件的观看者，受众早在两千多年前便已经约定俗成了。受众有自己的习俗和行为规则；有对时间、地点和演出内容的预期；有准许进入的条件等等，诸如此类。这是一种典型的城镇现象，常常依托于一定的商业基础，其内涵因社会阶层和社会地位的不同而异。当有公众关注搏斗、比赛、竞技、喜剧和马戏时，也有更多受过良好教育的人们热衷于文学和音乐作品。

即便这样的早期受众，在一种更为庞大的拥有专业化的作者、表演者、制作者和经营者的体制中，也只是其中的一个元素。公共演出和娱乐这一现象，不仅吸引了赞助者的目光，也受到审查者的关注，并有可能被用来服务于政治和宗教目的。这一现象既成为道德和理性批判的目标，亦受到当局的监控。在世界上各种文化中，类似的公共演出制度也同样存在，尽管其城镇化、世俗性和个人化的特点，较之古希腊罗马的传统可能要模糊一些。

除了因现代媒介而产生的差异外，早期受众还有一些不同特征。最重要的是，古希腊罗马时代的受众被置于一定的时间和空间中。他身处“受众席”（auditorium）中，一边听、一边看现场表演，一边作出即时而直接的反馈。这意味着，受众群规模虽然有可能数以千计，但是按照今天的标准来衡量也一定很小。在受众内部、受众与表演者之间，有可能形成积极的互动。用最准确的话来说，演出永远是“活生生的”(live)。

受众拥有属于自己的潜在的集体生活，因为拥有同样的背景和相同
4 的瞬时体验。这些情况在今天许多公共演出和观看的场合——例如剧院、运动场中——依然普遍存在。虽然今天，受众形态有了极大的丰富，但是，由于新媒介技术发明所带来的社会变革，同样催生出一种新的主导性受众形态。这种新形态保留了早期“受众”的一些意涵，但是不再与之完全相同，尤其表现在今天的受众，人数更多，更加分散，也更加个体化和私人化。

大众媒介的受众主要随着印刷书籍的出现而产生。从空间和时间维度上看，印刷品能够有效地实现远距离、延时性传播，以及更加私人化

的使用（Kaufer & Carley，1993）。亦即，随着书本的出现，出现了一个新的、分散的群体——阅读公众（reading public），一个选择相同文本的个体集合。印刷品诞生于15世纪中叶，随之，非宗教性读物开始有组织地大规模供应，人们可以通过购买这些读物，来满足自身学习知识、娱乐消遣和提高修养等方面的需求。不过迟至16世纪，人们才开始有意识地谈论阅读公众，这个由那些可以按自己愿望购买、阅读的收集书籍的个人所组成的群体。阅读公众这一群体仍然局限于城镇范围，受一定社会地位的限制，也有语言的隔膜（虽然很快就有了一些翻译作品）。随着印刷/出版业者和作者群队伍的不断壮大，以及赞助商和资助人的不时解囊，阅读公众们的读物也日益丰富起来（Febvre & Martin，1984）。

书籍并非唯一的印刷品，18世纪初，定期出版的杂志期刊和报纸也开始出现。由于政治和宗教原因，日益膨胀的印刷传媒业常常成为当局检查和管制的对象。19世纪的新技术发明使得印刷品的价格更低廉，品种更丰富，不过在此之前，印刷品的读者或“公众”（public）已经相当多元化，出现了各种区分，并受到社会的界定，在受众研究中，还被正式划分为不同的类别。这些类别不仅与不同的媒介内容有关，而且与不同的人群相联系，尤其是按照阶层、地位和教育程度等指标进行的划分。读者们的阅读偏好，常常与其他一些社会特征及场合相关联，就像今天与他们看电影或接触电子媒介行为相关联一样。

目前为人们所熟悉的一系列技术与社会变革，从根本上改变了受众特性，尤其是在规模方面。19世纪末，随着城市化的推进，铁路交通的出现，印刷技术的革新，识字人口的日益增长以及生活水平的不断提高，一度平静的书籍与期刊领域开始向着同时生产数百万册印刷 5
品的大规模产业化方向转型。广告业的发展为廉价报纸、大众化期刊和书籍的生长提供了资助，亦为媒介扩大覆盖范围注入强大动力。随着媒介覆盖范围的扩大，受众活动比之以往也更加分散、更迥然不同。

电影的发明和影院放映方式的出现，开启了媒介发展史上的一个新时期，也标志着第一个社会科学意义上的受众概念的诞生（Jowett & Linton，1980）。在影院这个公共场所中，持续不断的动态图像延续着戏剧而非印刷品的传播情形，重现了早期受众的现场（locatedness）接收方式。大规模的人群接收同一讯息或观看同样的表演，从这个意义上说，电影创造了第一个真正意义上的“大众受众”（mass audience）。数以百万计的普通民众一起分享相同的、经媒介传播的情感和学习体验。然而，电影观众不可能与其观看的对象之间产生真正的互动（interact），但是受众成员之间彼此能够互动。除了内容上的区别外，电影与戏剧的主要不同还在于，前者不再是活生生的现场表演了（音乐伴奏问题暂且不谈），无论何时何地，上演的内容永远都千篇一律。

从20世纪20年代开始，无线电广播的发明将受众历史带入一个新阶段。技术（technology）发展所创造出的新型受众，成为媒介业扩大市场和赢取利润的主要目标。对受众的争夺，逐渐变成一种事关媒介设施的竞争，就像最近以来在有线电视、卫星电视、无线电视之间一再出现的紧张角逐，以及在视听音像领域中出现的竞争一样。

用无线电广播这个例子，同样有助于说明早期媒介受众理论和研究中的另一个主要观点。无线电广播首先是一种传播技术，由无线电话演变而来，只是逐步形成了自己的一些特点（Williams①，1974）。起初，无线电广播与其说是一项传播服务，莫如说是一个“硬件”（hardware）

---

① 雷蒙德·威廉斯（Ramond Williams）是20世纪中叶英语世界最重要的马克思主义文化批评家，文化研究的主要奠基人之一。出生于威尔士乡间的工人阶级家庭，毕业于剑桥三一学院。第二次世界大战后至1961年曾任教于牛津大学的成人教育班。1974年起，在剑桥大学耶稣学院担任戏剧讲座教授，直至去世。被誉为“战后英国最重要的社会主义思想家、知识分子与文化行动主义者”。

其代表作为《电视：技术与文化形态》（*Television: Technology and Cultural Form*，1974）。其著作的中译本有：《文化与社会1780—1950》（北京大学出版社，1991）、《关键词》（三联书店，2005），《20世纪传播学经典文本》（复旦大学出版社，2003）节选其《传播学》一书，《文化研究读本》（中国社会科学出版社，2000）和《媒介研究的进路》（新华出版社，2004）均收录其《文化分析》一文。

工业，其目标是争取听众，并且激发他们对这项传播服务的需求。这个方针一旦确定，收音机便可以卖出去，未来技术发展的基础也得以奠定。尽管电话和电唱机出现在先，但是这一次却可能是头一回，受众被定义为由那些拥有接收机的人们所组成的群体。

电视的光芒很快便盖过了广播和电影，大众化书籍和报章也黯然失色。电视着重关注受众的一些大众化特征，其影响的同时性要强得多，影响的受众人数也多得多。当然，与印刷媒介相比，电视的同质性更大，内容的易腐性也更强。早期有关电视的文字，强调其令人沉迷的吸引力，对社会和文化空间无处不在的侵入，以及作为人们闲暇时的一 6
项消遣，它那些看上去消极和虚幻的内容（参见 Himmelweit，Vince & Oppenheim，1958；Schramm，Lyle & Parker，1961；Steiner，1963）。

此外，媒介经验日益私人化，至少表面上看来是这样。人们可以在公共场合读报，也可以将“出门”（go out）看电影当作是与朋友相会的一项社交活动，但是看电视，却无可争议的是一项私人活动。与今天丰富多彩的电视供应相比，那些只能收看到有限几个电视频道的观众，看起来甚至更具有大众特征——人数众多、匿名、容易沉迷、消极被动。电视观众与广播听众一样，由于另一个原因而引人注意：与先前的媒介受众相比，在很大程度上，他们都处于直接观察和记录的范围之外。

■ 作为大众的受众

报纸、电影或广播能够如此迅速地传播到如此众多的不同受众，对这些令人惊奇的媒介新潜力，尽管许多观察家都作过评析，但是，关于媒介受众概念的第一个理论阐述，却来自对于现代社会人们社会生活变化特性的一种更加广泛的思考。早期芝加哥社会学派的成员之一赫伯特·布卢默（Herbert Blumer[1]，1939）首先提出了一个明确的框架，认为受众这一典型的新型集合体的形成，是现代社会各种因素相互作用的结果。他称这一集合体为“大众”（mass），并将它与过去传统的社会形式——尤其是群体（group）、群集（crowd）和公众（public）区别开来。

在小群体里，所有成员都生活在一定的社会和地理边界内，相互知晓，彼此互动。他们清楚地意识到彼此共同的群体成员的身份，并且拥有相似的价值观。群体关系的构成清晰明了，并随着时间的延伸而持续。群集是一个相对较大的群类，尽管空间上受到一定限制。群集还是一个暂时的、极少会重聚的群类，其成员可能拥有一致的身份认同和“心态”（mood）。但是本质上，群集是不稳定的、缺乏理性和容易冲动的。按照布卢默（Blumer，1946）的说法，群集“是一个与文化无关的群体，也是一个与道德无关的群体”。（p. 174）公众则是现代社会的产物，特别是当被视为民主政治制度的一个元素时，更是如此。公众由这样一群人构成：自由参与公共议题的讨论，提出一些观点、意见、原则和建议，希望为改变现状而努力。

大众被视为现代工业化城镇社会这一新环境的产物，尤其是就其规
7 模大、匿名和无根性等特点而言。大众是一种典型的由分散、匿名的个体所组成的非常庞大的集合体，对那些超出其直接经验范围或直接控制之外的事物感兴趣，并对之关注有加。与群集一样，大众没有任何组织

---

[1] 赫伯特·布卢默（Herbert Blumer，1900—1987），美国社会学家，芝加哥学派的代表人物之一，符号互动论的主要倡导者和定名者。早期受业于汤姆斯（W. I. Thomas）、帕克（Robert E. Park）和米德（George H. Mead）三人门下，创用符号互动论（symbolic interactionism）一词，这一思想成为后来传播学研究的基础之一。布卢默先后在密苏里大学讲授社会学，并在芝加哥大学、密歇根大学、夏威夷大学、加州大学伯克利分校任社会学教授，曾任美国社会学协会主席，国际社会学协会副主席。不少卓有成就的符号互动论学者多出自布卢默门下。

主要著作有：《符号互动论：观点和方法》（*Symbolic Interactionism: Perspective and Method*，1986），《电影和品行》（*Movies and conduct*，1970），《人与社会》（*Man and Society*，1937）等。

性，也没有稳定的结构、规则和领导者。与群集不同的是，大众缺乏为实现自身目的而行动的意愿和手段，也没有固定的场所。

大众这一概念似乎抓住了受众的某些基本特征，即那些受商业报纸和电影所吸引的受众的特征。他们人数众多、分布广泛；其成员彼此陌生，互不知晓也无法知晓；具有分散性和异质性；受众成员总是处于变动之中，而且缺乏任何自我认同意识；他们不受任何规范和准则的制约，似乎不为自己而行动，却受外部力量的驱使。正如受众内部彼此间的关系是一种非人格的（impersonal）关系[①]一样，受众与大众媒介之间的关系也是非人格的。受众要想给大众媒介讯息的生产者和发送者"回话"（talk back），往往不那么容易。由于传播者与受众之间没有所谓真正的承诺和依附可言，因而所谓传受关系是一种典型的计算关系，一种与道德无关的关系。在受众成员与更强大、更专业、更具有影响力的媒介源之间，也往往存在更大的社会差距。

这种大众受众概念，更多地关注新闻与娱乐内容的大批量生产和传播所特有的条件特征，而较少描述现实状况。早期评论家们使用这一名词时，经常带有一丝贬抑之意，与那种更具有集体性和更令人满意的生活方式相比，反映出西方个人主义价值观和对现代工业社会的某种悲观情绪。称受众为大众，也反映出人们对于个性丧失、非理性、受人操纵等现象的担忧，以及对文化及道德滑坡的忧虑。正如后期批评家们所指出的，真正的问题不在于"大众"（the masses）是否存在，而在于将人们视为似乎他们就是大众的那样一种趋势（Williams，1961）。

■ 重新发现作为群体的受众

在现实生活中，人们阅读大众读物和观看电影的经验总是多种多样

① 意指个人之间或个人与群体之间保持的一种非个人的、不受个人情感和偏见影响的关系。

的。虽然受众通常被描述为是非人格的、匿名的和人数众多的，但是真实情况却是，受众经验往往是个人化的、小规模的，并且融入到社会生活与习惯方式之中。许多媒介在地方环境下生存，植根于当地文化土壤
8 之中。由于大多数人都自由选择自己喜欢的媒介，因此他们并没有明显觉察到自己受到来自远方的某种力量的操纵。人们使用媒介，围绕媒介使用展开社会互动，这帮助人们将媒介纳入自己的日常生活当中，就像一位亲近的朋友，而非一个与己无关的疏离之物。

在大众传播研究发展史上，有一个重要的转折点出现在 20 世纪 40 年代到 20 世纪 50 年代之间（Delia，1987）。当时，有关大众受众的所谓原子理论，受到一些研究者的质疑（特别参见 Katz & Lazarsfeld①，1955）。他们发现，有一些证据证明群体（group）从未真正消失过，即使是在大型工业化城市中那些似乎并不适宜的条件下（Janowitz，1952）。这一研究成果被人们视为“群体的再发现”（rediscovery of the group）。实际上，受众已经显示出这样的特征，即由基于地域和共同利益而形成的许多互相交错的社会关系网所构成，“大众”媒介则以不同的方式与这些社会网络相融合。于是，受众作为集体和社会群体的特征，又重新在受众概念上突显出来（参见 Janowitz，

---

① 伊莱休·卡茨（Elihu Katz），美国社会学者和传播学者，任宾夕法尼亚大学安伦伯格传播学院教授，被认为是使用与满足理论“现代时期”的最主要代表人物之一。他与拉扎斯菲尔德合作出版的《个人影响》（*Personal Influence*，1955）一书，探讨了个人在大众传播中的作用。从 20 世纪 60 年代到 90 年代，他一直关注受众对传媒的“使用与满足”问题，先后发表了《论为“逃避”而使用大众媒介：一个概念的澄清》（1962）、《个人对大众传播的使用》（1974）等论文，后者比较集中地概述了使用与满足理论的内容，成为后来研究者引用和评论最多的文献之一。

保罗·F·拉扎斯菲尔德（Paul F. Lazarsfeld，1901—1976），美籍奥地利社会学家，传播学奠基人之一，曾创建若干所大学的研究机构，尤以哥伦比亚大学应用社会研究局著名，形成了传播学领域中享有盛誉的“哥伦比亚学派”。他的主要贡献在于：创立了“两级传播”理论；倡导“实地调查法”，并将其确立为传播学的基本研究方法之一。其代表作有：《人民的选择》（*The People's Choice*，1944）、《个人影响》（*Personal Influence*，1955）。《人文社科经典名著选读——西方新闻传播学经典名著选读》（中国人民大学出版社，2004）节选了《人民的选择》，《20 世纪传播学经典文本》（复旦大学出版社，2003）节选了《个人影响》一书。

1952；Merton①，1949)。

从20世纪50年代开始，媒介效果研究也不得不考虑这样的事实：人们的意见、态度和行为更多地受其所处的社会环境的影响，而不是大众媒介花言巧语的说服。“人际影响”(personal influence) 和“意见领袖”(opinion leaders) 理论假定，人们的媒介接触行为由多种不同的社会关系所中介，这些社会关系引导、过滤并且诠释人们的媒介经验。这一理论不仅适用于出于政治和商业目的说服行为，而且适用于与人际交往明显相关的人们获知新闻信息的过程 (Greenberg，1964；Rosengren，1973)。

作为市场的受众

不管人们如何解释早期广播电视的发展历史，毋庸置疑的是，广播和电视的受众很快便成为硬件的软件的一个重要的消费者市场。首先，“媒介市场”(media market) 这一表述被广泛采用，似乎可以为描述受众现象提供一个更实际的选择，一个更富于价值意味的术语。随着传媒业从无到有，生意越做越大，市场 (market) 这个名词也逐渐流行开来。这一概念能够清楚地标示出由媒介、社会人口统计指标、媒介服务或产品的实际或潜在消费者所覆盖的范围。它可以被界定为是一个“具有已知社会经济特征的、媒介服务和产品的实际与潜在消费者的集合体”。

对于媒介工业和媒介经济分析来说，市场这一概念不仅实用而且有用。不过，这一概念同样存在问题，它并不是真正价值中立 (value- 9

① 罗伯特·K·默顿 (Robert King Merton，1910—2003)，美国著名社会学家，先后在坦普尔大学和哈佛大学学习。1941年任教于哥伦比亚大学，开始与拉扎斯菲尔德合作，共同创立了应用社会研究局。默顿以对社会结构、社会科学、行政系统和大众传播的研究而著名，被称为“焦点小组之父”。1994年获美国国家科学奖章 (National Medal of Science)，是第一位获得这一奖项的社会学家。

free）的。它用一种“计算”（calculative）关系而非标准的社会关系，来维系传播者和接受者，似乎生产者与消费者之间只是一种现钞交易，而不是一种传播关系。它并不理会消费者的内部关系，因为这种关系对于媒介服务的提供者来说没什么利益可言。市场这一概念更看重社会经济性的评价标准，关注媒介消费（consumption）而不是媒介接收。

在市场思维中，对传播的有效性和受众经验“品质”的讲究，被摆在次要位置；让受众参与更广泛的公共领域的活动，这个问题的重要性同样也被降低。把受众视为市场的观点，不可避免地是“来自媒介”（from the media）的观点，尤其是来自媒介所有者和经营者的观点，这是媒介工业话语的表达方式。作为受众，人们通常不会把自己归属于市场，可是与受众相关的市场话语却在暗中起着操纵作用。

新媒介与受众的未来

新媒介的发展带来四个重要变化，这些变化影响了受众（包括有关受众的观念）。第一个变化是，电缆和卫星为传播电视（和广播）内容提供了新的可能，视听媒介的数量及内容供应都极大地“丰富”（abundance）了，为人们提供了更大的选择空间。而此前，由于受地波传送的限制，人们只能接收到很少几个广播电视频道（或频率）。除了媒介数量和内容供应的增长之外，随着硬件设备变得更加便宜，接收者队伍也在日益膨胀。实际上，讯息复制与传播的极大方便，同样对印刷媒介和音乐工业的各个分支产生了影响。

第二个变化是，新的音像录制、储存和修复方法迅速发展，目前正开始研究方便灵活的印刷品存储方法。对于媒介消费者来说，这些新方法很容易为我所用。录像机和播放机的使用具有相当大的影响，它们将看电视和看电影的时间控制权，从传播者一方转交给接受者一方，增强了选择性和丰富性。甚至连电视遥控器的使用，亦使观众能够更方便地

查寻和转台，增加了人们的选择性。总体上看，这些变化都在降低受众 10
经验的同质性和同时性，其结果是出现了更多、更短时的电视观众。受众的细分（segmenttation）和分化（fragmentation）趋势，已经被人们普遍预言。

第三个变化与跨国电视流（television flow）的增长有关，这一结果源于世界范围内新媒介服务的拓展、卫星电视跨国传播能力增强，以及电影和电视节目内容进出口的增加。这种趋势对其他国家的冲击要远远大于对美国的影响，后者一直以来在媒介领域完全是自给自足的。这样，一些具有特殊意义的重大事件和精彩场面，在全世界范围内吸引非常庞大的观众群的可能性更大了。与此同时，我们也看到媒介明星和媒介产品在全球范围内的市场营销也在加强。在一些较小的国家，尤其是地方性或国内的观众，更难避免全球化的文化冲击了。

第四个变化是，随着以电脑科技为基础的媒介技术的发展，各种媒介的互动能力在不断增强，由单向系统变为双向系统，甚至多媒体网络。媒介使用者能够取得对信息环境的控制。互动媒体网络的出现，成为地方社团和更广泛的、以共同利益为基础的协会以及"赛博社区"（cyber-communities）形成的基础，并且受到他们的欢迎（Jones，1995；Rheingold，1994）。由于人际范围和人的个性通过媒介化的社会传播得以恢复，位居中心的传播者与处于边缘的接受者之间支配与反支配两种力量的关系得以重新平衡。理论上说，这一现象似乎有悖于媒介历史发展的一般趋势，然而，这增加了人们媒介使用的个性化，也加速了大众受众的分化。当然，受众对于互动的要求到底有多高，至今仍是一个未解之谜。

由此，在一个完全去中心化的传播网络中，传统的受众概念遭到弃置或成为不当之辞，被各种各样信息服务的难以计数的一系列消费者所取代。这一情况的发生，如前所述，当然意味着"所指对象的消解"（breakdown of the referent）。与此同时，大众媒介这一概念也同样受到了威胁，因为没有人乐意与其他人同时接收相同的信息包。按理说，没有大众媒介，也就没有单一的集合性受众，只有媒介使用模式可能会碰巧相似，然而，这只是一种理论推测，还没有成为现实。技术发展所提供的最具深远意义的潜能，似乎更多地表现在拓展而不是取代旧的“受众行为”（audience behavior）模式方面。时下，受众可以比以往任何时候都人数更多，规模更加“巨大”（massive）。

11 上述现象也提示人们，受众不只是技术的产物，也是社会生活的产物。受众的形成一直受到各种社会因素的影响。正是这些社会因素而不是媒介，将决定我们能否在一个原子化的、疏离的世界中找到我们自己。同样，能否进入一个互动的乌托邦（interactive utopia），既取决于技术提供的可能性，亦取决于社会因素的影响。

结语

这本书有几个目标：一是探讨上述各项议题，并描述传播理论和研究已经能够散放出的各种光亮；二是介绍和讲解受众研究的主要分支和不同思想流派；第三，解说作为受众分析工具的各种次级概念和模式；最后，针对由历史分析得出的关于大众媒介将会衰微和受众将会消失这一预言，本书将尝试对受众概念的意义及相关问题进行评析。

第 2 章　大众传播理论与研究中的受众

批判的视角 12

对大众传媒总体上的负面看法，常常影响了人们对于受众的认识，这些认识从单纯的偏见和势利，一直到媒介分析中复杂而精细的操作，不一而足。第一种观点认为，大量的媒介受众等同于欣赏品味的“最小公分母”（lowest common denominator）；“大众文化”（mass culture）、“低级趣味”（low taste）和“大众受众”（mass audience）差不多都是同义语。这种思维方式被称为“大众文化意识形态”（ideology of mass culture）（Ang①，1985），按照这种意识形态，大量的流行娱乐内容被理所当然地认为是一种低级趣味，而热衷于这些内容的人则被斥责为缺少品味和辨别力。

对大众文化另一个更尖锐的批评，来自意识形态领域里的左派，尤其是来自20世纪40年代和20世纪50年代继承马克思主义传统的“法兰克福学派”（Frankfurt School）。在这一派看来，大众受众基本上是一些无依无助的受害者，被那些极力贩卖“虚假意识”（false consciousness）的资本主义媒介所操纵和剥削，这意味着他们基本上丧失了任何一
13 种阶级认同和团结意识（详见 Hart②，1991；Jay，1973；Rosenberg & White，1957）。受到伤害的工人阶级无法依靠自身的力量来抵御媒介的宣传和操纵，因为他们缺乏教育，从事简单而繁重的劳动；而那些大众文化，尽管缺乏教益，却使他们在劳作之余多少得到一点愉悦和放松。

20世纪50年代，C·赖特·米尔斯（C. Wright Mills③，1951，

---

① 伊恩·安（Ien Ang），文化研究及媒体/传播研究的重要学者，澳大利亚西澳大学艺术、教育与社会科学学院文化研究教授，任西澳大学文化研究中心主任。她偏重于观察电视与家庭环境、社会情境、个人知识结构和生活方式的关系，以及电视剧与观众之间的意识形态转换问题。近年来研究专注于媒体、移民、孩童医疗与多元文化，以及阿拉伯社群问题。1985年在英国出版《收看〈达拉斯〉：肥皂剧和传奇想象》（*Watching Dallas：Soap Opera and the Melodramatic Imagination*）一书，主要采用民族志研究方法，证明了电视观看过程中观众对主流意识形态的抵制。

代表作有：《不惜一切寻找受众》（*Desperately Seeking the Audience*，1991）、《起居室战争：重新思考后现代世界的媒介受众》（*Living Room Wars：Rethinking Media Audiences for a Postmodern World*，1996）等。《文化研究读本》（中国社会科学出版社，2000）和《媒介研究的进路》（新华出版社，2004）均收录了她的《〈达拉斯〉与大众文化意识形态》一文。

② 汉诺·哈特（Hanno Hart），美国艾奥瓦大学新闻与大众传播学教授，兼任斯洛文尼亚卢布尔雅那大学社会科学系传播学教授，曾经担任美国《传播学探索杂志》（*Journal of Communication Inquiry*）编辑和顾问长达25年，是美国批判传播研究的主要人物之一。

代表作有：《批判传播研究》（*Critical Communication Studies*，1991）、《在媒介公司里：传播的文化建构（20世纪20年代—20世纪30年代）》（*In the Company of Media：Cultural Constructions of Communication*，1920s-1930s）等。《国际新闻界》（中国人民大学，2002-03）曾经发表其论文《范式转变：大众传播研究话语中心的消解》（刘燕南、钱芹茹译）。

③ 查尔斯·赖特·米尔斯（Charles Wright Mills，1916—1962），美国社会学家，关注同时期的美国社会问题。曾执教哥伦比亚大学，是拉扎斯菲尔德的同事，也是他个体层次的社会分析风格的批评者，这种批评特别表现在其1959年出版的《社会学的想象力》一书中。米尔斯的其他著作还有：《白领》（*White Collar*，1951）、《权力中坚》（*The Power Elite*，1956）、《第三次世界大战的起因》（*The Causes of World War Three*，1958）。

1956）在对美国社会的激烈批评中，曾经详细描述了面对垄断性传媒业和广告业时，普通民众所表现出的极度依赖和脆弱。在满足人们自我认同和自我实现的基本心理需求方面，传媒被认为具有造成人们对其产生极度依赖的能力。受众的形成方式，决定了他们实际上无力为自己辩解，而传媒却可以将“心理无知”（psychological illiteracy）强加给他们。根据马尔库塞（Marcuse①，1964）的观点，大众受众的形成，是控制和同质化过程的一个组成部分，而控制和同质化导致了所谓“单向度的社会”（one-dimensional society，又译“单维度的社会”）。这意味着，在这样的社会中，不同阶级之间阶级利益的真正差别还未及消除便被掩盖了。按照批判理论的观点，消费者和受众的需求是一种“虚假需求”（false needs），一种被人为刺激出来的需求，这种需求的满足不过是使占统治地位的资产阶级获利而已。

第二次世界大战刚刚结束后出现的那一代媒介批评家，常常带有民粹主义倾向和亲民主主义的观点，但是，对于大众传媒的受众是否愿意、是否有能力抵抗复杂而机巧的新的“意识工业”（consciousness industries）的剥削，却持悲观态度。他们相信一切都有可能补救，但是这种可能性只有在资本主义制度被消灭或者发生变革的前提下，才会成为现实。接下来的一代文化批判学者，主要以英国的霍加特（Hoggart②，

---

① 赫伯特·马尔库塞（Herbert Marcuse，1898—1979），美籍德国哲学家，法兰克福学派的主要代表人物之一，1932年加入德国法兰克福社会研究所，后随该所迁至美国。晚年致力于对资本主义社会的批判，是西方20世纪60年代末“新左派”运动的精神领袖。代表作有：《爱欲与文明》（*Aeros and Civilization*，1955）、《单向度的人》（*One dimensional Man*，1964）等，两书中译本分别由上海译文出版社（1987年）和重庆出版社（1988年）出版。

② 理查德·霍加特（Richard Hoggart），英国“文化研究”学派的奠基人与代表人物。1964年创办了英国伯明翰当代文化研究中心（CCCS）并任首任主任。这是第一个正式成立的“文化研究”机构，也是它在学院内建制化的标志。该中心后来成为文化研究成长的基地，一直致力于当代文化与社会生活的研究，其间尤以关注工人阶级及普通人而引人注目。

其代表作有《文化的用途》（*The Uses of Literacy*，1957）等。《文化研究读本》（中国社会科学出版社，2000）收录其《人民的“真实”世界：来自通俗艺术的例证》一文。

1957)、威廉斯（Williams，1961)、霍尔（Hall①，1977)，美国的吉特林（Gitlin②，1978)、凯里（Carey③，1974，1975，1977)、纽科姆（Newcomb④，1976）和其他一些学者为代表。他们主要从正面重新诠释了“大众”受众中的主流品味和偏好。他们抛弃了“大众”（mass）这一概念，也拒绝将流行文化（popular culture）与“低级文化”（low culture）相提并论（McGuigan，1992)。在他们看来，流行文化是一种与“高雅”（high）文化不同的文化类别，并非低级品，最好根据其地方性和特殊性来加以阐释。

---

① 斯图尔特·霍尔（Stuart Hall)，英国“文化研究”学派的代表人物。他以伯明翰当代文化研究中心为基地，以符号学、语义学为方法架构来从事媒介文化研究及其理论探讨，针对媒介传递的大众文化内容以及特殊社会群体（如工人、青年等）对这些文化内容的运用开展了大量的研究，提出了编码/解码理论和“偏好解读”观点。

其代表作有：《文化、媒介和“意识形态效果”》(*Culture*，*the Media and the* “*Ideological Effect*”，1977)，《电视话语中的编码与解码》（*Encoding/Decoding in Television Discourse*，1980)，《文化研究：两种范式》（*Cultural Studies*：*Two Paradigms*，1982)，《意识形态与传播理论》(Ideology and Communication Theory，1989)。其中《文化研究：两种范式》、《文化身份与族裔散居》、《编码/解码》节选分别散见于《文化研究读本》（中国社会科学出版社，2000)、《20世纪传播学经典文本》（复旦大学出版社，2003)、《媒介研究的进路》（新华出版社，2004)、《文化研究（第一辑)》(天津社会科学出版社，2000）等书中。

② 托德·吉特林（Todd Gitlin)，美国媒介社会学者。曾任加利福尼亚大学伯克利分校社会学教授和大众传播学导师。主要论著有：《全世界都在看：大众媒体对左翼力量的构建和消解》(*The Whole World is Watching*：*Mass Media in the Making and Unmaking of the Left*，1981)，《黄金时间的内幕》（*Inside Prime Time*，1994)，《媒介社会学：主导范式》［*Media Sociology*：*The Dominant Paradigm*，载《理论与社会》，1978（6)］等，后者被收入《媒介研究的进路》(新华出版社，2004）一书。

③ 詹姆斯·凯里（James Carey)，美国传播学者，哥伦比亚大学新闻学院名誉教授，曾任伊利诺伊大学传播学学院院长、新闻学教育协会主席、美国新闻学院系协会主席、国家人文学基金会成员、甘尼特媒介研究中心成员。一直致力于用文化研究的观点来解释媒介在现代社会中的角色。

主要论著有：《大众传播研究与文化研究》（*Mass Communication Research and Cultural Studies*，1977)，《流行文化和使用与满足》（*Popular Culture and Uses and Gratifications*，1974）等。《媒介研究的进路》(新闻出版社，2004）收录其《大众传播与文化研究》一文。

④ 霍勒斯·纽科姆（Horace Newcomb)，1969年获美国文学博士学位，曾执教于美国艾奥瓦大学、密歇根大学、马里兰大学、德州大学奥斯汀分校，现为佐治亚大学新闻与大众传播学院教授，美国广播电视文化成就奖得主。著有《电视：最大众化的艺术》（*TV*：*The Most Popular Art*，1974）和《电视：批判的观点》(*TV*：*The Critical View*，1976）等著作，采用电影批评特别是美学研究方法，把电视作为艺术作品来加以研究。

尽管如此，来自左派的批判锋芒仍然直指商业传媒，抨击它们对于那些易受伤害的媒介消费者们的盘剥。按照吉特林（Gitlin，1978）的说法，在传播研究中，所谓（如前所述）受众再现了其主动性和抵抗力的观点，很大程度上是一种意识形态转换，其目的是掩盖仍在继续的现实，转移对垄断资本主义传媒的抨击。这一受众研究学派，尤其是“使 14
用与满足”（uses and gratifications）理论，强调受众在其媒介经验中居于“主导”（in charge）地位（参见本章“行为性研究传统：媒介效果和媒介使用”一节），被认为实际上是夸大了受众的自主性，因而受到人们的批评（Elliott，1974）。

在一个具有创新意义的理论转换中，加拿大人达拉斯·斯迈思（Dallas Smythe①，1977）提出了这样的观点：受众实际上是在为广告商（即那些最终压榨他们的人）打工（work），受众利用闲暇时间收看电视或阅读报纸，这项劳动随后被传媒包装成一种新的“商品”（commodity）出售给广告商；同样是这些受众，他们还得再额外花钱去购买媒介所广告的商品，再次为媒介买单。整个商业电视体系和报业体系，都是依靠对受众处心积虑的盘剥，榨取他们的剩余价值（surplus value）而存活的。这个别出心裁的理论，从一个全新的角度，颇有说服力地阐释了大众受众现象。由此，人们可以合乎逻辑地得出

---

① 达拉斯·W·斯迈思（Dallas W. Smythe），传播政治经济学的泰斗，参与了美国和加拿大广电领域几乎所有重大政策的制定以及许多国际性的进程。1937年在加利福尼亚大学伯克利分校获得经济学博士学位，1943年至1948年在美国联邦通讯委员会（FCC）任职，1948年加入新成立的伊利诺伊大学传播学研究学会，首次在授课中将政治经济学引入传播学范畴。斯迈思致力于从经典的马克思主义立场出发，分析和揭示传媒的所有制结构及其与权势集团的利益关系，意在拆穿西方传媒诸多流行的神话，如客观、公正、多元化、新闻自由等等。

斯迈思在《传播：西方马克思主义的盲点》（Communication：Blindspot on Western Marxism，1977）一文中，提出了“阅听人商品”的概念。其他主要论著有：《电子传播的结构与政策》（*The Structure and Policy of Electronic Communication*）、《附属之路：传播、资本、意识和加拿大》（*Dependency Road：Communications，Capitalism，Consciousness and Canada*，1981）等，《媒介研究的进路》（新华出版社，2004）选录了后者中“论受众商品及其劳动”一节。

这样的结论：大众传媒需要受众，甚于受众需要传媒；同样，也有理由认为，受众研究不过是一种加强控制和管理（或称为操纵）受众的重要工具。

新近出现的一些批判理论指责说，传媒业习以为常地将活生生的电视观众转化为一组商业信息，即所谓“收视率”（ratings）（Ang，1991）。收视率被描述为是“广告商与电视网之间进行受众商品买卖时共同遵守的一个基本规则”（p. 54）。安提示说：“看电视是数以百万计的人们日复一日、持续不断进行的一项文化活动”，而“收视率话语”（ratings discourse）则“捕捉所有这些人的收视活动，并将其纳入‘电视观众’（television audience）这个单一的、客体化和简略的概念之中”。这些观点揭示了媒介工业的最重要的特征，即将受众视为本质上是非人格化的、剥削的对象，同时也再一次说明，商业大众传媒靠受众养活，而不是相反。

在某种程度上说，对于大众传媒具有保持和吸引其受众的能力这样一类观点，批判理论只是额外添加了一些诠释的亮光而已。这些观点被更为广泛的人们所接受，并且染上了更加“科学的”（scientific）色彩。例如，目前仍在广泛流传的由鲍尔-洛基奇和德弗勒①（Ball-Rokeacha and DeFleur，1976）提出的媒介依赖理论，便基于这样的假设：受众臣

---

① 桑德拉·鲍尔-洛基奇（Sandera Ball-Rokeacha），南加州大学教授，美国当代实证研究的权威人物，长期致力于传播学基础研究。《大众媒介效果的依赖模式》（*A Dependency Model of Mass Media Effects*，1976）系其与德弗勒合写的一篇论文，另一合写著作是《大众传播诸论》（*Theories of Mass Communication*，1989），中译本由新华出版社1990年出版。

梅尔文·德弗勒（Melvin DeFleur），美国华盛顿大学社会学博士，著名传播学者。德弗勒著述颇丰，其中《大众传播效果研究的里程碑》一书被新闻学和大众传播学教育协会选为20世纪大众传播学领域十本最重要的作品之一。

其他主要著作有：《掌控当代美国传播》（*Mastering Communication in Contemporary America*，2005），《理解大众传播》（*Understanding Mass Communication*，1981），《大众传播诸论》（*Theories of Mass Communication*，1973）等。中译本有《大众传播效果研究的里程碑》（中国人民大学出版社，2004），《大众传播通论》（华夏出版社，1989）。

服于传媒体系是现代社会的一种常态。格伯纳[①]（Gerbner）与其合作者（Signorielli & Morgan，1990）提出的文化指标理论（cultural indicators theory）也假定：电视这种媒介具有某种令人沉迷的魔力。正如我们将要看到的，关于受众，有一股强大的批判之潮在持续不断地翻滚。意识形态批判、社会关怀、道德说教、文化悲观主义混合交织在一起，最近以来，文化研究一直在为将受众从这些束缚中解放出来而不懈努力，但是还未能毕竟全功（Ferguson & Golding，1997；McGuigan，1992）。 15

受众研究的目的

由于受众一直是一个颇具争议的群类，因此，受众研究的目的多种多样且变动不居也就不足为奇了。不过，所有这些研究都具有一些相同的基本特征，这有助于人们“建构”（construct）、“定位”（locate）和“确认”（identify）受众这样一种似乎无定形的、变动中的或不可知的社会存在。不过，这些研究所采用的方法，所建构的受众理论，以及对理论的应用，都存在相当大的分歧。抛开理论建构的目的不谈，按照有关受众信息的一些主要用途，我们可以对研究目的进行分类。它们包括：

- 说明销售情况（簿记）。
- 为实现广告目的而测量实际与潜在受众到达率。

---

① 乔治·格伯纳（George Gerbner），美国著名学者。20 世纪 60 年代后期格伯纳及其同事们在全国暴力成因及预防委员会的资助下，于美国宾夕法尼亚大学的安南堡传播学院开始了一系列有关电视内容的研究。由此伯格纳提出了“培养理论”，肯定了传媒营造的社会环境，对大众长期的潜移默化的影响。这些研究开辟了第三条道路，即所谓的“文化取向”研究，格伯纳的文化指标研究既注重外部研究又深入到电视文化运作机理的内部。代表作有《与电视共生：电视暴力概况》（*Living with Television*：*the Violence Profile*）等。

文化指标理论（cultural indicators theory）的主要内容包括：电视是人类社会化进程中的一个极为重要的角色，具有培养功能；电视是潜移默化的意识形态工具；培养理论的假设与“主流效果”研究的修正。

- 操纵和引导受众的选择行为。
- 寻找在受众市场上的机会。
- 检验产品和提高传播的有效性。
- 尽责尽力服务受众。
- 以各种方式评估媒介绩效（如检验有关媒介具有负面效果的说法）。

在各种各样的研究目的当中，最根本的区别或许在于，研究是唯媒介工业的目标之马首是瞻，还是采取受众视角，站在受众“一边”(side)。受众研究能够（如它曾经做过的那样）反映受众的声音，也能够为他们的利益说话。承担起对受众的责任，公共广播电视从业人员的研究工作常常受这一目标的引导（如 Emmett，1968）。在美国，目前被称为“公共新闻”或“公民新闻”（public or civil journalism）的发展，也同样反映了这一点（Rosen[①] & Merritt，1994）。譬如说，各种报纸受到鼓励和推促，在选择新闻时，要经过深入持续的研究，更加认真仔
16 细地分析和思考自己（一般是本地）读者的需求和兴趣。虽然这并不表明，受众研究能够真正独立地服务于受众了，但是时下，我们仍然可以看到，各种不同目的的受众研究，正沿着从受众控制（audience control）到受众自治（audience autonomy）的方向不断前进。

在受众控制（control）一端，数量最多的无疑是定量受众研究，因为这是传媒工业所需要并且愿意为之投资的研究（Beniger，1986）。这种研究的结果极少公开发表，因而被学术界的受众研究所忽略。尽管从总体上看，研究投入是不平衡的，但是受众理论的发展，仍然清晰地描绘出一条从媒介传播者视角向接受者视角转变的路径。受众研

---

① 杰伊·罗森（Jay Rosen），纽约大学新闻学系教授，“公共新闻”理论的最早提出者，美国“公共新闻”运动的学术领袖。他与戴维斯·梅里特（Davis Merritt）合著的《公共新闻学：理论与实践》(*Public Journalism：Theory and Practice*，1994)，是“公共新闻”理论的主要论著之一。罗森认为，新闻业是健康的公共生活的重要组成部分，新闻记者不应该仅仅报道新闻，还应该担当更积极的角色，加强公民的职责和权益保护，推动公共讨论和复兴公共生活。他开设了个人网站“新闻思考”，以“博客”身份参与采访报道，推动“公共新闻”与“参与式新闻”的融合发展。代表作有：《新闻记者的工作目标》(*What are Journalists for*，1999)。

究已经趋向于强调对人的"再发现"(rediscovery),并且重新确定,当面对传媒的操纵或劝服企图时,什么是积极的受众,什么是顽固的受众。

■ 其他研究传统

詹森和罗森格伦(Jensen and Rosengren①, 1990)曾经将受众研究传统划分为五类,概述如下:效果研究(effects)、使用与满足研究(uses and gratifications)、文学批评(literary criticism)、文化研究(cultural studies)和接受分析(reception analysis)。为适应本研究目的起见,我们采用更为简约的方式,将受众研究分为三大类,分别冠以"结构性"(structural)、"行为性"(behavioral)和"社会文化性"(sociocultural)受众研究之名。其中第一种结构性受众研究传统,在詹森和罗森格伦的研究中并未得到全面的概括,而所谓"文学批评"划分在这里似乎并不切题。

受众测量的结构性研究传统

最早也是最简单的受众研究,起源于媒介工业的需要。研究的目

---

① 克劳斯·布鲁恩·詹森(Klaus Bruhn Jensen)和卡尔·埃里克·罗森格伦(Karl Eric Rosengren)分别是丹麦和瑞典传播学者,他们合写的《受众调查的五项传统》("Five Traditions in Search of the Audience", 1990)一文,载《欧洲传播学期刊》(*European Journal of Communication*, 1990)第5卷。该文依次梳理了受众研究发展过程中阶段性的主流模式,显示受众研究的重心有从"传者本位"向"受众本位"迁移的趋向。

詹森与人合作的《大众传播研究方法:质化取向》(*A Handbook of Qualitative Methodologies for Mass Communication Research*, 1991)一书是英语世界第一部探讨传播研究"质化问题"的专著,中译本由台北五南图书出版公司1996年出版。

罗森格伦撰写的主要论著有:《使用与满足理论研究:过去的十年》(*Uses and Gratifications Research: The Past Ten Years*, 1985),《传播学导论》(*Communication: An Introduction*, 2000),后者中译本由台北韦伯文化国际出版公司2001年出版。

的，是为了获得对某些未知量——尤其是早期广播的听众群规模和到达
17 率，以及报章等出版物的“到达率”（reach），一种潜在的读者数量而非发行量或印数——的可靠的测评数据。这些数据对于媒介经营，尤其是对于获得付费广告来说是必不可少的。除了受众群规模外，知道受众是谁（who），他们在哪里（where）——用这样一些基本指标来把握受众群的社会构成，也是非常重要的。这些基本需求，催生出了一个与广告和市场研究密切相关的庞大产业。

理论上看，结构性研究方法是十分重要的，因为它可以帮助揭示出大众传媒系统与个体的媒介使用之间的关系（Weibull，1985）。举例来说，受众的媒介选择，总是受到特定市场上可得媒介的限制。在传播效果研究中，采用结构性研究方法，将人们的观点、态度或行为等数据，与有关的媒介使用数据以及人口统计数据相结合进行分析，同样十分重要。“接触”（exposure）大众传媒的数量与种类，这两个指标一直是效果研究中的关键变量。此外，还可以采用结构性研究方法，研究一段时间内观众在不同频道和不同内容之间的“流动”（flow）情况（Barwise & Ehrenberg[1]，1988；Emmett，1972）；通过将媒介使用行为与相关的社会背景特征相结合，还可以对观众、听众和读者的不同类别进行划分（如 Espé & Seiwert，1986；McCain，1986；Weiman，Wober & Brosius，1992）。尤其是，在促使媒介承担更多的公共责任方面，结构性研究方法也发挥着作用。受众调查（audience survey）能够测量人们对于

---

① 帕特里克·巴怀斯（Patrick Barwise），牛津大学硕士、伦敦大学博士。伦敦商学院市场管理学教授，商务、竞争案件资深研究专家，英国传播标准学会顾问及文化、媒体、体育部门顾问。著述甚丰，研究领域涉及新媒介的应用研究、消费者/受众行为、竞争策略、广告、商标、传播政策。

安德鲁·埃伦伯格（Andrew Ehrenberg），英国南岸大学教授，市场研究协会前主席。活跃于大西洋两岸，参与讲座、顾问等事项，同时在伦敦商学院、剑桥大学、哥伦比亚大学、伦敦大学、纽约大学、匹兹堡大学和沃里克大学开讲座。发表论文 300 篇以上，著作 10 余部。

巴怀斯和埃伦伯格合写的《电视及其受众》（*Television and Its Audience*）一书，由伦敦 Sage 出版社 1988 年出版，是他们在伦敦商学院“市场与传播中心”（Center for Marketing and Communication）研究项目的一部分。该书在传播学和电视传播研究界备受推崇，是被引用最多的著作之一。

各种媒介及内容的不同的满意与信任情况。

行为性研究传统：媒介效果和媒介使用

早期大众传播研究着重于媒介效果的考察，主要关注大众媒介对儿童和青少年的影响，尤其是对他们的潜在伤害（参见 Klapper①，1960）。几乎每一项重要的效果研究同时也是一项受众研究，其中，受众被认为是“暴露”（exposed）在大众传媒的影响和冲击之下，无论这种影响和冲击是劝服性的、认知上的还是行为方面的。最典型的效果模式是一个单向模式，受众被认为是一个毫无自主能力的靶子，只能被动地接受媒介的刺激。

早期有许多效果研究，采用实验研究方法，对影响传播的各种因素如内容、渠道和接收条件等进行操纵，力求找到能够更好地进行传播和避免负面效果的一般规律。例如，早期有一项战时研究项目，便是将电 18
影作为激发和训练新兵的工具，来探讨其传播效果（Hovland②，Lumsdaine & Sheffeld，1949）。实验中，研究者对若干暴力镜头和相关情况的出现以及观众的反应，进行了重点考察。佩恩基金会（Payne Fund）关于电影对青少年的影响研究，则开辟了此类研究之先河（如 Blumer，1933）。有关选举的研究，则始于拉扎斯菲尔德、贝雷尔森和高德

① 约瑟夫·克拉珀（Joseph Klapper），美国传播学者，曾在哥伦比亚“应用社会研究所”工作，完成其代表作《大众传播的效果》（*The Effects of Mass Communication*，1960）。在书中，克拉珀对此前的研究成果加以整合，明确提出了“有限效果论”或称“最低效果法则”，认为大众传播并不对受众产生普遍影响，它最大的作用在于改善现存条件。《20世纪传播学经典文本》（复旦大学出版社，2003）节选了《大众传播的效果》的部分内容。

② 卡尔·霍夫兰（Carl Hovland，1921—1961），美国传播学四大奠基人之一，实验心理学家，在第二次世界大战期间曾应聘担任美国陆军心理实验室主任。战后，霍夫兰在耶鲁大学主持“关于传播与态度改变的耶鲁项目”。并把战时的研究成果整理为《大众传播中的实验》（*Experiments in Mass Communication*，1949）一书出版。1953年，又出版了《传播与说服》（*Communication and Persuasion*），并陆续推出了五卷本的《耶鲁大学关于态度和传播研究丛书》。霍夫兰对于传播学的主要贡献在于：把心理实验方法引入了传播学领域，揭示了传播效果形成的条件和复杂性，为否定早期的“魔弹论”提供了重要的依据。

《西方新闻传播学经典名著选读》（中国人民大学出版社，2004）节选了《传播与说服》部分内容。

(Lazarsfeld, Berelson[①], and Gauder, 1944),他们曾经针对1940年美国总统大选中人们的媒介行为与其投票行为之间的相关性，进行过堪称经典的探讨。

第二种“行为性”(behavioral)受众研究，从许多方面看都是对直接效果模式的一种反驳。在这里，媒介使用(use)成为了中心，受众被视为多少具有一定主动性和能动性的媒介使用者或消费者，他们“掌控”(in charge)自己的媒介行为，并不是消极的“受害者”(victims)。研究的焦点，主要集中在受众产生选择媒介及媒介内容的动机的起因、性质和程度等问题上。受众同样可以对自己的行为进行解释(Blumler[②] & Katz, 1974)。

不难发现，早期对受众动机与选择模式的研究，绝大多数遵循社会心理模式。例如坎特里尔和奥尔波特(Cantril & Allport, 1935)对广播听众的研究，拉扎斯菲尔德和斯坦顿(Lazarsfeld & Stanton[③], 1949)以及韦普尔斯、贝雷尔森和布拉德肖(Waples, Berelson, & Brad-

---

① 伯纳德·贝雷尔森(Bernard Berelson, 1912—1979),美国社会科学家，传播内容分析方法的先驱之一，他与拉扎斯菲尔德合作对美国伊利县的选举进行了研究，并与拉扎斯菲尔德和高德特合写了《人民的选择》(*The People's Choice*, 1944)一书。

代表作有:《传播研究中的内容分析》(*Content Analysis in Communication Research*, 1952),《人类行为：科学发现的清单》(*Human Behavior: An Inventory of Scientific Findings*, 1984)等。

② 杰伊·G·布卢姆勒(Jay G. Blumler),美国马里兰大学新闻学教授，利兹大学名誉教授。主要论著有:《大众传播的功用》(*The uses of Mass Communications*, 1974),《电视与公众兴趣：西欧广播的脆弱价值》(*Television and the Public Interest: Vulnerable Values in Western European Broadcasting*, 1992),《相对评述：穿越时空的传播与文化》(*Comparatively Speaking: Communication and Culture Across Space and Time*, 1992)等。《媒介研究的进路：经典文献读本》(新华出版社，2004)收录了他的《欧洲大众传播研究：起源于展望》一文。

③ 弗兰克·斯坦顿(Frank Stanton),俄亥俄州立大学心理学博士，曾任哥伦比亚广播公司研究主任和董事会副主席，是行为科学高级研究中心的创始人之一，并担任理事和主席。还曾担任威廉·本顿基金会、教育广播有限公司、洛克菲勒基金会、卡内基华盛顿基金会的理事。20世纪30年代后期他与拉扎斯菲尔德合作进行广播研究项目，编辑了《传播研究1948—1949》(*Communication Research 1948/9*, 1949),《广播研究(1942-3)》(*Radio Research 1942-3*, 1944)等书籍。

shaw, 1940）分别进行的对读者的研究。这一传统随后又在有关大众传媒暴力问题的研究（参见 Comstock，Chaffee，Karzman，McComb & Roberts，1978）中，以及对儿童媒介使用问题的研究（Rosenberg & Wilndal，1989；Schramm 等，1961）中，得到进一步发展。之后，一个颇具特色的亚研究范式，媒介选择动机研究和媒介使用与满足研究，逐渐清晰地突显出来（Blumler & Karz，1974；Rosengren，Palmgreen & Rayburn，1985）。“使用与满足”研究并非严格意义上的“行为性”（behavioral）研究，因为它主要研究造成媒介满足的社会原因，以及媒介更广泛的社会功能，比如，如何使社会交往和社会互动更加容易，如何消除紧张和焦虑情绪。

文化研究和接受分析

文化研究同样处于社会科学和人文学科之间界限模糊的中间地带，与早前文学研究不同的是，它几乎是唯一一种关注流行文化的研究。文化研究认为，人们的媒介使用是特定社会文化环境的一种反映，也是赋予文化产品和文化经验以意义的过程。这一学派抛弃了传播效果的刺激—反应模式（stimulus-response model），以及媒介文本或媒介讯息万能
的观点。最初，研究者们（例如 Morley①，1980）曾经力图说明，不同 19
结构的社会和不同的文化群体对讯息的“解读”（read）和“解码”（decoded）是多种多样、彼此互异的，与讯息发送者的本意也相去甚远。20 世纪 80 年代，随着解码研究汇入普遍兴起的文化研究浪潮中，这一

---

① 戴维·莫利（David Morley），英国伦敦大学歌德史密斯学院首席教授，主要研究领域包括大众传播和媒介/文化研究，曾参与经营英国国内第一家互动媒体出版机构，曾经为美国电视第四频道的开播做过策划工作。他针对英国电视节目《全国观众》、《家庭电视》进行的受众研究在西方学术界具有广泛的影响。

代表作有：《全国观众：结构和解码》（*The Nationwide Audience: Structure and Decoding*，1980），《家庭电视：文化权力与家中休闲》（*Family Television: Cultural Power and Domestic Leisure*，1986），《电视、观众和文化研究》（*Television, Audiences and Cultural Studies*，1992）等，后者中译本由新华出版社于 2005 年出版，《媒介研究的进路》（新华出版社，2004）收录其《电视与性别》一文。

点变得像公理一样不证自明，而且也不难证明，因为大多数媒介讯息本质上都是“多义的”（polysemic），即包含多种意义，也存在多种解释媒介讯息的可能性（Liebes & Katz①，1986，1989，1990）。

文化研究的另一主要观点认为，媒介使用本身就是“日常生活”（everyday life）的一个重要组成部分。人们的媒介使用行为，只有在与某一亚文化群体特定的社会语境和社会经验相联系的情况下，才能被理解（Bausinger，1984）。媒介接受分析着重将受众当作“解释团体”（interpretive communities）② 来研究（Lindlof，1988）。这个概念是指，拥有相同社会经验的人们，对问题往往抱持一致的看法，并拥有相同的解释模式。

实际上，接受分析是当代文化研究中的一个受众研究分支，而非一个独立学派。它着重强调“读者”（reader）在对媒介文本进行“解码”（decoding）中的作用。如上面所讨论的，接受分析通常具有明显的“批判”（critical）锋芒，声称受众对于大众媒介所提供的主导性和支配性意义，具有抵抗与颠覆之力量。其主要特征是，一般采用定性和民族志

---

① 塔马·利布斯（Tamar Liebes），耶路撒冷希伯来大学传播学院讲师，曾任以色列广播局广播节目播音员；伊莱休·卡茨（Elihu Katz），美国社会学者和传播学者，宾夕法尼亚大学安伦伯格传播学院教授，耶路撒冷希伯来大学社会学与传播学荣誉教授，古特曼应用社会研究所科学指导（详细介绍请见第1章）。两人合写了一系列论著，如《电视故事的相关模式：比较分析》（*Patterns of Involvement in Television Fiction*：*A Comparative Analysis*，1986），《电视观众的批判能力》（*Critical Abilities of TV Viewers*，1989），《意义的输出：〈达拉斯〉的跨文化解读》（*The Export of Meaning*：*Cross-cultural Readings of Dallas*，1990）等，后者中译本由华夏出版社2003年出版。

② 解释团体（interpretive community，又译解释社群、解释社区、解释共同体），这一概念是读者反应批评理论中的重要概念。该理论吸收了接受美学、结构主义和精神分析学的部分主张，由美国当代著名批评家，实用主义理论的倡导者，美国杜克大学英文系兼法学院教授斯坦利·菲什（Stanley Fish）提出。这一理论认为，社会地位相同或相近的读者，会因为类似的生活经验或价值观，而拥有一套共同的解释策略，或思考和感知事物的方式。对他们来说，意义的生成具有某种程度的一致性，而这是由解释团体来达成的。解释团体是一种理解结构、一种在集体意义上的自我（阅读）所依存的情势，实际上是指一个社会化的公众理解系统。菲什指出，意义既不是确定的、稳定的文本特征，也不是受约束或者说独立的读者所具备的属性，而是解释团体赋予的；解释团体既决定了制码者的生产，也决定了解码者的生产。菲什的观点集中反映在《读者反应批评：理论与实践》一书中，该书中文版已由中国社会科学出版社1998出版。

方法进行研究（Morley，1992；Seiter，Borchers，Kreutzner & Warth，1989）。

受众研究的文化性（接受分析）研究传统的主要特点可以归纳如下（尽管并非所有特点都是该研究所专有）：

■ 受众按照自己的理解对媒介文本进行“解读”（read），并从中建构意义，获取愉悦（而这些从来都是不确定的或不可预测的）。

■ 受众感兴趣的正是媒介使用的过程及其在特定语境中的展现方式。

■ 媒介使用是典型的特定环境的产物，以社会任务为取向，这是由参与“解释团体”而逐渐形成的。

■ 不同媒介内容的受众通常由不同的“解释团体”构成，“解释团体”中的成员大体分享相同的话语形式和理解媒介意义的框架。

■ 受众从来就不是被动的，受众中的成员也各不相同，其中一些人比其他人更有经验，也更积极主动。

■ 研究方法通常是“定性的”（qualitative）、深入的，一般采用民族志的方法，并且将内容、接受行为与语境结合起来进行考察（Lindlof，1991）。

很显然，文化研究与结构性或行为性研究都不相同。安（Ang， 20
1991）批评说，“主流”（mainstream）受众研究传统采取一种“制度性的”（institutional）观点，其目的是生产出那种将受众抽象为一种商业性的或制度性的知识，以便更好地对之进行控制和操纵。她认为，传媒机构对了解（knowing）自己的受众并不真正感兴趣，他们感兴趣的是，通过测量系统和测量技术，如“人员测量仪”（people meters），来证实受众的存在。这样的测量数据可以用来说服他们的广告客户，却永远无法把握真正“受众本体”（audiencehood）的实质。行为主义研究和心理学方法在描述受众经验方面可能更有效，但是从文化角度看，其结果仍然停留在抽象的、个体化的层面，枯燥乏味，只会将研究本身导向操纵受众的方向。对三种传统的概括性比较，详见表2—1。

表 2—1　　三种受众研究传统的比较

	结构性	行为性	文化性
主要目的	描述受众构成，统计数据，描述社会关系	解释并预测受众的选择、反应和效果	理解所接收内容的意义及其在语境中的应用
主要数据	社会人口统计数据，媒介及时间使用数据	动机、选择行为和反应	理解意义。关于社会和文化语境
主要方法	调查和统计分析	调查、实验、心理测试	民族志、定性方法

研究方法方面，出现了一些逐渐整合的迹象（Curran 1990；Schrader，1987），尤其是定性与定量方法的结合。然而，在基本的哲学思想和概念化方面，不同流派之间仍然存在巨大的差别。这些差别已经暗示了各流派不同的研究目标，以及不同的研究方法。

提出议题

对其他研究方法的简略回顾，除了获得基本信息这一明显的现实需要外，还有助于确定那些促使人们对大众媒介受众进行思考和研究的主要议题和问题。虽然理论和实践总是互相联系的，但是这些议题的范围，从业界操作实务，到社会热点疑难，再到纯理论问题，林林总总，涉及广泛。正如我们将要看到的，从一个单纯与受众有关的问题，转变为一项“议题”（issue）或社会问题，通常需要加入某些价值判断，下面部分将作详细论述。

媒介使用成为社会问题

21 有关大众受众的常规性假设，常常促成传媒政策的制定；而媒介使用本身对社会和对个人的影响，却众说纷纭，由此引发了大量的非商业性研究。“过度”（excessive）的媒介使用，已经被认为是有害的、不健康的，尤其是对儿童而言，会令其沉迷，与现实脱节，减少社会接触，逃避教育。电视已经成为最主要的嫌疑犯，但是，在电视之前，电影、戏剧也曾遭受过同样的指责，如今影像游戏和电脑又成为新的批判对象。这种悲观主义观点常常引起争议，即使是从激发受众对媒介内容的需求，比如对有教育意义的、富于文化性和亲社会影响的媒介内容的需求这一角度出发，也一定会引出这个问题。无论如何，看来受众的身份似乎令他们很容易遭受道德和社会评判，而受众们自己也很清楚这样的社会准则：花过多的时间接触媒体是不对的。

大众受众和社会原子化

关于受众，最古老也是最普遍的理论问题是：是将受众作为社会群体（或按早期的理解，作为公众）来对待，还是仅仅简单地作为孤立个体的集合来看待。如果是前者，受众便需要表现出有边界、有自我意识、内在交流充分、有规范的调控系统等特质（Ennis，1961）。受众愈是被看作是孤立个体的集合（或消费者市场），就愈有可能被视为“大众”。由此也派生出许多问题，包括新媒体的互动潜能是否能够有助于重现受众经验中类似群体那样的集体特征。

前面已经讨论过，对同样的受众现象总是存在不同的考察方法，对 22
不同方法的选择又往往牵涉不同的利益关系。为企业客户所做的大量应用性媒介研究，以及典型的大规模抽样调查，都存在这样一种偏向，即将受众视为个体行为的集合。抽样调查方法不可避免地会消解受众群体和社会网络之间的联系，只能生产基于受众个体的总体信息。这样做进一步强化了将“受众行为”（audience behavior）视为个体消费活动的产物这一趋向，而非韦伯“以他人为目的的行为”（behavior which is oriented to others）意义上的社会活动（Freidson，1953）。其结果是，受众的群体特征被忽视或者被完全湮灭了。

受众行为是主动的还是被动的？

另一个引人广泛关注的理论问题，是有关受众行为的“主动”（activity）或“被动”（passivity）程度问题，这可能取决于受众本身。从定义上看，受众作为大众是被动的，因为他们无法展开集体性活动，而任何真正的社会群体都有办法，也倾向于主动地、有意识地选择一个共同目标，并为之努力奋斗。然而，从动机强弱、注意程度、卷入深浅、愉悦度、批判性或创新性反应、与生活其他方面的联系等诸多方面来看，个人的媒介行为，他们的媒介选择、媒介注意和反应，也可能多多少少都有一定的主动性。不管是否明确说出，一直以来其实都存在这样一种倾向，即认为受众积极主动的媒介使用行为要比消极被动的旁观行为“更好”（better）。

一般认为，受众在上述各方面愈是主动积极，他对于媒介的劝服、影响和操纵行为便愈具有弹性和抵抗力，这通常也被视为一个好现象，尽管广告商和宣传者们可能另有看法。理论上说，主动受众会向媒介传播者提供更多的反馈信息，传播者与接受者之间会有更多的互动，而在促进传受双方的互动方面，新的传媒技术被认为具有更大的潜力。

重新定义受众有了新的可能性，也出现了新的受众类型。例如，我们越来越多地用“品味文化”（taste culture）和“生活方式”（lifestyle）来描述受众的选择模式，而不是像过去那样，只是将受众视为注意力大众或群体。受众个体愈是自由，愈是能够依靠新技术的力量来建立属于
23 自己的媒介“食谱”（diets），受众类型便愈是多样。虽然用一般社会分类指标还很难清楚地进行区分，但是无论如何，我们仍然能够通过整合品味文化、兴趣和信息需求等各方面的因素进行综合考察，来把握受众群。

现在，受众群规模变小了，数量增多了，而且几乎不可能形成固定的、可以预测的团体成员形态。大众传媒在如何识别和保持“自己的”特定受众群方面，难度也越来越大。人们的媒介使用模式将仅仅成为多种多样、不断变化的生活方式的一个部分。受众是否是一个群体（group），这样的问题似乎已变得越来越不切合实际。不过，新的互动媒体已经引发新的潮流，看来建造新型的“虚拟社区”（virtual communities）是很有可能的。

多重视角看受众

一方面，我们发现既可以将受众视为消费者市场，也可以视为以千人为计算单位卖给广告商的商品。这里，重要的是受众的人数和购买力。另一方面，按照实际传播目的，又可以用规范的相关术语来描述受众，此时要考虑的则是受众构成、受众与传播者和传播内容之间的关系、受众注意和反馈的质量、受众忠诚度、卷入程度和持久性等等。

如前所述，这里同样处于争论之中的是，研究目的是为了控制受众还是为了解放和保护受众，这是一个两难问题。研究者应该站在哪一方的立场上？这个问题与不同研究方法、不同研究学派之间彼此内在的偏见，无可避免地纠结在一起。从事定量的、抽样调查、实验研究的研究者，与那些拥护其他更多定性的、更加深入透彻的研究方法的研究者之间，存在根本的观念冲突，也因此，受众研究的历史一直充满了纷扰。前者似乎更加倾向于为经营管理目标服务，而后者则宣称要坚持自己的观点，要站在受众“一方”（“be on the side” of the audience）。

定性研究常常被认为对媒介批判更多，对受众同情更多，它要求密切关注受众接收和使用媒介的具体环境，以及从所接收的媒介内容中解读出的意义。同样，定性研究也包括抵制那些以控制和管理为目的的商业性受众研究。

新媒介技术的影响 24

最后，关于媒介的未来问题，尤其是随着上述传播技术的变革，人们对这一问题已经产生了截然相反的预测和评价。一种观点认为，受众会变得越来越分化，会逐渐丧失其对国家、对本地和对文化的认同，传媒强国与传媒弱国之间的差距也将会不断拉大；相反的观点则认为，新的电子媒介会增加社会控制和社会监视的可能性（Gandy，1989；Spears & Lea，1994）。而另一方面，经过整合而产生的新的受众类型，或许能够弥补旧类型的消失，受众中更多的人有了更大的选择空间，传播与接受活动也有了更大的自由度和多样性。

批判学派理论家恩森斯伯格（Enzensberger，1972）是最早的预言者之一，他认为新的传播技术将带来巨大的变革，将从根本上削弱传统的国家基础和资本主义垄断；在互动交流的基础上，不受文化藩篱阻隔的新型社区也将会出现。这些预言很大程度上还停留在推测层面，要找到答案，不仅取决于证据收集，而且取决于所采取的价值观。比如，对我们来说，是对旧的大众媒介受众的集体美德称颂有加，还是更欣赏由信息高速公路连接起来的社会中的文化流动和自由呢？

结　　语

只要大众媒介不断地发展，不断地影响社会，受众理论和研究的繁荣兴旺便是可以期待的。本章对各项议题的回顾表明，尽管其中也发生了某些变动，但是仍然有一些议题受到人们持久的关注，并且反映出正在发生的技术变革、社会价值观的改变和社会环境的变化。

第3章　受众类型

■ 受众的二重性

大众媒介的发展历史表明，受众既是社会发展的产物，也是媒介及其内容的产物。人们的需求刺激出更适于他们的内容供给，或者说大众媒介有选择地提供那些能够吸引人们的内容。如果我们抱持第一种观点，我们可以将大众传媒视为一种回应，一种对国家社会、地方社区和既存社会群体普遍需求的一种回应。同样，大众传媒也是对一系列特定个体——例如政治活动家、商务人员、年轻人、体育爱好者等等——主动表达出的各种偏好的一种回应。另一方面，如果我们把受众主要视为媒介发展的产物，我们会看到新技术（例如电影、广播或电视的发明）常常带来一些新受众，某些新的媒介“渠道”（channel），例如新杂志、新广播之类，也会吸引一些新受众。

我们谈起“电视受众”（televition audience）或“去看电影的公众”（film-going public），就像谈论一家报纸的读者或者一家受欢迎的电视台
26 的忠实观众一样。一些新的内容类型或种类，一位新演员，或者一场引人入胜的演出（可能持续时间有限），同样会导致形成新的受众群，或许也会受到激烈的市场营销和广告宣传的青睐。大众媒介正不断地寻求用内容类别、作者、表演者、特定产品（如电影、书籍或“节目”）来开发和保持新受众。这样做，他们可以预先为满足那些看似自发产生的需求作准备，也可以在那些潜在的需求和兴趣尚未浮出水面之前便予以确认，而这正是现代媒介管理者所努力追求的目标。

媒介受众的形成和变化在持续不断地进行着，最初对受众所作的明确划分，如今已经不容易被例证和被人接受。随着时间的推移，是媒介为既有社会群体提供了内容，还是媒介提供的内容创造了新的社会群体，两者已经愈发难以分清。媒介创造的需求（media-created needs）与受众“自发的”（spontaneous）需求，彼此之间的界限也变得无法辨别，或者说它们已经无可避免地融合了。尽管如此，将接受者自发的需求与传播者创造的需求两者区别开来，在理论上仍然是有益的，这样做，有助于阐示前面介绍过的各种版本的受众概念。按照社会需求与媒介创造的需求，以及操作的不同层面，即宏观层面和微观层面，受众被划分为四大类，如表 3—1 所示，本章我们将对此作进一步的描述和探讨。

表 3—1　　大众媒介受众的分类

		来源（source）	
		社会（society）	传媒（media）
层面	宏观	1. 社会群体或公众	3. 媒介或渠道的受众
	微观	2. 满足群组	4. 特定媒介内容的受众

■作为群体或公众的受众

作为群体或公众的受众是这样一个类群：在其被确定为受众之前，便已经独立存在了。不过如今，最典型的例子似乎要么存在于历史中，要么只在小范围内出现，因为构成群体所要求的一些条件，例如彼此互动、有规范调控和“有边界”（boundedness）这样一些条件，现代社会都愈来愈难以具备，更不用说以此来界定受众了。然而，一些政党、宗教团体或其他一些社团协会，出于服务其组织和成员的目的而出版的一些刊物，仍然符合这些标准。政党和宗教报刊过去（现在有时也仍然如此）为促进内部交流，以及支持外部活动（如吸收新成员、传播自己的政见主张），通常也会采取从领导到基层自上而下的联系方式，以增强凝聚力，突出群体形象。

这一类型的受众有许多种。在报刊界，一种典型的“强势”（strong）观点，是列宁关于报刊（如社会革命党报刊 *Iskra*[①]）是“先锋队”（vanguard）的学说，这类报刊的目标是在革命精英的主持下发挥组织和宣传作用（Hopkins，1970）。此后的一些共产党报刊也并非真正面向一般民众，而是面向党内成员。在与此相反的另一端，我们可以看看当代的一些报纸，他们中的绝大多数是不带意识形态色彩的，是商业性的，但是仍然保持了与某一政治党派或意识形态松散的联系。对选举，报纸按照惯例会给予一定的编辑采访支持，但是除此之外，一般报纸内容受政治的影响很小。 27

在目前条件下，如果说大众传媒的受众仍然是一种社会群体，某种意

① *Iskra*，即《火星报》。列宁创办和参与前51期主编工作的第一个全俄政治报，1900年创刊，1905年停刊。列宁把它看作是进行革命活动的直接武器，是建立统一的社会民主工党“大厦”的“引线”和“脚手架”。列宁在该报工作期间发表的关于党报的性质、任务，关于群众办报方针和党报工作者的素质与修养等一系列论述，发展了马克思主义的新闻学说。

义上，最好的例子可能就是地方报纸的读者群和社区电台的听众群了。这里，受众们一起分享至少一种重要的社会/文化特征——他们拥有同一空间，或居住在同一社区。在增强人们的本地意识和归属感方面，地方传媒能够发挥明显的作用（Janowitz，1952；Mcleod 等，1996；Rothenbuhler，Mullen，De Carell & Ryan，1996；Stamm，1985）。传媒生活在当地，这为传媒界定和提供了一个广泛的关注领域（例如休闲娱乐、环境保护、就业求职、社会联系等等）。地方媒体的广告，主要服务于当地贸易和劳动力市场；而地方社会和经济力量又共同强化了当地媒体的整合作用。即使一家地方传媒停业了，作为其受众的当地社区仍然会持续生存下去。

不过，即便如此，地方传媒受众的群体特征可能仍然是十分微弱的。仅仅以地域为标准来划分，拥有相同的空间，这常常掩盖了人们在其他人口分布方面的巨大差异。有些地方只是一种居住场所，人们彼此之间缺乏日常联系，也没有一致的身份认同；与那些享有同样的商业环
28 境，却独来独往、具有高度地域流动性的人们相比，两者没有太大区别。他们所接触的传媒不太可能成为一种替代品，能够替代那些消失的认同感。另外，地方传媒极少独自拥有受众，而且在从全国性媒体到大都市媒体这样的等级排序中，它们通常都是位于最底层。而媒介所有权与编辑权的集中，又往往削弱了报纸真正的本地特色，广播网的建立以及所有权和广播内容的网络化，对地方电台也产生了同样的影响。

除了地方媒体的例子外，其他环境中也有类似现象存在。受众们拥有共同的特点、相对同质化、有稳定的构成，这些都表明那里的受众具有某种独立的、类似群体的特性。报纸往往以反映读者不同的政治见解为特征，显示民主社会中持续不断的政治多元化潮流；读者们选择不同的报纸表达自己的政治立场，同时也努力寻找强化自己信仰的途径；相应地，报纸和杂志也会通过调整内容和表达意见，对读者作出回应。

然而，新闻更加中立（或更加客观）的趋势在日益增强，发行量的竞争（以及报业集中趋势）也在不断加剧，这些都在一定程度上淡化了报纸的政治色彩，也削弱了仍然存在着的受众认同。报纸试图获取数量

更多、构成更加广泛的读者群，而政治立场鲜明的报纸，往往只是一个拥有老化、衰弱的读者群的象征。

同样，作为社会群体的受众意味着什么，可以通过考察相反的另一个极端——即大众受众或总体受众——来说明。例如，在电视业发展的某一阶段，许多全国性电视广播机构只开播了很少几个频道，有的甚至只有一个，它们不得不针对全体国民播出。如果受众包括所有的每一个人，则电视传播者就必须避免政治上或其他方面的偏见，否则，他们将难以在总体受众中吸引各种不同的社会群体。

尽管如此，早期的电视观众，不论其规模大小和构成如何，按照这里的标准，都有可能被归结为某一特定类型的公众，因为他们都是国内的（national），媒介内容也同样是国内的。从这个意义上说，今天媒介内容的全球化，已经降低了受众经验的同质性。更确切地说，今天，商业广播电视频率和频道正通过为每一个人提供节目，来获得大量异质的受众群。

公共广播电视，在其存在的每一个地方，都在用一些具有真正公共 29
特征的内容来吸引受众。一般来说，公共广播机构本身受到各种制度性方式，包括财政系统（按规定是向拥有电视机的家庭收取收视费）和政治系统的支持，有责任为普通公众提供服务。它也有义务为各种类型的小众观众服务。看看美国的公共广播网（PBS），相似的情况正在出现，至少理论上是如此：来自观众/听众的捐赠，被认为是在媒介与受众之间编织了一条联系的纽带（Avery，1993）。

关于作为公众或社会群体的受众，有一个经常被人援引发生在荷兰的例子。那里，广播电视服务由几家独立的非商业性协会自愿提供，这些协会都有自己鲜明的政治、宗教和文化立场，而且在全国范围内通过收取视听费的方式吸纳自己的成员。观众订阅哪一家协会的电视节目导视，常常表明他们的选择倾向，亦与他们所附属的协会联系在一起。尽管在激烈的商业竞争和市场变迁的压力下，这个体制的原始宗旨已经逐渐显得空泛（Ang，1991），但是公共广播体制依然存在，这本身就体现了传媒和电视受众之间独特的联系方式（Avery，1993）。公共广播体制就像提示器一样提示着人们：在特定的社会条件和传媒结构下，受众仍然可以被视为志趣相投的社会群体，虽然经验告诉我们，面对更加广泛的文化与社会环境的变化，面对市场压力的冲击，公共广播体制本身是何等的脆弱。很明显，这种变化趋势与公共广播体制下的受众形成模式，是完全相反的。

上述事例与商业广播体制下的情形恰成对照。在商业广播体制下，受众是顾客或消费者，包括“买者当心”（buyer beware）在内，市场规则压倒一切。尽管如此，传媒专业主义可能仍然引导着大众传媒的传播者们，将受众视为自治群体或主动积极的公众，传播者对之负有明确的责任，譬如全面、公正地报道政治新闻等。

关于受众群体和特定公众，还可以举出其他一些例子。比如，广义上所说的“另类”（alternative）媒体（Downing，1984），包括范围广泛的、多少持反对立场的媒介渠道，它们被认为继承了早期激进政党报刊的传统，尤其是在发展中国家里。许多这一类传媒都是“微传媒”（micro-media），它们在草根阶层中生存，是非连续的、非专业的传媒，有
30 时还会遭到迫害，或被视为非法。*Samizdat*[1]——在共产主义制度下被禁止的出版物，在皮诺切特统治下的智利（Pinochet's Chile）的反对派报刊，或者二战时期纳粹占领下的欧洲地下报刊，都是很著名的例子。这类媒介的公众受众往往很少，但他们似乎都怀着强烈的责任感，一般都拥有明确的社会和政治目标。

无论是否合法，地方有线电视和地方广播电台的发展，已经具备了增加一些不同渠道和增加少数派声音（如各种听众群体）的可能性（Jankowski，Prehn & Stappers，1992；Kleinsteuber & Sonnenberg，1990）。这样的发展，对于具有明确而强烈的身份认同，希望拥有自己传媒的群体（groups）来说，是很有帮助的。许多移民出身的少数族裔和小语种人群，也常常从中获益。这一类小众媒体的存在是持久而有意

---

① *Samizdat*，地下出版物，指苏联时期的禁刊。

义的，虽然它们看起来似乎很难与强大的主流媒体阵营相抗衡。同样，这些媒体的生存也需要有合适的经济和社会条件。

一种更为人们熟悉而且符合社会群体标准的受众类别，其命名与出版物有关。出版物一般指印刷媒介，它们在某一特定的但却分布广泛的网络中传播，往往是专业身份和社会地位的表征。在那里，受众们拥有共同的目标、兴趣和对事物的理解，有时受众群也会因某一特定的公共议题而形成。从某种意义上说，有一条想象中的分隔线，将那些公共领域中的“受众”（audience）与那些私人的、专业的或行业圈中的“受众”区别开来。专门为某一机构内部成员而出版的印刷品或专业性、科学性期刊书籍，它们的受众都明显属于后一类别；而为那些热心支持社会公益事业，例如为支持绿色和平组织的人们提供的出版物，其受众则属于前者。新媒介技术的发展，使得媒介内容的再生产和传播比之以往更加容易，也更加便宜，从而促进了这一类受众的生长。互联网和万维网是目前技术领域里的最新成果，新技术不仅保留了旧的传播渠道，而且为小群体和极其分散的公众开发出了新的传播途径。

作为受众的满足群组

“满足群组”（gratification set）一词，用来指称基于与媒介相关的兴趣、需求与偏好等多种可能性而形成或重组的受众。使用“群组”（set）一词，意味着这样的受众是一种典型的由分散的、彼此不相干的 31
个体组成的集合。作为“公众”（public）的受众对媒介的需求和兴趣往往十分广泛，并且从共同的社会特征中取得和谐和统一；而满足群组则由特定的需求或需求类别来判定，尽管这些需求可能仍然来自社会经验。一定程度上说，这样的受众已经逐渐取代了传统的公众型受众，这是由于媒介为满足特定消费者的需求而有针对性地制作和传播节目所造成的。与每一公众群（无论是以地域、社会阶层、宗教还是以政党为基础而形成）都拥有自己专门的媒体不同的是，受众许多自觉的需求，已经激发出了与之相应的供给。

这种现象并不新鲜，因为早期大众化报纸，如轶闻趣事、时尚、"家庭"（family）杂志一样，长期以来就一直迎合受众们广泛多样而又部分一致的需求。这些出版物所提供的，主要是一些实用信息、娱乐消遣和花边新闻，它们在人们的日常生活中发挥着润滑剂的作用。目前，宗教和政治影响的减弱，以及媒介商业化趋势的不断增强，已经加速了这一类媒介的生长。

一直以来，每一种媒介（例如电影、书籍、杂志、广播、留声机唱片或激光唱片等）都在采取各种方式对潜在的受众诉求进行整合，以满足他们比之以往广泛得多的兴趣和需求。也因此，受众分类往往是在综合考察社会文化背景和内容标准的基础上进行的。例如，如果假定拥有不同教育程度和职业背景的人们，具有不同的媒介品味，那么以此类推，不同年龄和性别的人们，其媒介品味也不一样。综合各种社会特征的方法，也可以用来确定不同的生活方式，而生活方式同样包括媒介偏好这一因素在内（参见第 6 章"生活方式"一节）。这种读者、观众或听众的群组，来自高度的受众细分，而"为顾客量身定制"（customized）式的媒介供给模式，不大可能产生任何意义上的集体认同，尽管群组成员会具有某些相同的社会人口特征。

与此相关的一个概念叫做"品味文化"（taste culture）。这个概念由赫伯特·甘斯（Herbert Gans①，1957）提出，用于描述那些像受众一

① 赫伯特·甘斯（Herbert Gans），美国社会学者。1957 年获宾夕法尼亚大学博士学位。曾执教于宾夕法尼亚大学、麻省理工学院，于 1971 年加入哥伦比亚大学社会学系。他的研究、写作和授课主要围绕城市贫民和反贫穷计划、城市社会学、社会分层和平等、种族与种族划分、新闻媒介、大众文化等进行。他撰写了多本著作和超过 170 篇论文，主要著作有：《城市的村民》（*The Urban Villagers*，1962），《民主与新闻》（*Democracy and the News*，2002），《流行文化和高雅文化：关于品位的分析与评估》（*Popular Culture and High Culture：An Analysis and Evaluation of Taste*，1999）。在《大众传媒中的创造者—受众关系》（"The Creator-audience Relationship in the Mass Media"，1957）一文中，他提出了"品味文化"的概念。

样由媒介产生的事物，以趋于一致的兴趣为基础，而不是基于共同的地域或社会背景。甘斯将“品味文化”定义为“被同一类人选择的相似内容的总和”（参见 Lewis，1981，p. 204）。品味文化不是一群人，而是一组相似的媒介产品——一种表现形态和表达风格的产物，一种意欲与各种细分受众的生活方式相匹配的类型。这种情况出现得越多，便越有可能清晰地勾画出品味文化的社会人口统计学轮廓。

在探讨受众需求的基本特性和构建方式方面，传统的“媒介使用与 32
满足”研究可谓卓有成效（参见第 5 章和第 6 章）。受众所表达的选择媒介内容的动机，他们解释和评价媒介内容的方式都表明，存在相当稳定和一致的受众需求结构。社会经验在刺激人们的媒介需求方面发挥着重要作用。例如，在对事物没把握的情况下，人们会向媒介求助，去寻求建议或行为范例；与社会隔离时，人们会以媒介为伴，或是选择与同侪文化一致的媒介消费；对世界的好奇，以及对自己所处环境的兴趣，都会激发人们关注来自媒介的新闻和信息（Blumler，1985）。

作为满足群组的实际受众的构成，总是处于变动之中；因某一系列剧、电影、文艺作品、音乐等而形成的受众群，是特定的也是转瞬即逝的；然而，促成这些受众群形成的原因本身，却是一种循环作用的、可以预见的力量的产物。人们基于自身经验产生特定的社会心理需求，以这种需求为特征的受众观念（idea）在有关受众的“话语”（discourse）中有重要意义，也有助于描述受众。按照某种社会或文化指标对潜在受众进行分类，这种方法对于媒介业来说也十分重要，因为它为开发新的媒介服务和适应市场竞争提供了指南。

■ 媒介受众

有关受众概念的第三个版本（表 3—1），是根据人们所选择的媒介类别来界定受众，例如“电视观众”和“电影观众”。最早采用这种界定方法的，是前面提到过的“阅读公众”（reading public），即在教育尚未普及时，那些能够阅读并且确实阅读书籍的少数人。尽管这种界定方式可能扩大了受众范围，受众群似乎粗略地包括所有接触过某一类媒介的人，但是这里所指的，一般是那些由其行为和自我意识可以判定是定期接触某一类媒介的人。

每一种媒介——报纸、杂志、电影、广播、电视、留声机/CD，都不得不建立起自己的消费者和支持者队伍，随着诸如互联网和多媒
33 体一类“新媒介”（new media）的普及，这个过程还在继续。用上述方式将人们划分为相关的类别，并非特别的难事，但是从宽泛的社会人口统计学角度对这些受众所作的进一步划分，却往往是粗略的、不精确的。

这类受众与第 1 章“作为大众的受众”一节里所谈到的“大众受众”（mass audience）的含义相近，因为他们常常人数众多、分散、混杂，缺乏内在组织和结构。这个概念也与通常意义上用于消费者服务的“市场”（market）概念相对应。到目前为止，受众们对不同媒介除了在主观偏好、相应的接触频次和程度上有一些不同外，大部分受众几乎都是重叠的，没有什么不同可言，一种大众传媒的受众常常也是另一种大众媒介的受众。

即便如此，随着媒介形态的不断变化，以及媒介的兴替更迭，这个版本的受众概念仍然保留了与以往的某些联系。比如，作为电影观众中的“成员”（member），除了会对这一媒介及各种类型有一定认识和理解外，对某一角色的基本情况和特定习惯也会有所了解。这些都是在特定文化环境下的社会互动中逐渐形成的，而媒介受众的完整含义，也因时间和空间的移易而不同。

例如，20 世纪 40 年代，在电视机出现以前，电影观众是去电影院的观众的同义语。他们人数众多、年轻、爱交际，习惯于大的、烟雾缭绕的观众席，热衷于管风琴曲，会耐心地在雨中排队等候，完全依赖相隔遥远的、制作和发行都运转缓慢的电影工业提供内容。今天，电影观

众与去电影院的观众已不再相同，更多的人是各自分散在家中看电影，年龄比去电影院的观众更大，他们习惯于在库存的老片和新片中没完没了地选择，乐得不受检票员的打扰；有家庭录像机和电视做后盾，也不再为开支所累。与早期去电影院看电影的年代相比，尽管现在仍然有“风靡一时的电影”（cult films），爱好者也可能更多，但是不再有“影迷”（film fan）之类的存在了。

有迹象表明，按照各种媒介不同的社会功能和用途（Kippax & Murray，1980），以及人们已知的各种优点和不足，受众在各媒介间不断地分化。媒介有着相当特定的形象（Perse & Courtright，1993）。研究表明，出于不同的目的，有些媒介可以互相替代，而另一些则有特定的用途（Katz，Gurevitch & Haas，1973）。在各种媒介中，争夺受众和广告收入的竞争在不断加剧，其中媒介之间的差异也在起着作用。某一媒介的“媒介受众”（medium audience），对于那些打算用这一媒介进行广告和其他宣传活动的人来说，尽管缺乏排他性，但仍然是一个十分重要的概念。在进行关键性的广告投放决策时，常常要 34
考虑“媒介组合”（media-mix），要兼顾每一种媒介的特性，它的受众到达率，以及受众的接收条件，要考虑如何在不同媒介中分配广告预算。

在媒介经济学中，有关媒介的可替代性（substitutability）问题一直十分突出，而且常常延伸到各种媒介如何保持自己的受众这一问题（Picard[1]，1989）。除了受众群的规模大小和人口统计特征等问题外，还有一些因素需要考虑。有些讯息适合家庭环境，适宜全家老幼一起接

---

① 罗伯特·G·皮卡德（Robert G. Picard），瑞典延雪平大学国际商学院媒介经济学教授，曾任美国波士顿艾默生学院副教授、美国加利福尼亚州立大学富勒顿分校教授，并任《媒介经济学季刊》编辑。皮卡德著述甚丰，计有一百多篇专文发表于《新闻学季刊》、《政治传播与说服》、《媒介经济学季刊》等学术刊物；并出版了《媒介经济学》（*Media Economics*，1989），《美国报纸产业》（*The Newspaper Publishing Industry*，1997）等著作。前者中文译本由台北远流出版事业股份有限公司 1994 年出版，后者中译本由中国人民大学出版社 2004 年出版。

收，比如看电视；另一些讯息可能比较个人化，甚至有伤风化，比如海报或杂志。有些内容可能适合于资讯语境，另一些则适合于娱乐和休闲环境。从这个角度看，对各种不同媒介的受众进行区分，不仅要考虑其社会经济特征，也要考虑媒介所传播的具体内容，以及受众发生媒介行为的社会文化语境和环境。

由传播渠道和内容界定的受众

将受众界定为某一特定（particular）媒介如书籍、作者、电影、报纸或者电视节目的读者、观众和听众，看上去似乎没有太大问题。在采用“簿记”（bookkeeping）传统进行的受众研究中，这样的划分是最合适的，在实证研究中也没有引起什么问题。没有任何关于群体关系或群体意识的潜在维度需要考虑，也没有任何心理动机变量需要测量。正是在这种极其实在的（concrete）意义上，受众成为一切媒介商业活动的基础。由于这个原因，人们总是优先选择将特定传播内容和传播渠道作为界定受众的依据，特别是在与媒介工业相关的研究中。

同样，这个版本的受众概念与市场观念是一致的。按照市场思维，受众被视为特定媒介产品的消费者。受众既包括一系列付费的消费者，也包括被人以每一媒介产品为单位讨价还价，转售给广告商的人头数和钱数。这样的受众被称为“视听率”（ratings），一种对媒介商业来说至关重要的“数字”（numbers）。在任何一种媒介业的游戏规则中，即使
35 不牵涉利润问题，视听率也为节目成功与否提供了主要标准。渐渐地，视听率成为受众（audience）这一术语的主要含义，也是唯一说明受众的直接现实意义和明确的市场价值的术语。它同样包括将受众视为一种媒介产品（product）——这个对任何媒介来说都是首要的、不容置疑的媒介效果（effect）——的观点。

道理似乎已明，但是对这个主题乃至一些潜藏的复杂问题，我们

还需要作进一步的探讨。后者首先源于这样一些事实：受众在“物质上”（physical）有不同的界定方式，实际上，真正的受众从来都是不可测量的，只能事后进行重构或评估。例如，某一报纸的受众可以用各种不同的概念来界定：订阅者、所到达的家庭、读者。后者实际上包括了阅读程度非常不同的一群人。同样，广播和电视节目的受众也由这样一些个体组成：无论在媒介接触时间还是在关注程度方面，他们都差异颇大。

由于真正的选择往往取决于他人，因此，这里所说的媒介内容在多大程度上会被受众选择，以及受众对这些内容的喜好程度，同样存在很大的变数。其结果是，这个版本的受众概念几乎比任何其他受众概念都更加抽象。它只在一种情况下起作用，即当我们主观上一定要按照时间/空间——一群个体接触广播电视“传播”（transmission）估计花费的时间，或出版物发行的特定时间/特定地点——来界定受众时。不过，这个概念也有一个很大的优点，即能够量化，而且一旦被量化，数学方法的运用基本上无懈可击。

虽然这是一种被认可的受众观，可是我们不能受此局限。比如，一些广播电视连续剧或系列剧的“爱好者”（followers）或剧迷们，这个意义上的受众，是不可能被精确测量的。没有任何适切的方式，能够对受众使用媒介的广度和深度进行相关的价值判断，或者在忠实观众与偶然观众之间划出界线。由各种不同类别和形式的媒介内容所带来的大量受众，可以根据他们花费在媒介上的时间、金钱和所表达的偏好来界定，虽然不同类别媒介内容之间的分界常常模糊不清。同样，也有一些受众是影迷、书虫、歌曲爱好者、追星族、作家的崇拜者、演员的拥戴者，这些受众只有经过一段时间的累积，数量才会显著，才会有一定的到达率。所有这些都是受众经验的相关方面，尽管它们一般都没有经过哪怕是最粗略的测量。

这样，我们被再一次带入迄今为止更加复杂的媒介迷和狂热爱好者问题中。这个问题前面已经提到过，似乎是指那些对媒介明星、演员、 36

节目和文本极端投入的迷狂者（L. Lewis[①]，1992）。他们的特点是，总是大量甚至过量地关注那些吸引他们的事物，而且还常常表现出对其他媒介迷的强烈感知和认同。一位媒介迷还有一些附加的行为模式，并且在衣着、言谈、对其他媒介的使用和消费等等方面表现出来。

迷现象常常引发一些批判的观点。这些观点认为，迷现象是一种不成熟的、愚昧无知的大众文化的产物，是一种典型的大众行为。以传统的眼光看，这种现象有时似乎有些怪诞，例如对埃尔维斯·普雷斯利（Elvis Presley[②]）一类已故明星的崇拜。但是，它们增强了以媒介经验为基础，形成不同亚文化和身份认同的可能性。媒介迷们不仅常常组成社会群体，他们还非常主动地与其所关注和喜爱的对象进行互动。而且，迷现象作为一种很古老的现象，并非完全囿限于所谓大众文化中，在体育、歌剧、芭蕾、戏剧和文学领域，长期以来一直存在本质上完全相同的现象，例子可谓俯拾皆是。

批判学派的观点认为，迷现象的产生，受到传媒的鼓励，是传媒进行操纵和剥削的一个明证，是传媒为加强受众与媒介产品和演员之间的联系、强化自我宣传，以便从产品销售和其他媒介副产品中获取超额利润的一个明证。这样做有助于延长产品的生命周期，使利润最大化。与此同时，有另一种观点认为，如果上述一切属实，那么迷现象所反映出的并不是媒介的操纵，而是受众的“生产力”（productive

---

① 莉萨·A·刘易斯（Lisa A. Lewis），美国传播研究学者，在大众文化、受众和女性主义等领域较有研究，主要著作有：《崇拜的受众：迷文化和大众媒介》（*The Adoring Audience: Fan Culture and Popular Media*，1992），《性别政治和 MTV》（*Gender Politics and MTV*，1992）等。

② 埃尔维斯·普雷斯利（Elvis Presley，1935—1977），人称猫王，是 20 世纪美国流行音乐中最重要的代表人物。他是第一位将乡村音乐和布鲁斯音乐融进山地摇滚乐中的白人歌手。他在 20 世纪 50 年代的唱片确立了摇滚乐的最基本语言，并使摇滚乐在世界范围的流行普及化。他富有争议的性感舞台形象确立了这种音乐在视觉上的标准，他的歌喉也充满磁性和多变性。埃尔维斯不仅是摇滚乐坛的偶像，还是摇滚乐的象征，他永远地改变了流行音乐的模式。他的唱片销售量胜过历史上任何一位歌手，时至今日，已超出 100 亿张。在美国，他创下 18 首冠军曲的纪录，在英国则是 17 首。他还主演过 33 部电影。

power）（Fiske①，1992）。按照这种观点，媒介迷们从媒介所提供的内容中能动地创造出新的意义，通过建立文化识别系统、进行风格展示、强化社会身份认同、建立协会，来将媒介迷群体从媒介的操纵和控制下解放出来。

无论是将媒介迷视为社会群体，还是作为媒介工业的人为制造物来看待，他们肯定都为我们所讨论的受众问题增加了又一重复杂性。由媒介迷组成的受众，并非媒介营销策略的简单被动的目标。在任何一个因媒介内容而形成的实际受众群中，都有可能产生一些迷狂者；有些媒介内容会导致媒介迷群体的形成，而其他一些内容则未必。这在很大程度上取决于媒介，尤其在音乐、书籍和电影领域。媒介迷的生成是无法预料的，而且往往不期而至。比如，我们很难解释，为什么有些电视节目和影片会引发人们的狂热爱好，而且在其他时间和场合也能不断吸引新观众。

■ 大众受众的消解：新类型出现 37

以上所讨论的各种不同的受众类型，有一个共同特征，即主要与大众传播相关联。大众传播是一种“中心—边缘”（center-peripheral）式的传播流，对于信息的“发送者”而言，“接受者”是与之分离的、未知的。传媒的生产、发行、消费也是彼此分开的。从历史上看，“受众”的发展，始于那些聚集在某处一起观看或收听的人群。随着规模的逐渐

---

① 约翰·费斯克（John Fiske），生于英国，任美国威斯康星大学麦迪逊分校传播艺术教授，也是《文化研究》（*Cultural Studies*）杂志的总编辑之一。曾在英国和澳大利亚几所大学执教。在大众文化研究方面，著述颇丰。主要有：《理解大众文化》（*Understanding Popular Culture*，1989）、《解读电视》（*Reading Television*）、《澳洲神化》（*Myths of Oz*）、《电视文化》（*Television Culture*，1987）等。《理解大众文化》和《解读电视》的中译本分别由中央编译出版社2001年、台北远流图书出版公司1993年出版。《重组话语频道》（中国社会科学出版社，2002）收录了其《英国文化研究和电视》一文；《文化研究读本》（中国社会科学出版社，2000年）收录了其《大众经济》一文。

扩大，这个人群也变得更加分散、更加非人格化。最终，大众媒介受众成为在同一时间关注同一信息的巨大的集合。不过很明显，即便如此，在我们所说的“大众传播”（mass communication）中，依然有许多不同的受众类型，也有各种各样的“受众—发送者”（audience-sender）关系；而规模大、匿名、有大量的各种受众这样一种“发送者—媒介”（sender-media）关系，也并非唯一可能的存在。实际上，有许多媒介受众群不仅规模小，而且通过社会和情感纽带，与传播源紧密地联系在一起。

人们常常根据受众所表现出的社会关系（如是否是独立的、疏离的、偏颇的等），以及所显示出的社会群体特征（如是否有凝聚力、有边界、持久性等）的不同程度，对受众进行划分。即使在大众传播条件下，我们也可以想象，正如从上文对作为公众或社会群体的受众的讨论中所看到的，这些概念所界定的受众是相当不同的。如果从社会学的角度来看受众，除非有其他原因，否则就要考虑关乎人们媒介使用行为（media use behavior）的各种社会关系。尤其是新的互动传播技术的发展，引发了人们对这一问题的关注。

博德韦杰克和范·卡姆（Bordewijk and Van Kaam，1986）确定了区分不同信息系统的关键变量，第一是信息的中心性或者说信息的储存，第二是对进入的控制——即有效控制某人（传播者或接受者）对要接受或咨询的相关主题的选择，以及控制其发生的时间点。这一方法设想了一个车轮模式，轮圈围绕一个中心轴，将一组参与者安排其中。传播流可能直接从位于轮圈上的任何一位参与者中产生，也可能从处于中心与轮圈之间的任何一位或多位参与者中产生。如果将每一位参与者（包括中心处的参与者）视为传播中被使用或增加的一个信息储存处，就能够得出这一假想模式更完整的图像。按照是“中心地”（centrally）
38 还是“个体地”（individually）居处，这样一个维度，将“信息储存”（information store）和“控制时间和主题选择”（control over choice of time and subject）这两项交互列表，便得出四种关系类型，详见表3—2。

表3—2 **传播关系的四种模式**

		控制信息储存	
		中心	个体
控制时间和主题	中心	训示型	注册型
	个体	咨询型	对话型

资料来源：Bordewijk and Van Kaam，1986。

上述每一种关系都反映一种受众类型。训示（allocution）型受众，如音乐会、演讲、电视、书籍等的受众，代表了传统的单向传播情况下的大众媒介的受众。“训示”（allocution）一词由拉丁语转化而来，源自古罗马指挥官为调集军队而进行的演讲。这一类受众包括多个类别，但是某种程度上说，都要根据信息源（或媒介）的特点来决定接触频次和内容。受众在社会和物理层面上越是“更接近”（closer）信源（比如媒介拥有特别积极的公众或者其成员形成了群体），就越被认为具有自主性。对那些大众化媒介，比如全国电视网或大众化报纸来说，在其人数众多、各自分散的受众中，训示型特征尤为突出。其特征是，受众“反馈”（feedback）的可能性受到限制，传播流基本上是单向的。

咨询（consultation）型受众的出现，是在人们能够决定在什么时间、从中心信息源所提供或储存的信息中选择什么内容的地方，它也是对传统大众传媒状况的一种拓展。某些大众媒介（如报纸）的受众，其行为方式也带有一些咨询特征——例如，根据个人爱好和便利选择媒介内容——但是真正的咨询型受众，只会出现在力图使其使用者的选择权力最大化的媒介中。最典型的例子莫过于以计算机为基础的系统，如互联网、CD-ROM、视频点播、在线报纸等等，而电视文字广播（broadcast teletext）的设计，从思路上说也是基于同样的受众行为考虑。这个思路并不新，但是使之完全实现的技术是新的。其他媒介，诸如录像带，甚至书籍、留声机唱片和CD等，不管在哪里，只要采取图书馆式的收藏和保存方式，就同样意味着能够把受众相应地界定为积极的搜寻者。

一般来说，咨询作为一种媒介使用形态，解放了个人，使其不再被视为一种归属于媒介源的受众，同时，也剥离了受众那种古老的、被训示的意味。虽然受众仍然按照各种社会因素而被划分为不同的类型，但是，这样的“受众们”（audiences）已经是一群个性化的信息消费者了。如果每个人都拥有一份自己的“菜单”（menu），那么即使“媒介受众”（medium audience）的概念依然存在，其内涵中也已经没有共同的受众经验了。

至于对话（conversation）型，两边都由个体控制，似乎同样减弱了
39 受众的被动接收意味。它的确说明了这样一种现象：一群个人可以在传播活动中通过交流思想、交换意见、积极互动，形成联系。在以计算机为基础的互动系统中，这种情况的发生是可能的，它重新恢复甚至强化了主动受众的意涵。由于传播者与接受者的角色不再泾渭分明，新型受众的出现成为可能。无论如何，互动技术的出现至少改变了受众的训示状态，为他们提供了在更大范围内参与传播和进行反馈的可能性，这在以往传统的大众媒介受众形态中是不曾有过的。

同样，对持续增长的互联网和多媒体用户，可以这样来理解：他们是一群像使用电话聊天热线或其他音响设备一样，经常使用互联网和多媒体的个人。这些人并非真正的受众，但是他们是媒介使用者。

最后一种类型是注册（registration）型，乍看上去，似乎与关于受众概念的讨论不相干，其实，它指的是这样一种情况：传播媒介那些呈网状分布的、既相互联系又彼此独立的个体使用者们，无论出于自身什么目的，无论是呈训示、对话还是咨询型，都会被置于某一中心系统的观察之下。他们接触媒介的情况和所接触的具体内容，都会被监测并记录下来。例如，电话或互联网的中心记账系统，便是这样监测和记录人们的使用情况的，即使以保护个人隐私为名而拒绝人们查看这些内容，这种监测和记录情况仍然存在。受众调研中“人员测量仪”（people meters）的使用，可能是针对注册型受众的另一个例子。人员测量仪的使用，通常要让使用者了解其用途，并征得他们的同意。

目前，注册模式正越来越多地被使用，这常常意味着实施控制的可能性。尽管电子媒介的受众对于控制或干扰抱持更加开放的态度，但

是，注册模式与扩大受众概念的范围之间，并没有多少直接关系。在那 40
些私人传播行为被记录下来，并且被对象化的地方，我们同样会谈到“注册型受众”（registered audience）的概念。这最后一种模式，与人们对更大程度地被监视和控制的担忧，关系最为密切（Gandy，1989；Spears & Lea，1994）。

这种分类方式打开了另一个观察受众的视角，并提出了新的议题。如上所述，它避开了所谓媒介使用者的群体特征问题，虽然可能与之仍然有关。早期针对地方社区互动式有线电视所做的实验，主要基于这样的观点：既有的社会关系可能会刺激人们采纳新的互动媒介，反之亦然（Dutton，Blumler & Kramer，1987）。互联网的兴起，为那些拥有共同兴趣却不知身在何处的匿名对话者，提供了一种新型社区。早期的一些受众分类也是基于这样的假设：既然大众传媒按定义来说是在社会公共空间中运行的，那么受众行为本质上是公开的。更进一步，这一假设还意味着，有一条相当清晰的界线将大众传播与（总是私人性的）人际传播区别开来。

近年来，随着受众研究的新发展以及新的传—受关系模式的出现，这两种假设都受到了质疑。例如，由于个人意图（如计划进行一次旅行）和公共目的（如就某一公共议题形成意见）的融合，咨询式媒介使用模式出现了；随着互联网使用的逐渐增加，像私人交流一样的公众“对话”（conversational）模式得到了更加广泛的应用；而注册模式则有可能使个人受众以及私人之间的交流，成为可以为公众所使用的数据。

受—传关系的多种模式

值得一提的是，对受众和受众经验进行分类，至少还有另外一种思路。它同样着眼于信息源和接受者之间的关系，并将受众按各种不同的态度和目的进行划分。对此，可以用三种传播关系模式来进行恰如其分的解释：一种是传送（transmission）模式；一种是表现（expressive）或仪式（ritual）模式；第三是注意（attention）模式（McQuail，1994）。

这三种描述受众定位及相关经验的模式，可以近似地用以下概念来
41 归纳：认知（cognitive processing）；分享规范（sharing and normative commitment）；给予关注（attention giving）。它们之间并不排斥或互不相容，也并不一定有助于区分不同的媒介、频道或特定内容。尽管如此，按照这种分类，受众中仍然有可能存在某种系统而普遍的差别。

作为目标的受众

在传送模式中，传播过程基本上被认为是一种持续进行的信号或讯息传递过程，其目的是控制或影响受众。信息的接受者，也就是受众，被看作是有意图地传递意义的目的地（destination）和目标（target）。这一模式既用于广告促销运动，也用于传播教育信息和多种公共信息的活动中。同样，它也出现在受众的所谓工具性使用行为中，比如，像上面所概括的许多“咨询式”（consultative）媒介使用行为中。

作为参与者的受众

按照仪式或表现模式（Carey，1975），传播被定义为共享和参与，是在信息传送者和接受者之间不断增加共性，而不是按照传送者的目的来改变接受者。在凯里（Carey）看来，这种传播“不是为在空间上扩散讯息（跨距离），而是为在时间上保持社会稳定；不是一种告知信息的活动，而是共同信念的表达”（p. 10）。不管怎样，传播不是工具性或功利性的，而受众的态度也可能是游戏的、个人的或守道德的。本质上说，每一位受众成员都是参与者。

作为观看者的受众

第三种受众类型出自这样一种传播模式：信息源不是设法传递信息或信念，而是对传播效果不加理会，只想抓住观众的注意力。所谓受众

的注意力，是指那些用收视率来衡量，然后被兑现为订阅费、票房收入和广告费之类的东西，通常也可以兑现为在传媒界和社会上的地位与影响力。名气和名人，更像是纯粹公众曝光度的产物，而非对传播“效果”（effect）或观众“欣赏度”（appreciation）的测量结果。对于大众媒介的传播者来说，高收视率（它反映注意力）提供了最为清晰和最有商业价值的反馈和报偿形式。但是，受众的“看客”（spectatorship）式关注只是暂时的，并不投入。它意味着，既没有“意义的传递”（transfer of meaning），也没有意义的分享，更没有在传播者与接受者之间加深联系（Elliott，1972）。受众消磨在媒介上的时间，是衡量注意力的主要标准，虽然这可能只是一种打发时间或休闲娱乐的方式，或者仅仅是一种享受个人自由的方式。 42

结　　语

这一章里，我们探讨了关于受众这一概念意义的各种不同的表述方式。很显然，方式有多种，它们取决于各种完全不同的因素，尤其是媒介作为信息载体的特征、内容的文化特性、传播和接受的各种目的，以及影响受众经验的社会环境等因素。“受众行为”（audience behavior）可能意味着非常不同的事物，从偶然接触媒介，到有计划地深度参与媒介活动，范围甚广。然而，无论我们是采用媒介工业的观点、社会的观点、媒介公众的自我认识，还是相关受众理论的观点，同样都存在着根本不同的认识（perceiving）受众的方式。

除此之外，实际受众作为一种经验性组成，似乎可以根据两种主要维度来划分：其一是持续的时间，其二是依恋或投入的程度。有时，受众组成是混杂而持久的，有着深厚的社会根基；可是在更多的情况下，是转瞬即逝、变动不居的。同样，受众的主观感受也是极端易变的，不仅取决于相关的内容类别，实际上，还取决于某一时刻的环境以及个人品味。

第4章　媒介到达问题

了解“客观”受众的必要性

在有关受众概念的各种表述中，最清晰明了的恐怕是用“视听率”来阐释的版本。然而，这之后出现的问题，几乎无一例外地源于一个被称为“制度性的”（institutional）观点——一个来自媒介工业的观点。按照安（Ang，1991）的说法：“制度性的知识……是对那些被客体化并且受到控制的‘电视观众’（television audience）感兴趣。”（p. 154）首先是媒介经营者和某些传播者，他们恰恰需要了解自己所传播的讯息到达（reach）① 了谁那里，到达了多少人。后来，这一观点在很大程度上被主流大众传播研究所继承，尤其是在进行出于某种目的的“效果”（effect）测量，或者调查某些与媒介相关的“社会问题”（social problem）时，更是如此。主流的效果研究或“计划传播”（planned communication）模式（Windahl，Signitzer & Olson，1992），仍然要求掌握这样一些精确信息：谁是目标受众？通过什么渠道、用什么样的信息送达他们？以此来评估传播效果，衡量传播是否成功。

出于资金、政策、组织和策划等方面的考虑，媒介经营者需要了解媒介到达的范围，这同时也是对受众注意力的一种测量。这些需要使人 44
们对拜欧卡（Biocca，1988a，p. 127）所说的“标准受众”（canonical audience）产生了浓厚的兴趣。“标准受众”这一概念源于剧场和电影院，是指作为实体看得见摸得着的、专注的“观众”（spectators）。对媒介的日常运作来说，相信有这样的观众存在是非常必要的。正如滕斯托尔（Tunstall②，1971）在谈到报纸新闻工作时所指出的，（将讯息）传送给读者并且取悦于读者，这是大型媒介机构内部各个部门，尤其是时常充满各种利益竞争的管理、技术和编辑部门的一个“共同”（coalition）目标，也是大家能够达成一致的目标。拥有自己的受众，拥有自己合适的受众，这是媒介机构得以生存的必要条件，这一点无疑会不断地被事实所证明。

相对来说，这种对有关受众的外部信息的依赖，出现时间并不长，

---

① 到达（reach），又译为送达、传达、抵达，主要指媒介（或文本）传达的受众范围。在视听率研究中，“reach”译为到达率，是指特定时间段内，收看过某一频道（或节目）的不重复的观众人数占观众总数的百分比。

② 杰里米·滕斯托尔（Jeremy Tunstall），英国伦敦城市大学社会学教授，在媒介、媒介政策和媒介工作者领域有较多研究，主要论著有：《报纸力量：英国的新全国报纸》（*Newspaper Power：The New National Press in Britain*，1996），《工作中的新闻记者》（*Journalists at Work*，1971），《媒介社会学：读者》（*Media Sociology：A Reader*，1970），《加利福尼亚的媒介制造：好莱坞、政治和新闻》（*Media Made in California：Hollywood，Politics，and the News*，1981）等。《媒介研究的进路》（新华出版社，2004）收录了他的《专业记者：目标、职业、角色》一文。

但是已经引起越来越多的争议，而且也成为一些媒介竞争（如卫星电视、有线电视、多媒体等新技术的渗透和实际应用）问题的焦点。对早期印刷出版物来说，了解受众的唯一重要的数据就是出版物的印数，它决定了出版物的成本和销售量，因而也决定了收入。毫无疑问，作者和编辑们对于印刷品最终送达了多少读者，以及送达了什么样的读者，常常怀有个人兴趣，但是这种信息只能偶然零星得之。早期电影业对观众的了解，很大程度上满足于票房收入这种反馈，偶尔也会对去电影院的公众进行抽样调查以为补充（Handel，1950）。

早期宣传者和政党都采用印刷媒介进行宣传，其目的当然是想传达和影响到尽可能多的人。不过，刺激人们更深入地探讨受众“到达”（reached）问题的主要动因，来自 19 世纪末 20 世纪初付费商业印刷广告和户外广告的兴起。有关受众的一些概念也引起了关注，尤其是受众群规模、地理分布、社会构成等，每一个概念都与广告商密切相连，都可能影响到版面的广告价格。

毋庸置疑，最初人们一般按照对个人、对本地的了解，或者根据经验来处理上述问题。正如媒介机构所看到的那样，后续出现的每一种新媒介，不仅将某种新的解释或细微差别引入“经验性”（empirical）受众定义中，而且提出了受众测量的一些新问题。由于视听众是否收听收看了广播电视，注意力如何，并没有留下任何物质证据，也没有可靠有效的对媒介到达率的评估，因此对广播听众和后来的电视观众进行测量，尤其富于挑战性。随着新的传播渠道和新媒介的不断增加，这个问题也日益复杂。

45 不同的媒介，不同的到达概念

受众类型的多样性前面已经讨论过，但是对于如何界定接连不断出现的媒介（其中大多数仍然存在和并存着）的受众，仍然需要进一步的探讨。以书籍（book）为例，对其读者所下的定义可能有两种：一种是有一定规律的阅读者（阅读公众），另一种是购书者（书籍市场）。后者中有一些人自己并非阅读公众中的一员，阅读公众与购书者并不完全相同，因为有人借书阅读，有的书是在家庭中传看，等等。这两种人既不能累计，彼此也不完全重叠，除了从销售量和图书馆借阅登记表上可以推测出一些信息外，几乎得不到有关他们的更多信息了。具体到某一本书的读者群，则呈现出一个稍显清晰的实体——特定时间范围内的一群实际读者——尽管如此，其轮廓也并非一目了然。

关于受众到达问题，报纸（newspaper）或期刊（periodical）媒介至少提供了四个不同的测量指标，这些指标与各种制度性利益相关联。

第一，报纸/杂志全部或潜在的阅读公众（reading public）数，对此可以有不止一种解释，因为可以根据阅读能力、读物的可得性、阅读的规律性等术语来进行界定。在有些地方，虽然阅读公众的数量接近全部成年人口总数，但是阅读的发生率和定期性也似乎到达了顶峰，并开始下降。

第二，付费读者（paying readership），那些购买报纸和杂志的人，实际上，其人数与报章的销售量是基本相同的，尽管不能说购买就一定等于阅读。同样，报章的固定订阅者与偶尔购买者之间的差别，对于出版者来说也是非常重要的，虽然对广告商来说并非如此。

第三，某一特定出版物（或书目）的阅读受众（reading audience），其人数一般比报章的销售量要多出许多，因为每一份报章通常会有不止一个人阅读，尤其是在家庭里。此时的受众就等于实际“到达的”（reached）受众，有时也称为“累积受众”（cumulative audience），或者某一出版物的总的“流通量”，通常以所研究的报章某一期的平均读者数这个指标来衡量，这正是广告商最关注的受众。一般 46
来说，发行周期更长，价格更昂贵的出版物（比如时尚杂志），会有更高的到达率。

第四，某一报纸或杂志不同版面或不同章节的内在受众（internal

audience)。比如，我们可以说体育赛事、犯罪小说、国际新闻都有一些固定读者。一般来说，这类读者的人数只能通过抽样调查来估算，不可能进行精确的测量。像所有媒介一样，我们也可以根据关注程度和阅读所花费的时间量来进行区分：一位专心投入的读者，与偶尔阅读和只花很少时间阅读的读者是不一样的。

电影（film）观众，如前所述，已经历过许多变化。在电影发展的早期阶段，一部电影的观众情况都是根据票房收入来衡量的，经过一段时间的累积，便能够得到每一部电影的观看者（受众）总数。这也是一种基本的付费受众（paying audience）。按照惯例，通过累计每一部影片的总收入，仍然可以对不同影片的受欢迎程度进行排序，但是这种方式几乎没有提供多少有关受众的信息。入场券和其他收入数据，也不显示去看电影的公众（film-going public）的规模大小和构成，即经常光顾电影院的观众占总人口的比例以及他们的社会构成是无法得知的。只有对实际受众或者一般公众进行抽样调查，才能获取这些数据（Handel，1950；Jowett & Linton，1980）。

如今，至少还有另外三种主要的收看方式与付费电影观众相联系：租看电影录像带，购买电影录像带，通过有线电视和付费卫星电影频道（或通过电视点播系统）收看电影。这三种方式中的任何一种，就单次付费而言，可能意味着只能到达少数几位观众。另外，还有人数多得多的观众通过“免费”（free）电视收看电影，这个数字实际上几乎无法估算。对于这些不会影响资金平衡表的受众，几乎没有什么企业有兴趣去了解他们。

对音乐（music）受众，与对电影观众相似，也可以采用不同的方法去统计。主要的计算“单位”（unit）就是录制好的节目，它有不同的形式，个人可以购买，也可以通过不同的途径（比如声音广播和录音）来接收。同电影市场一样，音乐的全球市场往往比本国市场要大得多（Burnett，1990；Negus，1992）。与其他媒介的受众相比，音乐的听众还有一个显著特点就是，要么作为业余制作人和表演者，要么用舞蹈形式和其他行为方式及表达风格，他们保持了对于现场表演的热衷，可能还有一定程度的听众参与。

尽管广播（radio）和电视（television）有所不同，尤其是在使用环 47
境方面，但是两者的受众在概念上却非常接近。广播电视的潜在（potential）受众，包括所有拥有或者能够接触广播电视接收机的人。这样的受众可以根据个人或家户来划分，因为有时接收机是家庭或家户共有，而不是个人所有。有很长一段时间，收音机便是作为家庭媒体使用的，而现在已经逐渐演变成一种个人媒体；同样，目前电视也正沿着相同的轨迹发展，多种使用模式并存。第二，有一些定期（regular）受众，他们听广播和看电视很有规律（也有人从不听广播、从不看电视）。不过，在媒介使用程度（degree）和对媒介的主观喜好（affinity）方面，这些定期受众之间也存在明显的差别。

由于收听和收看行为都可以而且也确实与其他活动相伴而行，听广播比看电视更甚，于是问题便出现了：收听和收看行为是首要活动还是次要活动？理论上说，这个问题并不那么重要，但是对受众测量的影响却很大（参见 Twyman，1994）。除了掌握各种受众概念外，我们还需要了解广播电视的实际（actual）受众，那些具体收听或收看某一“节目”（program）的人，我们可以通过其他方式，比如接触时间和内容类别，来进行分析。这与上面提到的了解报纸的“内在受众”（internal audience）的方式相类似。最后，一些电视节目录像和其他电视（多媒体）用途的新受众诞生了，并且在不断成长。

对于其他没有什么规律性的受众，也可以进行区分，例如户外广告牌和显示屏、直邮、语音广告、电话促销的受众，以及其他形式的受众。如今，媒介类型是如此之多，用这种方式对受众进行探讨几乎没有什么用处。“旧媒介”（old media）的内容改变了，用途也改变了，这里所说的一些术语和定义也不是一成不变的。尽管受众分类的原则基本保持一致，然而我们可以对此进行调整以适应新的环境。

关于媒介到达和媒介影响的一般看法

如同我们所看到的，媒介机构总是被其受众的“不可见性”（invisibility）所困扰，对广播电视机构来说尤其如此。即使是借助调查研究的帮助，对于受众群规模的评估仍然是非常间接、近似、事后回溯性的。与此相反，要了解音乐、书籍、杂志、电影、报纸等媒介的受众，其注
48 意力和兴趣如何，都有一些适时、直接和独立的证据可以提供。在广播电视领域，不仅受众群规模难以知晓，而且由于受众注意力的多变性，以及在“频道”（channels）间的不断转换，受众的视听质量也是极难把握的。

广播电视传播者一般通过（播后）调研，从三个方面了解其受众的基本情况：不同频道和节目的受众群规模、受众的关注程度、满意或欣赏程度。一些不确定性引发了研究中大量的新创造和新发明。一方面，新技术的应用和跨国传播的发展，使得频道数增多，从而加剧了不确定性，使得“受众”（audience）更不可预测、更不稳定和更不可知；另一方面，一些新的信息传输（尤其是通过互动有线电视）方式的出现，使得获取有关受众（或接收机使用者）的精确信息成为可能，甚至可以与他们使用接收机的行为同步。

受众到达的本质特征，正如那些自称为传播者的人所看到的，被展示在图 4—1 中，该图引自一位比利时研究者罗杰·克劳斯（Roger Clausse，1968）的著作。虽然这个模型是以广播电视为例构建的，但是其原理适用于所有的大众传媒，以及上述大部分受众类别。最外一圈代表几乎所有可能接收广播电视讯息的潜在受众，实际上，它差不多是所有传播系统的全部受众。第二圈表明实际接收讯息的最大范围——描绘出潜在的（potential）媒介公众，他们由以下一些因素所界定：所居住的接收讯息的地理区域，是否拥有必要的接收装置，购买或租借出版

物、留声机唱片/CD 和录像带的方式，等等；同时也由其文化程度以及是否拥有其他一些必要的技能等因素来决定。

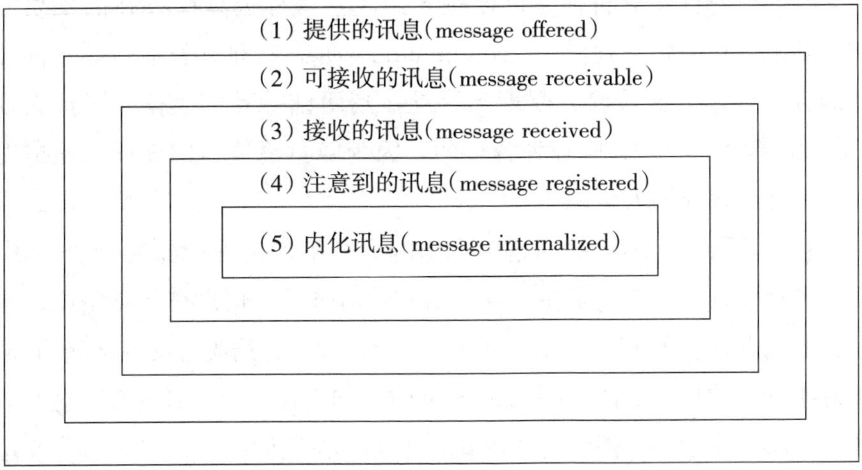

图 4—1 不同的受众到达情况图解

资料来源：克劳斯（Clausse），1968。

可得性和适宜性也很重要。例如，潜在受众会将一定年龄以下的儿童，以及其他一些类别的观众或听众，比如外国人或社会公共机构中的人员，排除在外。我们也可以对潜在受众的范围，限定为那些不仅有使用媒介的习惯，而且同媒介关系密切的人。出于某些目的，还可以采用一天中不同的时间段来划分“潜在受众”，譬如晨间受众、日间受众和晚间受众。

第三圈表示媒介公众的另一个层面——广播电视频率频道、节目或任何其他媒介所到达的实际（actual）受众，一般通过销售量、入场券和订阅数、阅读率调查、受众视听率（通常表示为潜在受众的某一百分比）来获得。第四圈和中心圈，与受众的注意质量（quality）、受影响程度、潜在效果有关，其中有些可以根据经验性方法进行测量。一般来 49
说，在整个实际的（actual）受众行为当中，只有一小部分是可以测量的，其余大部分只能通过推断、估计或猜测来把握。

由于大多数传播所吸引和影响的只是受众潜在注意力中的很小一部分，因此克劳斯对受众极不稳定的程度，以及图中所示的“损耗”（wastage）进行了分析。他也提醒人们注意媒介公众中存在的本质差别，其范围从一种“教派”（communion）形态，即有着强烈的共同经验的分散个体可能被媒介凝聚到一起，到团结一致的集体，再到大众（个体的集合）——那些各种各样的，因为随意消遣休闲而偶然地或习惯性地使用媒介的人群。

各种大众媒介不同的到达率和影响力，不仅是理论界关心的问题，更是传播策划——尤其是在广告运动、政治选举、信息终端竞争中必须考虑的问题（参见 Windahl et al.，1992）。大部分这类运动（campaign）都有明确的“目标群体”（target group），如选民、消费者等等，这些人便成为某一项运动力图到达的受众。于是，在我们的受众目录上，又增加了一个新概念——目标受众（target audience），从人口统计特征或其他属性来看，目标受众有特定的构成。

50 目标受众与前面提到的任何一种受众类型（或实际受众）都不可能完全吻合，但是，运动发起者的目标，就是使不同媒介所到达的实际受众，与该项运动所计划针对的目标受众，两者尽可能地重合。实际受众与目标受众愈是重合，这项运动的成本效率就愈高（虽然不一定更有效）。在很大程度上，目标受众与被人文主义者所指称的“标识”（inscribed）或“暗指”（implied）受众——作者写作针对的对象——相当一致（Sparks & Campbell，1987）。按照这一传统，标识受众可以从媒介“文本”（texts）中辨别出来，因为文本中一般包含了所预期的接受者的品味、兴趣、能力等方面的一些线索，更不用说媒介经营者对受众的刻板印象了。

各种媒介，例如电视，虽然拥有为数众多的潜在受众，某种程度上几乎可以肯定到达所有潜在的目标群体，但是仍然不能保证每一条讯息都能够到达其目标受众，或者在传播时被注意到。“散射”（scattergun）式宣传，成本高，回报不确定。由于这个原因，大部分广告运动等活动的开展者都会有选择地使用某一媒介，或者选择不同的媒介进行组合。选择什么样的媒介或进行怎样的媒介组合，取决于对计划到达的人群的预测，以及对不同媒介之间受众重叠情况的估计。

重叠受众：不同的功能、地点和时间

很明显，从前面的论述中不难看出，人们通常可以同时是多种媒介（广播、电视、电影等）的潜在受众，甚至可以同时成为一种以上媒介的实际受众（比如阅读时听广播）。在另外一些情况下也可以认为受众是重叠的，例如，一种内容（如新闻）的受众也可以大体上是另一种内容（如体育比赛）的受众；人们可以订阅（或阅读）一种以上的杂志或报纸，或者喜欢看不止一个电视频道。所有这些都是因为媒介功能具有多样性，以及媒介在人们日常生活中无处不在的缘故。

同样，不同媒介也有各自的特点，这使得它们在每天或者更广泛的
日常生活的不同时间点上，适用于不同的目的。广播和录音带适合在开 51
车途中或做家务时收听；印刷品则适合在旅行或静坐时阅读，独处时尤其如此；电影通常是一种社交和公共媒介；而电视，无论怎样看，仍然主要是一种私人的、家庭的、家居的休闲方式。

受众到达的空间维度

然而，在诸如广告运动、竞选活动、为提高视听率或发行量而制订竞争策略等一些实际工作当中，地理因素也许是造成受众重叠的最重要的因素。区分受众有若干标准，但是地点（locality）是最传统也是最常用的标准。潜在受众或实际受众的边界，常常与不同的地理层级相对应：从国际到国内，从地区到大都会（或城市），再到小城镇和地方（或邻里）。通常，属于“较低”（lower）层级的受众包含在较高层级的受众之中：地方（或郊区）报纸的读者可能是城市报纸的读者，也可能

是全国性报纸或期刊的读者（参见 Picard 1989，p. 29，对这种竞争性“伞状”模型的描述①）。这些出版物不论在内容上还是在广告方面，彼此并不直接竞争。层级“最低”的印刷媒介，其发行经常是免费的，靠广告费来弥补成本开支。零售业广告受一定地理区域的限制，而全国性广告的类别则常常与城市市场、地方市场、或地区市场上的广告不一样。

这种媒介分布和受众形成上的层级形式，作为一种基本路径，有助于分析受众重叠问题，但是现实情况几乎不可能如此井然有序。由于地理状况和媒介传统不同，各国的情况可谓千差万别。例如在美国，日报一般都是城市或都市区报纸，只有很少的人同时也读“全国性”（national）报纸，许多人阅读郊区报纸，甚至是免费的（地方）报纸。在一些欧洲国家（如法国、瑞典、德国等），大部分日报是地区性的，而非全国性或城市报纸。迄今为止，电视和广播还没有建立相应的层级形式，但是传播主要是全国性的，地方观众被纳入全国观众之中。

在某些现实经济活动中，真正重要的不是受众群规模的绝对大小，
52 而是在特定地理区域内的发行密度（density of circulation）或到达率（reach）高低。“密度”高，意味着在特定区域内信息所送达的个人或家户比例高，这一点对于为当地市场提供商品或服务的广告主来说尤其重要。在覆盖范围内密度高，还意味着传播和广告“成本—效益”（cost-efficiency）的最大化。这是“免费”（free）报纸得以生存发展的主要原因，因为在特定区域内，免费报纸可以保证达到100%的发行覆盖。这

---

① 罗伯特·G·皮卡德在《媒介经济学》（1989）中描述了美国报纸的“伞状”竞争模式：在伞状模式中，位居第一层的是都会区日报，其报道和流通范围遍及整个都会区，有时甚至渗透到整个州或地区，这一层一般包括两家以上报纸，但至今，美国只有不足两成都会区符合这一情况；第二层是卫星城的报纸，通常卫星城在都会区蔓延到该地之前便已存在，因此具有本地认同感，不同于都会认同，这些卫星城也有根基稳固的本地报纸；第三层是郊区报纸，这些报纸主要因都会区的成长而出现，有本地认同感，但与都会城有更密切的联系，其居民实际上在都会城工作、购物和寻求娱乐；第四层则是周报与商情报刊，有些是免费的，流通范围是郊区或全部或部分卫星城地区。同一层级内或不同层级之间，各报都竞相争夺读者和广告商，但不同层级的竞争程度差异较大。

也是在同一读者（和广告）市场上，报纸之间激烈竞争的原因，一旦市场份额开始低于竞争对手，失败的风险便会加大。

同样的逻辑，也驱使着纯粹商业电视频道去最大化其节目的观众群规模，这样可以预期，节目中插播的广告（比如全国性品牌产品）会在总人口中有较高的到达率。此时，大规模便意味着高密度，也意味着成本—效益较高。不过，有许多目标受众，无论是广告受众还是一般信息受众，都不属于此类，他们通常需要仔细选择合适的（小众）媒介。

我们也可以从微观角度，根据比较确切的人们在何地（where）实际使用媒介，来考察空间因素的影响，即人们在住房中的哪一间屋子里使用媒介，或者在户外什么地方（汽车、火车、花园、街道、工作场所等等）使用媒介。随着媒介的不断增加和日益多样化，这一类微观视角变得更加重要，与此同时，也需要对诸如性别、生活方式、社会环境、亚文化等因素进行考察。受众到达问题，已经被过于频繁地从发送者角度（也是行政管理者的角度）而不是接受者的角度，提出和回答。

受众到达的时间维度

在制订计划或对实际的受众到达率进行解释时，时间的重要性来自两个方面：其一，媒介的生产和传播基本上周而复始、连续不间断的；其二，受众的可得性主要是受众可支配的时间问题。因时间周期不同，媒介之间存在相当大的差异。书籍和电影出版发行是不定期的，时间间隔很长（反映制作过程很长）；杂志的发行周期通常是一周或者更长；报纸有周报、日报，也可以一天中出好几个版次；广播、电视文字广播、电视则几乎是连续不断地播出。理论上说，不同传播周期的媒介不必为争取相同受众的注意力而直接兵戎相见，可是实际上，它们确实在互相竞争，因为受众可得性并不是平均分布的，受众使用媒介的闲暇时间，仅仅集中在一天中几个特定的时间点上。 53

在任何一个确定的时间段内，（同一媒介或不同媒介的）受众到达率的累积（cumulation）程度是明显的，而各媒介的累积量和累积模式，也有很大差异。例如，月刊的读者人数在当期杂志整个发行周期内都在不断增加，而晨报读者群的增长在12小时内便已达到顶峰。由于媒介持续不断地影响受众的形成，因此，这些模式对媒介工业来说不仅意味着有利可图，而且常常是可以预测的。对此进行考察的主要方式是开展抽样调查，即让人们回忆性地记录自己在某一给定时间段（有时是预算时间）内不同的媒介使用行为。

不同的媒介使用

从受众自身角度出发，能够最好地解决其媒介使用的变化程度（degree）问题。从根本上说，不同的媒介到达率是人们不断选择的结果。尽管如此，对于大多数人来说，使用媒介是非常稳定的习惯，也是大量特定而且有目的的行为的结果。一些研究者（例如 Gerbner，Gross，Morgan，Sighorielli & Jackson-Beek，1979）已经指出，受众“暴露”（exposure）在电视机前（看电视）的时间量，是一个基本而持久的特征，可以与诸如年龄、教育程度等人口统计特征，以及电视对人们态度和行为的影响等因素，相提并论。同样的道理，也适用于受众对其他媒介的接触行为，比如阅读晨报或晚报等。

人们经常会对某一媒介产生情感上的依恋，作为一种稳定的态度和与实际媒介使用相关的行为，它是可以测量的。一般来说，依恋媒介本身就是一种“着迷”（fandom）行为，与任何具体内容无关。有关媒介认知的研究（Katz et al.，1973；Kippax & Murray，1980；Perse & Courtright，1993）表明，媒介的吸引力，与媒介某些被人们广泛意识到的特征和用途有关。

在怎样区分主要媒介类型和描述其特点方面，人们似乎具有高度的
54 一致性。事实上，每个人对不同媒介都有不同的喜好，对各种媒介的关注习惯也不一样，因而不同媒介的到达问题便略显差异。这促使人们去

注意这样一个事实：（从所到达的受众比例的意义上说）拥有最高“视听率”（ratings）的媒介（或频道或讯息），并非对每一种传播目的来说都是最有效的，相应的吸引力的大小也是需要考虑的因素。

另一种表达受众到达的方式，是将某一人口总体描述为被媒介以不同的渗透程度和不同的周期到达的人群，如图 4—1 所示。不仅某些媒介（media）总是比其他媒介更频繁地到达更多的人，而且某些人（people）也总是比别人更频繁更长久地被媒介所到达。对所谓传播者而言，那些最难到达的人也可能是很受欢迎的目标群体。由于生活方式和职业特点等原因，他们花在媒介上的时间可能更少一些，但对媒介的需求更特殊，选择性也更强。

有人曾经对这样的受众做过大体评估。例如，喜爱视听媒介胜过印刷媒介的人，一般文化程度和收入水平都较低；“重度”（heavy）媒介使用者一般都有更多的时间待在家里（比如家庭妇女、失业者、老人等等）；越是难以捕捉的目标受众，越会是忙人、富人。即便如此，因受众个体差异所带来的媒介使用上的不同，是任何一种系统性方法都难以解释的。

国家不同，人们的媒介使用频率和使用方式也很不一样，这一点通过许多国际对较可以清楚地看出。即使在社会和经济环境相当接近的地方，也是如此。例如在西欧，人们花在看电视和读报纸上的时间就有很大差别（McCain，1986），长期来看，这种差别似乎相当稳定。在意大利和英国，电视观众每人日均收看电视的时间超过 3 小时，但是在荷兰和丹麦，这个时间不足 2 小时。总之，这些发现说明了受众组成受各国媒介结构、社会结构、文化模式的影响程度。

■ 受众构成

早期媒介受众研究的一个观点认为（参见 DeFueur，1970），媒介

55 使用与人们的社会人口统计特征——尤其是年龄、收入、性别和职业（以及这些因素的综合）——有着密切的关系，这一点已经日渐明显。即使受众常常是分散个体的集合，但是社会环境因素对于受众组成仍然具有决定性的影响，并导致受众整体构成的明显模式。当更多的选择成为可能时，受不同的兴趣和需求指引，人们注意力的选择性就更强（Sears & Freedman，1971；Zillman & Bryant，1985）。媒介不断努力吸引各种不同的社会群体，使得这一客观趋势也愈加突出。

结果是，许多媒介都显示出其受众具有鲜明而稳定的社会特征，有时表现出相当强的同质性，受众构成是选择的结果，另外一些媒介（或媒介渠道）则拥有不同社会特征的受众。例如，许多城市报纸之类的媒介便属于后者，因为城市报纸与其说是为特定人口统计特征的群体（group）服务，不如说是为不同社会区域（area）服务的。那些几乎能够到达所有受众的媒介渠道，比如全国性电视频道（按照定义，全国性受众是异质性的），也大抵如此，虽然在对“内在”（internal）内容的选择上，受众之间存在巨大的社会差别。当然，人们独特的品味和偏好，要受到文化程度、年龄、性别和其他一些因素的影响。

■ 受众的多样性：外在与内在形式

上述讨论，提出了受众同质性（homogeneity）和异质性（heterogeneity）问题，以及受众的多样性（diversity）问题。这三个术语每一个都有确定的含义，尽管批评家和社会理论家们对如何规范地应用这些术语并不那么一致。在同质性和异质性之间，也存在一些似是而非的矛盾关系。早期的大众受众，就定义而言是异质性的，然而正因为他们的异质性，才能够为更加民主化的传播——原则上说，所有公民都能够接收到几乎相同的文化和信息的传播——奠定基础。

一项稳定的媒介传播内容安排，实行一段时间后，多半会导致更大的文化同质性。然而，从更具批判性的角度来审视，原始的异质性及其同质化过程，也并不令人乐见。异质性暗示着分裂和疏离，而同质化之所以不受欢迎，是因为它增加了因循盲从的倾向，并且加大了人为操纵的可能性（Marcuse，1964）。

这里暗含的标准是，受众组成应该恰如其分地反映已知的受众个体 56
（在信仰、观点、品味、背景、能力等方面）的差异。对于异质的或被同质化的大众受众，另一种更好的分类方法是，将不同媒介渠道（或内容类别）的受众，按照某些相关特征（如政治、宗教、文化品味、地域等）进行多重排列，每一种受众类别在构成上多多少少都有一定的内在同质性。然而，这种方法同样被认为会引起文化或政治上的差别——它反映了一个分阶层的、传统的、甚至是非民主的社会上。上述讨论遵循的是这样一种观点：没有什么固定的、标准的观点可以一成不变，一般来说，多样性总是比其对立面得到更好的评价。

如果把“什么是最合意”这个问题放置一旁，与异质受众和同质受众的划分大体相对应，我们可以界定两种主要的受众多样性形态。其一是通常所说的内在的（internal）多样性，其二是外在的（external）多样性。内在的受众多样性是指媒介吸引了社会特征异质的（通常也是大量的）受众，并提供各种各样的内容来适应可得公众的不同品味、兴趣和观点。一般来说，许多国家的全国性电视频道都符合这一特点，城市报纸和地方报纸也一样。这类媒介的典型特征就是为每一位受众提供服务，包括不带任何立场地提供客观信息，以及各种各样的观点。

相反，“外在的”（external）多样性假定，基于不同的政治、宗教、生活方式、文化偏好或其他一些原则，每一个频道或媒介都拥有自己的编辑方针，并且会有选择地为自己心目中的特定受众传播内容。由这些内容所吸引的受众，在很大程度上是同质的，尽管整个媒介系统的受众总体上是多种多样的。如今已经基本消失的政党报刊，就是最明显不过的例子，由于大众化趣味杂志的衰微，今天的期刊仍然在遵循着这样一种多样性模式（van Zuylen，1977）。

内在多样性和外在多样性可以在同一个媒介系统中并存，分别适用于不同的媒介。就受众的外在多样性而言，用期刊杂志来解释似乎最有说服力，因为其受众由许多各自同质的（特征化的）受众所组成；而电视和报纸很大程度上则是通过内在模式发展起来的。如今，新技术的应用正在促使广播向窄播化方向发展，更多的“咨询”（consultative）式媒介使用模式在向前者倾斜。这些媒介除了适于提供多样化的信息服务
57 之外，也适于提供更加专业化的电视频道（如影视剧、新闻、体育和艺术频道等），以满足各种不同的需求。

当前社会的一些发展趋势，尤其是意识形态差异的消解和保护消费者权益运动的逐渐兴起，客观上似乎在鼓励内在多样性模式的增长。而其他一些社会动向，如社会控制更弱、社会不平等更多、社会迁徙更频繁，则可能导致出现一个更加差异化的社会和更加分化的媒介系统。当然，最有可能出现的，不是社会差异的增加或减弱问题，而是不同的影响因素之间相对重要性的变化问题。比如，生活方式和品味，甚至大众媒介本身，在引起差异方面，如今都可能具有比政治和宗教因素更大的力量。若是这样，鉴于媒介渠道的不断增加，我们可以预见受众将会更加分化而不是相反。似乎有些矛盾的是，这可能又暗示了外在多样性模式的增长。

■ 关于受众视听率：定量与定性

本章已经一般性地假定受众是可测量的，而且可以根据实际或评估得到的数字和百分比，用数据本身来直接说明问题。然而，无论在什么地方，这一受众观念所引发的已不仅仅是程度问题，而且还有种类问题。提到程度，受众成员中有各种不同的关注程度和自觉参与程度，在持续时间和连续性上也存在差异，但是只能粗略地用视听率（通常是可得受众或潜在受众的百分比）形式来描述他们。正如德鲁和韦弗（Drew and Weaver，1990）所指出的，分清楚受众对媒介的不同关注程度（degree of attention）和不同接触频次（frequency of exposure），常常是非常重要的，尤其是当人们对潜在效果问题争论不休时。

谈到“质”（quality）的评价，有各种可供思考的维度。一是考察受众对某一媒介的喜爱（affinity）程度和依恋（attachment）程度，而不考虑实际的媒介使用情况；二是通过受众对特定内容（如电影、书籍、电视节目）的有意识的选择行为，考察受众基于自身经验得出的期望满足（anticipated satisfaction）程度；第三可能是考察受众的注意（attention）程度，或作为实际受众对媒介活动的卷入（involvement）程度。高品质也可以等同于高满意度和欣赏度（appreciation），或者诸 58
如喜爱度一类在电视研究中经常讨论的指标。无论如何，这些都反映了受众的“主动性”（activity，见下一节）程度，而视听率数据是无法反映这一点的。当然，还有很多其他可供使用的质量指标，是否采用这些指标要视各种媒介与内容的具体传播意图而定。

尽管就电视而言，采用受众满意度、喜爱度、“欣赏度”（appreciation）一类指标，来弥补收视率测量的不足，这种做法并不罕见，但是，用这些指标来对受众经验进行质的评价，通常都无法深入探究更细微的方面。这些指标之所以有时会被认为比收视率指标更有效、传达的信息量更丰富，是因为在一定程度上，它们对于根据时间和可得观众所进行的节目编排决策而言，具有一定的预测功能。质化测量指标的变化可以独立于收视率，尤其是在短期内，而且它们也不必非常灵敏，或者很随意地被解释（Barwise & Ehrenberg，1988；Leggatt，1991）。比如，某一电视节目原本是为少数人制作的，结果却被许多观众看到，那么观众对这个节目质量评价的平均值（average）可能会比较低，因为即使目标（intended）观众非常满意，大多数观众也会因为与其预期不符，而大失所望。不过，更普遍的情形，正如巴怀斯和埃伦伯格（Barwise & Ehrenberg，1988）所指出的，人们收看他们喜欢的电视节目，并且喜欢他们收看的电视节目。

■ 主动性和选择性

人们对大众传播效果的期望或忧虑，是引发受众选择性研究的最初缘由。宣传家和广告商们把大量的、无选择性的受众视为接收他们劝服信息的恰当目标。媒介文化批评者们则担心，人数众多的被动（passive）受众可能被人利用，受到文化伤害。媒介尤其是电视，被认为是导致受众被动性增强的主因。人们对儿童的担心更甚，他们被动地沉溺于一个又一个媒介（连环画，电影，广播，电视）中，这无疑会削弱教育的力量，也会销蚀儿童的辨别力，扼制其创造力，影响其健康人格的培养和社会成长（如 Himmelweit 等，1958；Schramm 等，1961）。

正是那些所谓的媒介宣传者，可能对研究结果最为失望。因为有研
59 究表明，他们的目标受众采取了选择和回避的态度，这意味着即使是大规模的媒介宣传运动，最可能到达的也是那些已经改变了主意的受众，而不大可能到达他们希望影响的受众（Hyman & Sheatsley，1947）。尽管在向大量的、卷入程度比较低的受众进行说服方面，电视的确发挥了作用，使得受众对劝服的抵御变小了（Krugman，1965），但是要想说服真正消极的大众受众，只是一个神话而已。

有限效果论的提出，带给文化批评家和教育家们的安慰是五味杂陈的。理论研究凸显了“顽固的受众”（obstinate audience）（Bauer[①]，1964b）形象。所谓“顽固的受众”，是指那些并不总是有选择地注意，但是常常有选择地去认知，并且对不需要的信息加以抵制的人。尽管关于典型的媒介受众到底有多主动，以及主动性到底意味着什么，争论仍

① 雷蒙德·A·鲍尔（Raymond A. Bauer），美国社会心理学家，哈佛大学教授。1964年在《美国心理学家》上发表《顽固的受众》（“The Obstinate Audience”）一文，提出“顽固的受众”的概念。1966年在其主编的《社会指标》一书中首次提出了“社会指标”（Social Indicators，1966）的概念。另有《美国的广告业：消费者视角》（*Advertising in America*：*The Consumer View*，1968）等论著出版。

在继续，但是至少，受众在大众社会理论中并没有被描述为一个被动的牺牲品。有相当多的案例（参见如 Kubey，1986；Kubey & Csikszentmihalyi，1991）显示，受众收看电视似乎没有明显的主动性，也不是一种带有强烈目标感的行为。而另一方面，阅读和去电影院看电影则多半是一种个人卷入程度更深的行为。

拜欧卡（Biocca，1988）对有关受众主动性（audience activity）的各种观点和含义进行了梳理回顾，并从相关文献中归纳得出了五种不同的表述，内容如下：

1. 选择性（Selectivity）。我们可以更多地用受众对媒介和媒介内容的不同选择与辨别力，来描述受众的主动性（参见 Zillman & Bryant①，1985）。这一点大致可以从受众有计划地使用媒介和一以贯之的选择模式上显现出来。极重度地使用媒介（尤其是收看电视）的受众，可能会被视为所谓“无选择性的”（unselective）受众，因而也是非主动的受众。

在电视研究中，观众的“仪式性”收看模式和“工具性”收看模式已经被区别开来（Rubin②，1984）。前者指人们习惯性地、频繁地收看

---

① 多尔夫·齐尔曼（Dolf Zillman），美国心理学家，亚拉巴马大学传播与信息科学学院教授。主要著作有：《传播学研究》（*Communication Research*）、《通过传播选择管理情绪》（*Mood Management through Communication Choices*，1988）。

詹宁斯·布赖恩特（Jennings Bryant），美国印第安纳大学博士，亚拉巴马大学传播学教授，曾参与《芝麻街》节目的早期工作并担任顾问，研究领域涉及媒介效果、媒介教育、娱乐理论等。布赖恩特著述颇丰，尤其在儿童电视和电视对美国家庭的影响等方面有较多研究成果。

齐尔曼与布赖恩特合作了多部论著，其中包括：《媒介效果：理论和研究的进步》（*Media Effects：Advances in Theory and Research*，2002），《回应荧屏：接收与反应过程》（*Responding to the Screen：Reception and Reaction Processes*，1991），《用幽默促进课堂学习》（*Using Humor to Promote Learning in the Classroom*，1988），《对传播的选择性接触》（*Selective Exposure to Communication*，1985）等。

② 艾伦·M·鲁宾（Alan M. Rubin），美国伊利诺伊大学厄巴纳-尚佩恩分校博士，俄亥俄州立肯特大学教授，曾任《传播学期刊》和《广播与电子媒介期刊》编辑，研究领域包括：政治传播、信息社会的传播、研究方法与测量、传媒新闻与娱乐等，著述颇丰，是一个多产的研究者。鲁宾在《仪式化和工具式的电视收视》（“Ritualized and Instrumental Television Viewing”，1984）一文中，提出了电视观众的“仪式化”和“工具式”收视特征。

鲁宾的其他论著有：《对电视收视动机的考察》（*An Examination of Television Viewing Motivations*，1981），《电视使用与满足：收视模式与动机的互动》（*Television Uses and Gratifications：The Interactions of Viewing Patterns and Motivations*，1983），《人际传播和媒介传播的交界：一个研究议程》（*Interface of Personal and Mediated Communication：A Research Agenda*，1985）等。

电视，与电视的关系非常密切；而后者则指人们有目的地、有选择地收看电视，基本上算是主动观众。受众使用其他媒介，特别是听广播、听音乐和读报纸，也有类似模式。这个版本的主动性概念，似乎暗指越是主动的使用者，越是注意节约自己的时间。不过，非常低度的媒介使用，未必就是受众敏锐判断的结果。如果我们把受众对媒介的逃避看作是“受众主动性”（audience activity）的标志，那也不合常理。

60 总而言之，主动性是一个非常模糊的概念，而选择性在某些情况下恰好能够解释大量的媒介选择行为。频道之间的转换和用遥控器“转台”（grazing），尽管暗示了受众的游移不定，但也显示出他们的选择性。其他许多媒介行为按照定义也是有“选择性的”（selective）：租看录像带，购买书籍和唱片/CD，从图书馆借阅，等等，但是这其中也可能存在大量的偶然性。

2. 功利主义（Utilitarianism）。这里的受众是“自私自利的消费者的化身”（embodiment of the self-interested consumer）。媒介消费，正如“使用与满足”（uses and gratifications）理论所推断的那样，反映出受众某些多少是有意识的需求得到了满足。这里，主动的媒介使用意味着由媒介经验所引导的理性选择，以及如果适当的话，在事后产生的某些预期效用（例如做出有见地的选择的能力）。按照定义，功利主义可以归入“选择性”（selectivity）的范畴，虽然有一些选择行为可能并不带功利主义色彩。

3. 有目的性（Intentionality）。按照这个定义，主动受众是积极认知和处理新信息与新经验的人。这种主动性与媒介使用相伴相随，而非先于媒介使用而发生，尽管各种形态的媒介订阅行为常常暗含这一意味。也因此，出版物或媒介服务的定期订阅（购）者可以被认为更具有主动性。

4. 抵制影响（Resistance to Influence）。由“顽固的受众”概念引申而来，这里的主动性概念强调受众成员对不想接受的影响和知识设限。除了根据个人意愿进行选择外，读者、观众、听众都处于“主控”

(in control) 状态，不受任何影响。另一方面，在密切而定期地关注媒介（这是一种主动态度和行为）与有可能受媒介的影响两者之间，很可能存在一定的关联性。比如在新闻领域可能就是这样（参见 Robinson & Levy，1986）。

5. 卷入（Involvement）。关于“卷入”的含义以及如何测量，存在各种不同的说法，不过一般来说，某一受众成员越是被所使用的媒介所“吸引”（caught up），或越是“全神贯注”（engrossed），我们就可以说他（她）的卷入程度越高。这也被称作是“情感激发”（affective arousal）。尽管这是一种心理状态，但是可以通过生理测量来反映。齐尔曼 61
（Zillman，1980，1985）曾经通过实验描述了如何对人们的视听活动进行刺激，并对所产生的激动和兴奋进行测量的方法。一般来说，刺激越大，推促人们持续使用媒介的动力就越强。齐尔曼认为，这一点对于解释娱乐内容的吸引力，以及人们为什么使用媒介以“控制情绪”（mood control），都有特别重要的意义。卷入程度也可以用这样一些现象来表征，例如在收看的同时与电视“对话”（talking back），甚至在看电视的同时与同伴进行讨论。

这些对受众主动性概念的各种表述，并不都一一对应于人们接触媒介顺序中的各个时间点。正如利维和温德尔（Levy and Windahl，1985）指出的，它们可能与人们接触媒介前事先的（advance）期望和选择有关，或者与人们接触媒介过程中（during）的主动性有关，或者与接触媒介后（postexposure）的状况有关。例如，从媒介中获得的满足会转化到个人生活和社会生活当中（如谈论媒介或由媒介主导的话题）。

上述五种表述，可能忽略了受众主动使用媒介的其他一些方面。例如，通过信件或电话直接向媒介作出反馈，不管媒介是否鼓励这种行为，都反映了受众的主动性。地方媒介或社区媒介，无论是报刊还是广播电视，其受众一般会更加主动，或者说受众拥有更多的机会发挥主动性。受众们对媒介的批评，不论是否在反馈中公开表达，都是说明受众主动性的又一例证，就像某一爱好者俱乐部的积极会员所做的那样。

就电视而言，如果受众欣赏度异乎寻常地高或低，常常表明这个节目的观众中有一些主动观众，他们的反应非常积极或者非常消极。受众录制电台和电视台节目，或者重放这些节目，是表明受众具有超出平均水平的主动性的另一明证。最后，我们可以先记住这一观点，以后再作更详细的检验。这个观点是：受众常常通过赋予媒介活动以意义的方式参与媒介活动，从而主动地“生产”（producing）最终的媒介“文本”（text）（Fiske，1987，1992）。

总体上看，“受众主动性”（audience activity）显然不是一个令人满意的概念。对这一概念有各种各样的解说，各项指标彼此交叉而且意义模糊，对不同的媒介意味着不同的事物。有时候它明显地表现在行为上，有时候仅仅只是一种心理状态（一种态度或感觉）。用拜欧卡（Biocca，1988b）的话来说，“按照定义，受众几乎不可能是不（not）
62 主动的”（p. 77），由于受众的主动性不能被证伪（unfalsifiable），因此总的来说，这个概念几乎没有什么意义。主动性作为一个简单的一般性概念虽然还存在不足，但却不断得到来自理论和实践中一些有说服力的证据的支持。尽管如此，只有当这一概念能够被清晰地界定，并且经过了实证性检验后，才可能真正通行开来。

跨国受众

大多数媒介受众定居在一国之内，但是媒介的到达范围却日益突破国界。电影、电视和音乐的传播尤其如此。媒介传播的跨国化，这一事实并不新鲜（Tunstall，1977），尤其是新的传播手段的应用，媒介工业的全球化发展，以及音乐和图像更广泛的传播能力，都促使这一进程不断加速。重大国际体育赛事的推广，同样对推进媒介传播的国际化贡献甚大（反之亦然）。

理论上说，这种跨国界或全球化的受众，就其原来的传播源来说是

"失去的"（lost）受众，因为他们不再被计入原来产品与传播渠道的受众群之列。事实上，大量全球化的媒介供应和跨国界流动是有计划的，也是受到监测的。目前，专门为国际市场生产媒介产品的趋势在不断增强，出口产品已经不再是满足国内需求后的剩余物（Wildman[①]，1994）。电影、音乐、电视新闻和广告领域尤其如此。因此，为了评估跨国界媒介流动的程度和意义，我们需要对不同种类的国际受众进行区分。

塞普斯特鲁普（Sepstrup，1989，1990）曾经指出，国际传播的基本形式包括以下三种：其一是多边的（multilateral）跨国流动，包括来自某一国家或某一制作中心的内容（通常为家庭消费而制作）再传播到许多不同的国家，传播到这些国家中的媒介中转点或直接目的地。所谓全球性电视频道，例如 MTV、CNN 国际频道（CNN International）、BBC 世界电视（BBC World Television）等等，还有以全世界各国受众为目标受众的卫星频道，都是这种形式。长期以来一直由国家主办的世界性广播电台或频道，例如美国之音（Voice of America）、莫斯科广播电台（Radio Moscow）等，亦属此类。如上所述，尽管媒介为了控制和资金运作，甚至为了一定政治或意识形态目的，一般都需要掌握有关受 63
众接收情况的反馈信息，然而，要了解这些媒介"受众"（audience）的举止行迹却殊为不易（Mytton & Forrester，1988）。

第二种形式与第一种有部分重叠之处，是国外媒介产品（如电视台和电影院播放的外国影片、电台播出的流行音乐或音像制品、翻译的国外书籍等）在国内的（national）真正的再传播。在这种情况下，家庭

---

① 史蒂文·S·怀尔德曼（Steven S. Wildman），美国斯坦福大学经济学博士，曾任西北大学传播学副教授和电讯科学、管理、政策项目主任；加利福尼亚大学洛杉矶分校经济学副教授。在大众媒介业的经济与政策、传媒业法律条例的基础体制框架、传播过程的刻板模式等研究领域成果较丰。

主要论著有：《新影视产业的节目竞争、多样化和多频道集合》（*Program Competition, Diversity and Multichannel Bundling in the New Video Industry*，1985），《欧洲电视的私有化：对国际节目市场的影响》（*The Privatization of European Television: Effects on International Markets for Programs*，1987），《影视经济学》（*Video Economics*，1992），《单向流动和受众制造的经济学》（*One-way Flows and the Economics of Audience-making*，1994）等。

媒介渠道决定了受众对国外信息内容的选择。此一情形毫不新鲜，它反映了长期存在的媒介依赖、媒介贸易和文化吸引力之间的关系。“外国的”（foreign）媒介产品对新受众的吸纳，事实上要依靠媒介文化（例如，已颇具影响的好莱坞电影或一些西方流行音乐）以及相关文化纽带和语言上的接近性。对此，霍斯金斯和迈鲁斯等人（1988；Hoskins，Mirus & Rozeboom，1989）曾经提出了一个新概念：“文化折扣”（cultural discount）——产品与受众的文化差距越大，对它的需求和要价就会越低。

人们最初的梦想是用卫星电视来实现跨国电视传播，但是上述因素比某些技术因素更加重要，“传播革命”（communications revolution）并没有带来翻天覆地的变化。即使在人口稠密、拥有许多全国性传媒网的西欧也是如此。在那里，一个名为“无国界电视”（Television Without Frontiers）的泛欧洲电视项目，几乎没有取得什么进展。

第三种是双边的（bilateral）跨国流动，在这种形式下，受众能够在与其边界接壤的地方接收到邻国无意中传送的信息——电视尤其如此。这种现象被称为“溢波效应”（spillover effect）。例如，加拿大人收看美国电视，与此类似，还有爱尔兰人收看英国电视，奥地利人收看德国电视，等等。这些观众可能并非信息源或信息源出国打算到达的受众，甚至不是想要到达的观众。由此产生的文化影响常常引发遗憾和争论，比如加拿大与美国之间的争吵。在其他一些处于相邻大国的信号覆盖下、与大国使用同样语言的小国家中，情形也相同。

有时，双边流动实际上是出于经济或政治目的而有计划地进行的。卢森堡就是一个典型，对周边邻近国家的广播电视传播，长期以来一直是该国的主要产业。这种情况下，有可能因为版权、广告控制、国家主权与认同准则等，引发一些法律和经济纠纷。在欧盟，人们签订了一个
64 跨国性的电视规章（Television Directive），该法律协定旨在解决这些问题，并促进双边信息流动。

跨国传播流是一个复杂的问题，跨国受众（transnational audience）

这一术语也有多种指称对象。广泛分布的（或不断增长的）受众主观上是否意识到了这种跨国受众身份，仍然令人怀疑，尽管媒介自身对这一现象的关注与日俱增。以上所言，没有任何新奇之处，虽然较之以往，这些情况发生的可能性要稍大一些。跨国受众形成的真实情况如何，很大程度上仍然未知，因为它实际上是不可测量的，或者说还没有产生足够的兴趣去尝试测量它。

■结　　语

很明显，“作为受众”和“接触媒介”这两个概念，表面上看起来简单，其实容易造成迷惑和误解。如果一定要清楚地掌握某一媒介、渠道或讯息准确的到达情况，最终很可能会失望。尽管有新的研究手段作后盾，我们对于谁已经被媒介到达（或正在到达），他（她）在什么地方、在怎样的环境中、在何种心态下被到达，都只能作出非常粗略的评估。

第 5 章　受众的形成与保持原理

媒介使用之“为什么”

那些职责是为媒介机器的运行铺平道路的人，必须密切关注受众形成的原因和动力。在媒介竞争激烈和不断变化的情况下，仅仅具备有关媒介受众群规模和构成这样的“历史性”（historical）知识是不够的。还需要预先了解受众的品味和兴趣，并加以引导，这项工作主要与专业技能、直觉和运气有关，但是更深入地了解受众行为的动因，对预估和引导受众也是大有助益的。同样，理论家们对于个体加入受众群的原因，以及保持受众的各种力量之间的平衡，也满怀兴趣。

电视观众研究仍然占据了受众研究的最大份额，一定程度上说，这是由于电视传播规模大，经济和社会意义显著的缘故，另一方面是因为与其他大多数媒介相比，如果没有研究提供帮助，要对电视观众进行监测和解释会更加不易。由于许多家庭只有一台电视机来接收几个或多个电视频道，因此，总是有大量的观众在各节目或频道之间流进流出。广告商和传播策划者们需要尽可能多地了解受众这些几乎不间断的流动情况。随着有线电视和卫星传送系统的发展，录制设备和接收机的普及，以及其他新媒介的出现，对了解电视观众的需求也与日俱增，受众逃避监测器或监测者（“monitors”一词的两种含义）控制的可能性已经增大，而且还在增大。 66

即便如此，受众的选择和忠诚问题，不仅在电视领域，在其他媒介领域也在出现。报纸一方面努力强化现有读者的忠诚度，一方面不断寻求新订户，同时从竞争对手那里争取读者。新办报纸在保持其固定读者的基础上，也努力吸纳新读者。图书和唱片销售商为了将产品推向市场，并保持其受众对演员和作者的忠诚，也要了解他们的潜在受众群。理论上说，了解受众为何以及如何选择书籍、期刊、报纸，租借录像带和音乐磁带，就像了解他们为何和如何选择电视频道和节目一样，令人深感兴趣。

根据前面的讨论，我们可以从两个方面来研究这个问题：其一是从受众“一边”（side）看，问一问是什么影响了受众个体的选择和行为；其二是从媒介一方看，看一看什么样的内容、表达方式和环境有助于吸引受众，保持受众的注意力。这两个方面并非截然分开的，因为如果不涉及媒介产品和媒介内容，就无法解答受众个人接触媒介的动机问题。

我们也可以选择遵循前面（第 2 章）介绍过的一个或多个受众研究学派的思想来进行研究，每一个学派都对受众的媒介使用行为作出了多少不同的解释。结构性研究传统强调媒介系统和社会系统是主要的决定因素；行为性（功能主义的）研究方法将个体的需求、动机和环境因素，作为研究的起始点；社会文化研究则强调受众成员所处的特定语境，以及媒介选择被评价和赋予意义的方式。正如我们所看到的，每一个学派都有不同的理论源流，都有不同的研究策略和方法。本章没有排斥这三个学派中的任何一种，而是兼容并包，因为我们的目的是尽可能地编织一幅完整的研究图景。

人们了解较多的是影响受众行为的一般因素，它们通常有相当大的稳定性和可预测性（参见 Zillman & Bryant，1985）。媒介注意的大体模式变化也十分缓慢，但通常都有明显的缘由，比如，媒介结构发生了变化（出现了一种新媒介），或者发生了更大范围的社会变革（如出现了
67 一种新文化，或者发生了从共产主义向资本主义的转变）。虽然一直存在偶然因素和各种因素的综合影响，但是多数情况下，受众研究几乎就是对可预知结果的一种日常记录。这项工作的奥秘，与受众在媒介内部各种渠道或各种产品之间进行的具体选择有关，也与某些特定的改革或内容传播的成败得失有关。如果没有任何奥秘可言，媒介工业就不会像现在这样充满风险，每一部电影、每一首歌、每一本书或每一个节目也都会一炮走红。

上述讨论提示我们，受众使用大众媒介的总体（general）模式，与他们日复一日的实际媒介使用行为之间，总是存在某些差异。从某种意义上，可以将这一现象理解为，在总体数据的平均值与某个单一个案的观测值之间，存在差异。这个单一个案可以是某一天的媒介使用模式，也可以是某人的一种习惯性媒介使用模式。作为个人，我们的媒介偏好、媒介选择和时间使用，都是相当稳定的，但是每一天的媒介活动都是独特的，受到不断变化的、无法预知的环境因素的影响。

接下来，我们要考察几个探讨新的媒介受众和受众构成的理论模型。

受众形成之结构说

如前所述，这一学说的基本前提是，人们的媒介使用行为很大程度上是由一些相对稳定的社会结构和媒介结构因素所决定的。社会结构指

的是“社会事实”（social facts），包括教育、收入、性别、居住地、生活圈中的地位等等，它们对人们总的态度和行为具有强有力的决定性影响。媒介结构是指在某一地点和时间里可以获得的相对稳定的媒介渠道、选择空间和内容系列。媒介系统不仅回应各种压力，而且回应来自受众的反馈，以期能够在供给与需求之间保持一种稳定的自我调节的平衡。

对韦布尔模型（Weibull①，1985）稍作修改，可以得到整个运作过程的一个示意模型，如图5—1所示。该模型描述了受众媒介使用行为的

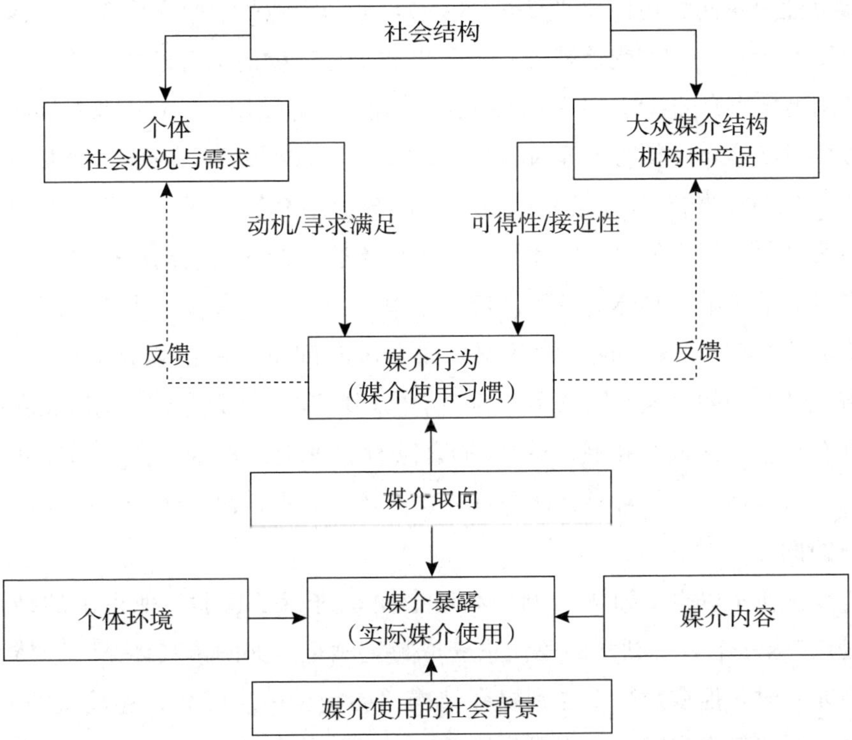

图5—1　媒介使用的结构模型（根据Weibull，1985）

注：经允许使用。

---

① 伦纳德·韦布尔（Lennart Weibull），政治学博士，瑞典哥德堡大学新闻与大众传播学教授，广泛涉及媒介组织、媒介道德、报纸产业、受众行为、广播电视等研究领域，著述颇丰。1985年在其《满足研究的结构因素》（“Structural Factors in Gratifications Research”）一文中，提出了媒介使用的结构模型。

习惯模式与特定（如某一天的）选择之间的关系。图 5—1 的上面部分，显示个体受众的媒介使用习惯，是反映总体社会结构的两个主要因素的
68 产物：一个是受众个体基本稳定的社会状况（social situation），以及相应的受众个体的媒介需求（如对特定信息、休闲娱乐、社会交往等的需求）；第二个因素是“大众媒介结构”（mass media structure），是指具有某一经济水平和教育程度的个人，在特定地点接触可得媒介的可能性。这两个因素不仅导致人们日常媒介行为模式，而且导致相当稳定的媒介使用意向、趋势和“安排”（set），亦即个体的“媒介取向”（media orientation）。它是受众社会背景和以往媒介经验的综合产物，常常表现为对特定媒介的喜好，特殊的偏好和兴趣，媒介使用习惯，以及对媒介益处的预期等等（参见 McDonald，1990；McLeod & McDonald，1985）。

“媒介取向”是连接图中上下两部分的中介。从下面部分，我们可以发现每一天人们对于媒介及内容的具体选择情况。它们可能受三个重要变量的影响：具体的日常内容“菜单”（menu）和表达形式（图中为“媒介内容”）；某一时刻的状况，如空闲时间量、使用媒介的可得性、替代性活动的可能范围（图中为“个体环境”）；以及选择和使用媒介的社会背景（如家庭和朋友的影响）。某种程度上，根据一个人的媒介取向，可以预知其日常媒介使用行为，但是，许多情况下也会发生无法预料的例外。

韦布尔以报纸阅读为例，对这个模型进行了检验。他得出的结论是：“当一个人受到强烈驱使去获取特定满足（如阅读具体某一条体育新闻）时，他或她很少受到媒介结构的影响……对媒介兴趣较低的人，似乎受特定内容或内容构成的影响更大。”（p. 145）这提示我们，理论上说我们都享有高度的自由，不受由社会结构和媒介结构所导致的总体模式的束缚；同时，这也有助于说明，为什么总体的品味和偏好，对于短期的或个体的行为不具有很高的预测价值。

虽然受众的许多日常媒介使用特征，能够从其源出的社会结构和媒介结构中得到解答，但是，这一模型基于大量个体的选择行为，仅仅是

对实际受众形成问题的一个初步探讨。不过，这一模型也确实有一定优势，能够表明媒介系统（或结构）与个体受众成员的社会地位之间的联系。媒介系统反映一个社会的既定现实（如经济、文化和地理条件等），同时对受众需求做出回应，而这些需求的产生，部分取决于社会背景因 69
素，部分取决于个人习性和一些偶然因素。

功能主义模式：使用与满足研究

对可能成为受众成员的人来说，他们的媒介使用行为，取决于他们所意识到的满意、需求、希望和动机，这一观点几乎与媒介研究一样历 70
史久远。正如第 2 章所谈到的，受众的形成常常基于个体需求、兴趣和品味的相似性，其中有许多都反映出社会或心理根源。最典型的“需求”（needs）是获得信息、休闲、陪伴、娱乐或“逃避”（escape）。根据这些粗略的动机类别，常常可以对各种媒介和各种媒介内容的受众进行划分。同样，这种方法也被用来研究新的电子媒介的吸引力（Perse，1990），甚至用来研究电话的功用（Dimmick，Sikard，Patterson，1994）。受众与不同媒介的关系，与他们对不同媒介的期望和所寻求的不同满足相关联。

这种思考问题的方式属于一个被称为“使用与满足研究”（uses and gratifications approach）的著名学派。该学派的产生，源于对某些媒介内容具有强大吸引力的原因的探讨。它提出的中心问题是：人们为什么（why）使用媒介？他们用媒介来做什么？功能主义社会学（参见Wright[1]，1974）认为，媒介是为各种社会需求——例如加强凝聚力、

① 查尔斯·R·赖特（Charles R. Wright），美国社会学家，在《大众传播：功能的探讨》一文中，对拉斯韦尔提出的大众传播具有三种社会功能的理论进行了补充，增加了娱乐功能一项。《媒介研究的进路》（新华出版社，2004 年）收录了他的《功能分析和大众传播研究回顾》（“Functional Analysis and Mass Communication Revisited”，1974）一文。

传承文化、进行社会控制，以及发布大量的各种公共信息——服务的。反过来，这也意味着，受众个体同样是为了相关目的——例如获取个人指南、休闲、调整、获知信息、形成认同——而使用媒介的。

最早的这一类研究始于20世纪40年代，主要研究各种广播节目具有广泛吸引力的原因，尤其是“肥皂剧”（soap operas）和知识竞赛节目，也包括阅读日报的情况（Lazarsfeld & Stanton，1944，1949）。这些研究有一些意外的发现，比如，日间广播肥皂剧常常被认为是肤浅的、没思想的节目，只是填充时间而已，但却总是被其听众（妇女们）认为是有意义的。它们提供了一种建议和支持的来源，一种家庭妇女和母亲的角色模式，一个通过笑声和眼泪来释放感情的机会（Herzog，1953；Warner & Henry，1948）。通过与报纸读者的交谈，研究者们也发现，报纸不仅是有用的信息来源，而且还带给读者一定的安全感，对于营造共同话题和构建日常生活规则，也是非常重要的（Berelson，1949）。

使用与满足研究再探

20年后（20世纪60年代和20世纪70年代），当人们重新发现并详
71 细探讨使用与满足研究时，其基本假设是：（a）受众对媒介及内容的选择通常是理性的，目的是实现某一具体目标并获得满足（因此受众是主动的，可以合乎逻辑地解释受众的形成）；（b）受众成员意识到那些来自个人（个体的）和社会（共同的）环境的媒介需求，并且能够出于各种动机来表达这些需求；（c）大体上说，对个人的实用性，要比审美因素和文化因素对于受众形成的决定作用更大；并且（d）理论上说，影响受众形成的全部或者绝大多数相关因素（如动机、意识到或得到的满足、媒介选择、背景变量）都是可以测量的。

卡茨、布卢姆勒和古雷维奇（Katz，Blumler and Gurevitch，1974）对受众选择媒介的过程，曾经做过这样的概述：“（1）产生需求的社会和心理起源；（2）产生需求；（3）因需求而产生期望；（4）对大众传媒或其他信息源的期望，导致：（5）不同的媒介暴露（或参与其他活动），

导致：(6) 需求的满足和 (7) 其他结果。”(p. 20) 罗森格伦 (Rosengren, 1974) 曾经提出过一个有关受众媒介使用过程的模型，一时领潮流之先。他从基本的人类需求或要求概念着手，描述了这样一个连续过程：人们的某些需求或要求可以被看作是“问题”(problems)，由此引发对“解决”(solutions) 问题的可能性的探索，并导致产生各种“动机”(motives)，其中一些会导致媒介使用，其他的则以非媒介的方式来处理 (如个人的社会交往和社交活动)。

媒介使用理论中的这一分支，在表达程式上是个人主义和行为主义的，虽然它也暗示受众有一些集体特征，特别是当他们分享由其社会背景所带来的相似的各种需求，以及所期望的一系列满足时，更是如此 (Babrow, 1988; Lichtenstein & Rosenfeld, 1983; McQuail, 1984)。这些理论假说都支持了这样一种普遍观点：受众自我意识到的需求越多、越明显，他们使用媒介的可能性就越大。同样，这些理论也假定，在受众的经验背景与他们对具体媒介内容的选择两者之间，存在逻辑上的联系。

这一研究学派的长期目标，是建立一个总体的理论框架，将各种有关受众动机的研究结果整合其中。例如，冯·费里琛 (von Feilitzen, 1976) 曾经从以下几个方面，对 (瑞典) 儿童使用媒介的主要原因进行了归纳和总结：

■ 娱乐和情感的满足。

■ 信息和认知需求。

■ 社会需求——获得认同、与他人交流。

■ 非社会需求，尤其是与“逃避”(escape) 有关的需求，独处和调整情绪 (同样参见 Katz & Foulkes, 1962; Zillman & Bryant, 1985)。 72

■ 与消费模式和媒介本身 (如书籍、广播等) 相关的一些需求，它们为使用者带来一定程度的内在满足。

麦奎尔、布卢姆勒、布朗 (McQuail, Blumler and Brown, 1972) 在对英国大量广播电视节目进行研究之后，提出了媒介—个人互动说

(media-person interactions，反映媒介满足来自两方面的一个概念)，概括了最重要的媒介满足类别，详情见下：

- 消遣（Diversion）：逃离常规，逃避问题，释放情感。
- 人际关系（Personal relationship）：交朋友和同伴，社会功用。
- 个人认同（Personal identity）：自我参照，探索现实，强化价值观。
- 监视（surveillance）（寻求信息的方式）。

有一个更富于心理学色彩的受众动机理论，由麦夸尔（McGuire，1974）根据人类需求的一般理论提出。他首先区分了认知与情感两种不同的需求，接着从三个维度对此进行了更深入的探讨："主动的"（active）或"被动的"（passive）开始；继而是"外在的"（external）或"内在的"（internal）目标定位；最后是"成长的"（growth）或"稳定的"（stability）取向。将这些因素进行交互，便产生了 16 种不同的媒介使用动机。案例包括，通过阅读报纸"寻求认知和谐"（这属于一种认知的、主动的、外在的、稳定取向型动机）；或者收看电视剧"以便找到个人行为模式"（一种情感的、主动的、内在的、成长取向型动机）。这一类心理学理论本质上认为，媒介使用者不大可能意识到其动机产生的根本原因。即便如此，仍然有一些研究显示，麦夸尔提出的各种因素与各种不同的电视收看动机模式之间，存在某种关系（Conway & Rubin，1991）。

评论与批判

虽然这项研究似乎对人们接触特定内容类别的分析十分有效，比如，对人们选择性注意政治内容（Blumler & McQuail，1968），新闻（Levy，1978；Palmgreen，Wenner & Rayburn，1980），或色情图书
73 （Perse，1994）的研究很有效，但是，基于这些理论所作的研究，几乎无法对受众的媒介选择和使用行为做出有效的预测，也无法对其原因作出解释。一般来说，人们的媒介态度与其媒介使用行为之间的关系是微弱的，关系的指向也不确定。各种"动机"（motives）类型与实际的媒介选择或使用模式之间，往往并不匹配；同时，在喜爱/偏好（liking/

preference）、实际选择（choosing），以及随后的评估（evaluation）这三个顺次排列的因素中，也很难找到合乎逻辑而内在一致的关系。

没有多少实证研究能够证明，一般来说人们使用媒介确实是因为遇到了问题，或是为了解决问题，尽管这样的情况通常并不难发现。当被问到使用媒介的动机时，人们才会回想和重新认识前面已经提及的许多预料中的“动机”（motives）类别，这的确是事实。这亦为用功能主义术语描述受众打开了大门，同时也似乎表明，当被迫回答动机问题时，人们一般是如何理解自己的媒介使用行为的。然而，总体上看，“使用与满足”（uses and gratifications）理论过高估计了受众媒介使用行为的理性和主动性。实际上，大多数受众群都是由各种各样、凑巧碰到一起的人们所构成，他们并不总是有着一以贯之的期望和主观动机。

受众行为在多大程度上受到具体的、有意识的动机的支配，这一点一直都存在争论。巴布劳（Babrow①，1988）对此也表示怀疑，并且在总结以往经验的基础上提出，我们应该采用“解释框架”（interpretive frameworks）来思考问题。根据解释框架，某些受众选择是有意义的，而其他一些媒介接触行为仅仅出于习惯和条件反射，可以认为是动机不明的行为（Rubin，1984）。这些看法与本章前面介绍过的“媒介取向”理论可谓一脉相承，各因素之间的关系在后面会详细阐述。

我们不清楚，“使用与满足”理论相对其成功而言所存在的一些缺失，究竟是源于方法上的不足（有许多测量陷阱，有大量相互关联的因素要测量），还是因为它只是反映了一种现实——受众个体的媒介选择和使用行为，实际上是与环境有关的，非常偶然、易变和动机微弱的。虽说后者可能比前者更有意义，但是这两种解释或许都有说服力。如果

---

① 奥斯汀·S·巴布劳（Austin S. Babrow），伊利诺伊州立大学博士，现任美国珀杜大学教授。巴布劳的研究领域包括人际传播、大众传播和经验主义研究方法，重点是健康传播和说服理论。主要论著有：《受众动机研究的理论与方法》（*Theory and method in research on audience motives*，1988），《不确定性、评估、传播和疑难整合》（*Uncertainty, evaluation, communication, and problematic integration*，2001），《健康传播的理论化》（*Theorizing about health communication*，2003）等。

这样，受众动机理论要想臻于完善，还有一些不足需要改进。

在讨论使用与满足理论的地位时，布鲁姆勒（Blumler，1985）曾经对人们的社会背景和当下的社会经验进行了明确区分。将某些社会背景因素（如教育程度和社会阶层），依照惯例，与受到限制的媒介选择范围，以及寻求报偿的、以调整为取向的媒介期望和使用，联系起来。
74 然而，当下经验和目前社会状况的具体方面，对受众的媒介选择和媒介使用的影响，却几乎无法预测。它们常常与“促进式”（facilitatory）媒介使用——积极选择和应用媒介以实现个人目标——相融共存。这意味着，媒介使用是各种社会力量、个人自身经历、当前环境条件综合作用的产物。受众形成的原因（cause）不仅存在于活生生的当前，也存在于过去，以及过去与当前之间所有的时间点上。试图对真正受众的实际情况进行普适意义上的解释（explanation），是如此事倍功半，也就不足为奇了。

期望—价值理论①

大多数有关个人媒介使用动机的理论有一个最重要的观点，即认为媒介能够为潜在受众提供他们基于以往经验产生的所期望的（也是所预料的）报偿。这些报偿可以被认为是个体对自己的媒介经验进行评估后所产生的一种心理效果，有时被称为媒介“满足”（gratifications）。这些报偿可能来自使用媒介使用，比如一次愉快的阅读；也可能来自某一

---

① 期望—价值理论（Expectancy-Value Theory），由美国信息综合理论家马丁·费什宾（Martin Fishbein）提出，他为分析信念与态度间的关系建立了数学模型。这一理论认为，一种态度是由一组信念和评价组成的，人们按照信念和评价将自己在这个世界上定位。

菲利普·帕姆格林（Philip Palmgreen），美国肯塔基大学博士，传播学教授。他和同事将费什宾的理论延伸到“使用与满足”研究，从受众对媒介供应能力的看法以及对媒介内容的评价两个方面出发，对受众寻求的满足感进行定义，认为受众对媒介某个环节的态度是由对它的信念和评价决定的。例如，如果一个受众相信情景喜剧能提供娱乐，并且对这种娱乐评价很高，他会通过观看情景喜剧来寻求娱乐满足感。相反，如果受众认为情景喜剧提供的是不真实的生活画面，并且对其评价不高，他就会不去看情景喜剧。在与人合写的《媒介满足的期望—价值研究》（“An expectancy-value approach to media gratification”，1985）一文中，帕姆格林采用“期望—价值”模型描述了期望价值与媒介满足之间的关系。

喜欢的内容类别（如侦探小说）；或是某一具体内容（如某一部影片），它们为人们后续的媒介选择提供了指南（或反馈），也增加了相关的媒介信息的储备。就此，帕姆格林和雷伯恩（Palmgreen & Rayburn，1985）曾经提出过一个相关的过程模型，该模型基于这样一个原理：（人们对媒介的）态度是由其经验形成的信念的产物，也是价值观（和个人偏好）的产物。“期望—价值”模型详见图 5—2。

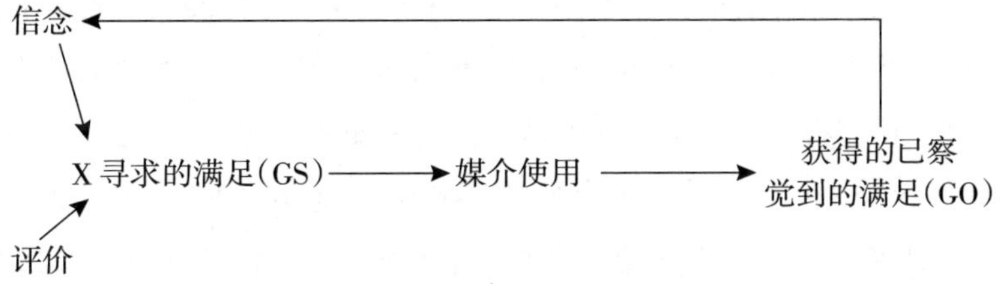

模型中各变量关系如下：

$GS_i = b_i e_i$

其中GS_i＝从某一媒介对象 X（媒介、节目、内容类型）中寻求的第 i 个满足

b_i＝信念（主观可能性）：相信 X 具有某种特质，或者与 X 有关的行为将会带来特定结果；

e_i＝对某一特质和结果的感性评价

图 5—2　寻求与获得媒介满足的期望—价值模型

总体上看，这个模型表达了这样一种观点：人们对媒介所带来的利益的认识（perception）与这些利益对个体受众成员所具有的不同价值（value），两者结合可以用来解释人们的媒介使用行为。它帮助人们了解这样一个事实：回避（avoidance）影响受众的媒介使用，同样，人们对从媒介中获得满足的不同潜在预期，会导致不同的主动选择程度，后者也影响受众的媒介使用。这个模型将期望（寻求的满足，gratifications sought，GS）和满意（得到的满足，gratifications obtained，GO）区别开来，并且认为，媒介使用的时间越长，意味着相应的满意度也随之增加（increment）。因此，在那些 GO（得到的满足）明显高于 GS（寻求的满足）的地方，我们可能会看到大量这样的现象：受众的满意度高，欣赏指数和关注度得分也高。反之，比如在电视界，如果收视订户减

少，销售量、收视率降低，或者观众换台频繁，从这些线索中也可以推
75 断出相反的情况。不过，这个精心构建的理论模型无法改变这样一个事实：受众动机理论要想转化为实证研究的利器，并不容易。

媒介使用的非功能主义解释

其他一些关于受众起源的理论，避开了本章所概括的一些功能主义和行为主义的假设。比如，伦克斯多夫（Renckstorf，1989）曾经提出了一个“社会行为”（social action）模式，把媒介选择看作是个人社会规划的结果，受人们把握现状和对问题的认识能力的影响（摘要参见 McQuail & Windahl①，1993）。有时，媒介使用会被认为是为了解决所意识到的问题，但是更多的时候，媒介使用更有可能被解释为是丰富多彩的日常生活的一部分。重要的是，要在具体的社会条件下对媒介使用进行有意义的解
76 释，而不是试图寻找所谓结构主义的或行为主义的原因（cause）。与此相关的社会学学派不是功能主义，而是现象学和符号互动论（参见 McQuail & Gurevitch，1974；Renckstorf，McQuail and Jankowski，1996）。

■ 受众选择的“实用主义”模型

媒介选择和受众形成主要受哪些因素的影响，上述讨论已经为我们提供了指南。将这些因素整合进一个单一的探索性模型中，这种尝试是有益的，它有助于我们理解受众形成的顺序过程。如图 5—3 显示，模型中，两个主要端口分别代表“媒介—人”互动的两方：“受众方面”

---

① 本书作者丹尼斯·麦奎尔（Denis McQuail）与斯文·温德尔（Sven Windahl）合著的《传播模式》（*Communication Models*，1993）一书，1983 年初版，1993 年出第二版。该书精心选取了半个多世纪以来传播研究中最具代表性的 40 来个模式，以深入浅出的方式，逐一介绍了这些模式的沿革、涵义和优劣，将庞大浩繁的传播学理论体系一目了然地呈现在人们面前，被认为是“一部独具特色的传播学概论”。该书初版中文版由上海译文出版社 1987 年出版，曾经在中国大众传播学界引起较大反响，第二版有中国台北正中书局 1996 年出版的中文译本。

(audience side) 和“媒介方面”(media side)。虽然这两方面因素被分开描述，但是它们并非彼此毫无关联，而是一个持续不断进行的相互适应、相互调整过程的产物。这里的模型形式，最初受韦伯斯特和瓦克西拉格 (Webster[①] and Wakshlag，1983) 著作的影响，两位研究者曾经用类似方法来解释电视观众的选择行为。理论上说，这里展示的模型，适用于所有的大众媒介，而不仅仅是电视媒介。下面，我们先介绍一些主要的解释因素。

“受众方面”因素

■ 社会背景和社会环境 (social background and milieu)，尤其反映在社会阶层、教育程度、宗教信仰、文化、政治、家庭环境、居住地区或地点等方面。这里，我们也会提到被布尔迪厄 (Bourdieu[②]，1984)

---

① 詹姆斯·G·韦伯斯特 (James G. Webster)，美国印第安纳大学博士，美国西北大学传播研究、媒介科技与社会学教授，研究领域包括受众测量、受众行为、传播政策等，出版了多部关于受众行为和新媒介影响的论著，从1985年起任《广播与电子媒介杂志》编辑委员会成员。主要论著有：《视听率分析：受众研究的理论与实践》(*Ratings Analysis: Theory and Practice of Audience Research*，2000)，《大众受众：重新发现支配模式》(*The Mass Audience: Rediscovering the Dominant Model*，1992)，《受害者，消费者还是商品？传播政策中的受众模式》(*Victim, Consumer, or Commodity? Audience Models in Communication Policy*，1994)，《电视节目选择理论》(*A Theory of Television Program Choice*，1983)。

② 皮埃尔·布尔迪厄 (Pierre Bourdieu，1930—2002)，法国著名思想家，1951年考入著名的巴黎高等师范学校，1954年取得哲学教师学衔，是一位跨越社会学、人类学、历史学、政治学、语言学以至文学艺术等社会科学不同领域的学术大师。布尔迪厄一直致力于阐明法国社会不平等的再生产机制和各种社会群体之间的力量关系，并对法国教育体制作了颇具穿透力的观察与批判，对法国社会制度和社会结构进行了深入剖析。在其著名论文《资本的形式》(又译为《文化资本与社会资本》) 中，布尔迪厄提出并系统阐述了“文化资本”(cultural capital) 理论，在当代世界人文社科研究领域产生了很大影响，并被广泛引用。

布尔迪厄撰写了近30本书和大约300篇文章，主要论著有：《实践理论概要》(*Outline of Theory of Practice*，1972)，《实践的逻辑》(*Logic of Practice*，1980)，《反观社会学的邀请》(*Invitation of Reflexive Sociology*，1992)，《区分：对趣味判断的社会批判》(*Distinction: A Social Critique of the Judgement of Taste*，1984) 等。目前国内翻译出版了他的多本论著，包括：《文化资本与社会炼金术》(上海人民出版社，1997)，《自由交流》(三联书店，1996)，《关于电视》(辽宁教育出版社，2000)，《男性统治》(海天出版社，2002)，《国家精英——名牌大学与群体精神》(商务印书馆，2004) 等。

称为“文化资本”(cultural capital)的因素——习得的文化技能和品味，它们常常通过家庭、教育和社会阶层系统代代相传。

■ 个人特征(personal attributes)，有关年龄、性别、在家庭中的地位、学习和工作情况、收入水平，以及与生活方式相关的一些信息。

■ 与媒介相关的需求(Media-related needs)，如上面讨论过的，对有益于个人的诸如陪伴、娱乐消遣、获取信息等的需求。这些需求是广泛多样的，要达到各种需求之间的平衡，取决于个人背景和环境。

■ 个人品味和偏好(personal tastes and preferences)，即对特定内容类别、类型(formats)和特定内容的品味和偏好。

77 ■ 闲暇时间媒介使用的一般习惯(general habits of leisure-time media use)，以及在某一时间成为受众的可能性。由于媒介使用是在一定时间和一定空间中进行的，因此，成为受众的可能性亦与适宜的地点有关(如在家中、在火车上、开车时等)，此外，还涉及人们的经济潜力，比如能够并且愿意买一张电影票，或者一张音乐唱片。

■ 意识(awareness)，有选择的意识，了解所拥有的信息量和信息种类，也会影响受众的形成。因此可以预期，更主动的受众成员会有计划地使用媒介。

78 ■ 使用的具体环境(specific context of use)，因媒介不同而各异，但通常是指使用媒介时的群己状况和场合。与此最为相关的是，使用者是单独一人还是有人(朋友、家人、其他人)陪伴。使用媒介的场合(家里、工作室、旅行中、影院里等等)既会影响受众进行选择的过程，也会影响受众经验的特征。

■ 时机(chance)，时常影响受众的媒介接触。它的介入，实际上削弱了对受众选择和受众构成进行解释(explain)的能力(图5—3)。

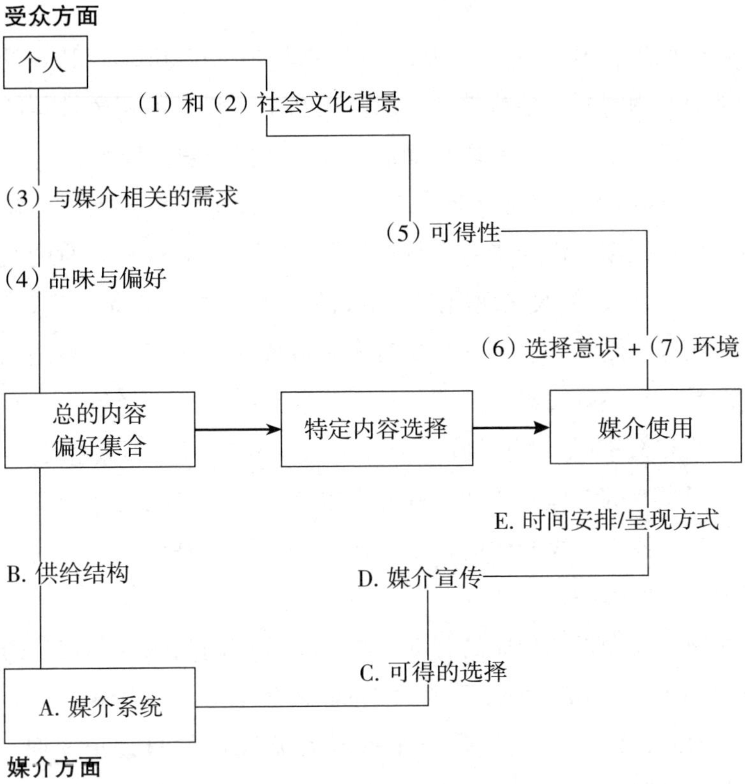

图 5—3　媒介选择过程的整合模型

“媒介方面”因素

■ 媒介系统（The Media System）。受众的偏好和选择受（国内）媒介系统构成（媒介数量、到达率、可得的媒介种类）的影响，也受不同媒介渠道特点的影响。

■ 媒介供给结构（Structure of Media Provision）。是指某一社会中媒介供应的总体模式，它对受众期望会产生长远的影响。

■ 可得的内容选择（Available Content Options）。在某一时间和地点，向潜在受众提供的各种内容类型和种类。

■ 媒介宣传（Media Publicity）。包括广告，媒介出于自身利益进行的形象宣传，以及对某些媒介产品的大力营销。

■ 时间安排和呈现方式（Timing and Presentation）。特定的时间策略、排期、内容的设置或设计，以及根据争取受众的竞争性策略而安排的媒介讯息，这些都可能影响受众的媒介选择与媒介使用。

图 5—3 展示了受众选择的一般过程，其中，来自社会和媒介两方面的影响，根据它们与受众进行选择和注意（媒介选择）时的相应“距离”（distance），依次显现出来。距离最远的（几乎也是稳定的），是社会和文化背景因素，以及（至少对大多数成年人来说）一般的品味、偏好、喜爱、兴趣等因素。因此，社会背景对我们的选择行为具有强有力的指向性和倾向性影响。另一个距离几乎相等（但不太稳定）的因素是，不同媒介的总体构成和各种内容组合，对此我们已经积累了不少知
79 识和经验。我们的媒介倾向，是可认知的，并且是可以评价的（参见前述期望—价值模型）。

这种个人知识和相应的态度，决定了我们的品味和偏好。两者（认知和评价）的结合带来总的内容偏好集合（GENRAL CONTENT PREFERENCE SET）。这是一个假设性建构，但显现出某种一致性，可以用来预测受众的媒介选择；同时，也显现出多少与之相一致的媒介使用模式和类别（这些有时与所谓“品味文化”很相近）。我们可以把它看作是可得媒介源和内容种类的“目录”（repertoire），我们熟悉它，并且通过它来做出实际选择（参见 Heeter，1988）。它与韦布尔结构模型中的媒介取向也十分接近（见图 5—1），包括对媒介和各种内容类别的喜好。当然，根据媒介环境和媒介经验的变化，选择模式总是会作出相应的调整，这是一个连续不断的回应、反馈、认知和评价的过程。

在时间或空间上离媒介使用（MEDIA USE）要近得多的点上，当潜在受众成员所处环境和媒介可得性相契合时，便产生了实际受众。然而，这些从来就不是可以完全预测的，虽然从总体上说，如上所述，受众的大致情形相当稳定。由于个体的选择行为受环境的影响，因此，受众的内在构成总是处在不断的变化之中。

■品味、偏好和兴趣

人们很容易忽略这样一个事实：受众之所以形成，是因为他们被不同的内容所吸引。我们根据分类精细的各种个人偏好作出选择，即使难以言传。一般情况下，媒介选择也不必表达得那么清楚。媒介偏好可能与社会背景有关，但是它们也是特定的，而且不可预测。个人的媒介品味一旦在儿童或青少年时期形成，往往会一直持续（Himmelweit & Swift，1976）。对一些基本的媒介内容类别和种类（如新闻、电影、音乐、娱乐和连续剧）的兴趣，常常跨越了社会与文化背景的众多差异， 80
大体上可以预料，这些偏好也是非常不同的。基本上，受众对诸如娱乐消遣、间接感受刺激和浪漫故事的需求，要高于对教育、宗教或内容的需求。对某些内容类别或特殊内容，人们的兴趣很有限。

个人的品味模式可以通过实证研究来证实。例如，约翰森和米基尔（Johansson and Miegel，1992）曾经针对瑞典青年（19岁～21岁）对音乐的态度进行了研究。他们从一个包括55种音乐种类的人型集合中，提炼出了12种主要类型（因素），并且考察了偏好、价值以及其他背景变量之间的关系。他们得出了一个重要发现：一个大众化的音乐类别——“主流”（pop和迪斯科音乐）——标示出“瑞典青年拥有共同的文化根基”（p. 169）。另外三种音乐——爵士乐、戏剧、音乐剧，以及“社会意识”（socially conscious）音乐，可能反映不同的品味。其他一些研究也发现，在音乐偏好上存在各种清晰的模式（如Christensen & Peterson，1988；G. H. Lewis，1992；Robinson & Fink，1986；Roe，1985）。

一项关于电影偏好的研究（Johansson & Miegel，1992）与之类似。这项研究表明，根据9种因素进行分类，不同的电影内容同样存在着范围广泛的欣赏度。一些内容在很大程度上被人们排拒，如色情的、暴力的、引起社会争议的、实验性的、心理的或诗意的这一类电影。他们的一个重要发现是：根据社会地位和性别的不同，人们的电影品味与音乐品味相比，其差别要大得多。因此，一般来说，是“地位”（positional）而不是与价值相关的变量，影响更大。该研究的一些具体结论虽然并不令人惊奇，但是却强化了这样一种观点：传统的品味模式的确一直延续着，而媒介供应及相应的市场营销策略，很可能强化了传统模式，而不是对之形成了挑战（Negus，1992）。

新闻，无论是报刊新闻还是广播电视新闻，仍然是重要的媒介内容类别。人们对于新闻主题怀有不同程度的兴趣，这些不同既与他们的人口统计特征有关，也与他们对媒介新闻固有的兴趣有关。美国国家广告局（NAB，1984）在一项读者抽样调查中发现，人们最感兴趣的新闻类别依次是：国际新闻、体育新闻、当地社区新闻、经济新闻。而另外一些研究（如 Robinson & Levy，1986）却表明，人物新闻的“故事”（stories）特点，很容易使人忽略对一般新闻的关注。研究结果可能取决于如何提问，而社会认可（social desirability）似乎影响了人们对这一类问题的回答。

81 对新闻的关注，不仅受抽象的所谓“兴趣”的影响，而且也受到新闻与受众成员关系如何这样一些评价的影响。另一项对报纸读者的抽样调查显示（NAB，1982），受众对新闻的关注，由他们在日常生活中所扮演的不同社会角色（role）所决定，这些角色包括家庭成员、公民、工人、消费者、闲暇时间消磨者，等等。每一种角色都与特定时间的具体兴趣相联系，但是，它们彼此并不是完全互斥的。在不同时间里，我们遵从不同的角色要求。受众对新闻的关注，是根据此前产生的一系列复杂的兴趣与需求来建构的，而兴趣和需求又引导了人们的选择。这些“心理因素”（mental sets）对于人们理解和处理新闻内容也有很大影响（见 Graber，1984；Robinson & Levy，1986），尽管这个问题已经超出了我们的讨论范围。

需求模式存在明显的规律性，但是个人品味和实际的媒介偏好，却很难解释和预测。我们可以大致估计，受众对一些基本内容的需求，可是受众的文化品味和偏好，我们却不得不视之为黑箱一类的东西，对它们的把握已经超出了传播学研究的范围。当各种品味和兴趣模式在某一时刻、某一文化背景下显现时，我们所能做的最好的事情，就是对它们进行描述。这一工作的局限性本身恐怕就是一个原因，可以解释为什么在受众研究中，对品味、偏好和兴趣的分析一直被人们所忽略。

根据偏好和使用模式来划分受众类别，尤其是划分电视观众，在这方面已有大量的尝试，已经超越了那种相对简单的、按照使用程度进行的分类（如“重度”观众和“轻度”观众），虽然几乎总是使用程度这一变量，对人们的内容选择和选择性程度等其他维度，具有强有力的影响。在“使用与满足”理论中，在寻求更多信息与寻求娱乐的受众之间，存在着粗略但是却很明显的差别（如 Rubin，1983）；这正如鲁宾（Rubin，1984）所指出的，在有计划（工具性）的媒介使用与习惯性（仪式性）的媒介使用行为之间存在着区别一样。其他相关的维度都与选择性程度（Weiman 等，1992）、渠道、内容忠诚（Hawkins，Reynolds，& Pingree，1991）有关。我们总是可以发现不同的观众和听众类型，但是这些不同类型之间的界限一般都非常模糊，这些类型本身的特征也不甚清晰（Van den Bulk，1995）。

即使采用反映受众不同品味和偏好的方式来划分内容类别，也不容易。试图对传统的内容分类——已经被各种媒介企业用于（通过广告和信息）争取新观众和计算观众数——进行某种改进，也被证明是困难的。 82
这些类别是如此广泛地（尽管不甚确切地）为人们所知晓，它们不可避免地会影响受众成员的认知，以及受众对调查问题的回答。研究者们即使想找到一些更准确的方式来描述受众品味，他们也无法绕开这一障碍。

■ 受众流

试图对媒介内容进行描述还有一个现实原因，即媒介策划者们要不断地想方设法吸引和保持观众，尤其是在电视领域。正如韦伯斯特（Webster，1986）所指出的，与电视观众流动（flow）相关的有三个问题，其一是继承（inheritance）问题——某一节目的一部分观众向紧随其后的另一节目流动；其二是重复收视（repeat viewing）问题——同样的观众日复一日或周复一周观看同一部连续剧或系列剧的不同剧集的程度；其三是频道忠诚（loyalty）问题——观众经常收看同一频道不同节目的程度。每个问题分别反映了节目策划者想要吸引观众和保持更大观众份额的一种方式。在其他媒介中也可以看到几乎同样的问题，尤其是忠诚度问题。

有大量的实证研究证实，存在继承效应（inheritance effects）——某一节目结束后，常常有比例不定、但可以预知的一部分观众留下来收看接下来的节目，不管节目实际内容是什么（见 Emmett，1972）。对此，你显然可以解释为是观众的收视惯性和消极态度使然——对一部分观众而言，看电视不是看节目内容，而是一种习惯性活动，一种消磨时间的方式。但是，在群体或家庭收视环境下，有时后续节目只有一个人爱看而其他人都不喜欢，或者继续收看减少了收视冲突，要解释这种收视情况就比较困难了。对继承效应有一个更“积极的”（active）解释，来自频道忠诚，它意味着观众对自己喜爱的频道有着持久的偏爱和不加思考的追从。有时，人们信任某一频道，认为它提供了最好的内容组合(mix)，也因此，该频道成为人们最喜欢的综合性选择。继承效应的产生取决于连续观众的可得性。一般来说，晚间收视高峰之后，节目间的继承观众会逐渐减少。

83 对长篇系列剧（series），通过采用水平或带状编排策略（同一栏目每天同一时间播出）来保持观众的忠诚，这种策略是节目编制者们的军械库中最受推崇的武器。但是，重复收视问题，重复收视的程度以及对它的解释，在电视研究领域仍然存在大量的争议（Cooper，1996）。为了提高短期忠诚度，节目编排者们采用了其他一些策略（具体操作模式参见 Cooper，1993）。正如韦伯斯特和利克蒂（Webster & Lichty，

1991）所描述的，这些策略包括："导入"（lead-in）策略，人们期待某一强势节目能够为后续节目顺流一部分观众；"吊床"（hammocking）策略，在两档强势节目之间插入一档稍弱的节目；"板块编排"（block-programming）策略——将相同内容的节目编排在一起；以及"搭帐篷"（tent-poling）策略——将一档强势节目安排在两档稍弱节目的中间。

巴怀斯和埃伦伯格（Barwise and Ehrenberg，1988）一直设法探寻和解释重复收视规律，尤其是一些电视系列剧和连续剧的重复收视规律。他们的研究显示，无论在英国还是在美国，观众的重复收视水平都相当低，但是都是可以预测的。举例来说，连着收看某一电视系列剧或连续剧相邻相集的观众比例，不会高于40%或50%，通常情况下，实际比例是两集中任一集观众总规模的一个函数。观众的节目忠诚度，根据节目类别和两集之间间隔时间的长短不同而各异。

虽然巴怀斯和埃伦伯格想强调，与内容有关的（content-related）因素对人们收视选择的影响相对较小（不同于其对收视习惯的影响），但是，他们也承认节目忠诚度确实存在。收看一部系列剧某一集的一位观众，继续收看该剧下一集的可能性，即使只有50%，通常也比这部系列剧的非观众（nonviewer）收看该剧的可能性要大得多。那些漏看了其中一些剧集的观众不一定会错失全剧。事实上，没有一位观众会一集不漏地收看全部系列剧，即使该系列剧的累积（cumulative）观众数（或到达率）可能非常之高。

巴怀斯和埃伦伯格（Barwise and Ehrenberg，1988）列举了英国经典电视连续剧《重返布莱谢》（*Brideshead Revisited*）① 的例子，颇具典型性。该剧所到达的观众（11集中至少看过一集的观众）为2 600万

① 《重返布莱谢》（*Brideshead Revisited*），又译《故地重游》，是根据依夫林·瓦欧的同名小说改编的电视剧。该剧描述了主人公（一位英军军官）的怀旧与乡愁，在视觉上具有"品质电视"的所有特点，充满艺术创造力，是英国"品质"电视剧的一个范例。全长超过12小时，耗资甚巨。该剧的典雅与怀旧，以及其对一去不返的"英国风格"和昔日稳定的生活方式的向往，受到广泛的文化批评，被认为看起来似乎具有"撒切尔特色"的民族主义复苏回归倾向。它缓慢得令人起敬的节奏、优雅外衣下的"肥皂"意味，也是其受到批评的原因。

人（60%的英国成年人）。然而，在这群观众中，只有3%的人观看了该剧全部11集，46%的人看过其中1集或2集。之所以存在那些相对较多的中断情况，一方面与家庭这种集体性收看环境有关，一方面也与其他
84 节目的竞争有关。不过这也证明，人们“紧跟”（keep up）故事情节发展的动机并不强。在与电视（television）有关的领域，频道忠诚很难与继承效应或观众流动问题分开讨论。将观众从某一节目导入同一频道的另一节目，这种导入效应是可以测量的，一般持续的时间较短。同样，忠诚现象也可以作为一种态度来测量，因为稳定的偏好确实存在，而且与人们的选择行为相关联。各频道的形象或概貌，就像观众的品味和社会经济背景一样，在这中间都发挥着重要作用。例如在美国，公共电视频道在观众心目中的地位，就不同于一般电视网频道；英国也一样，BBC与ITV就不相同；在一些欧洲国家，人们由于不同的（如宗教或政治）背景，形成了不同的认知和偏好。随着更多专业化电视频道的出现，不论是付费订阅还是免费收看，电视频道忠诚可能都被赋予了新的含义，显得更接近于对一份专业性杂志的选择。在印刷媒介中，吸引受众和继承效应问题也被提上议事日程。报纸和杂志被整合到一起，试图最大化其内在的继承效应；广告商则通过尽可能多地将读者的注意力从一个媒介转移到另一个媒介，来获取最大收益。读者（reader）对报纸和杂志的忠诚，与电视频道忠诚相比，多少有一些不同含义，也要明显得多。比如，报纸（日报）忠诚的本质，主要表现在某人或某一家庭连续不断地订阅（或定期购买）同一份报纸。成为“忠实读者”（loyal reader）往往由此开始。

忠实读者之于报刊与忠实观众之于电视频道，两者的忠诚度在一些方面是不同的。第一，忠实读者似乎更坚持自己的选择，也更排斥其他报刊，而且这逐渐成为个人忠诚的一个表征。报纸的选择要花费成本，同样，“转换”（switching）也需要付出精力。第二，转换的机会少之又少——通常一天一次已经是最大可能的频度了。无论在何处，相对来说，只有很少的人拥有超过一张以上的报纸。第三，对报纸的忠诚，传

统上一直根源于更深的基础——那些社区的、政治的、社会阶层的、宗教的基础。报纸常常是一个社会标识，是个人身份和自我形象的反映与强化剂。许多报纸的读者仍然显示出一种“公众”（public）成员身份，或“公民社会”（civil society）中一种社会和政治身份。许多报纸持续存在了多年，有着悠久的历史，形成了自己的传统，这些都不会随时间的流逝而发生改变。

由于所有这些原因，读者忠诚会延续很久，在几代人中间传承；若是中缀，更有可能是因为商业原因导致原有报纸被兼并、接管或者消失，而非读者的不忠诚所致。从实际情况来看，许多城市和地区只有一种报纸，没有其他报纸可替代，因此所谓忠诚几乎是强制性的。在别无选择的情况下，人们对一份报纸的忠诚度，比在有多种报纸存在的情况下更低，意义也不一样。 85

理想型的忠实读者，是一种我们正在研究的特殊的“迷”（fandom）现象，它是社会和其他因素结合的产物。这里，“主动性”（activity）意味着广泛地阅读，专心致志，对所阅读的内容作出反应和反馈（与人交谈或是给报纸写信）。拥有主动而忠实的读者，报刊可以免除放弃订阅的威胁之忧，同时也表明，确实有一些控制读者的方法存在。

为了实现媒介策划和呈现等多种目的，将编辑方针定位于某一具体的社会人口类别（或多个类别），或者定位于由人们兴趣与偏好所界定的品味文化上，是一个可行的策略。我们在讨论这一问题时，可以引入“标识读者”（inscribed reader）的概念（Spark & Campbell，1987），它指的是某个媒介渠道的典型的“接收者”（addressee）（目标受众）。一般来说，我们可以通过一些标识，比如从内容中反映出的诸如主题、品味、文化程度、价格以及各种定性指标，来识别他们。这些指标也被广告业采用，因为它们非常具体确切地概括了预期的受众。

通过对传播时间和地点的操控，媒介可以锁定（因而也是标记）自己的目标受众。印刷品的销售，可以选择那些最有可能遇到有意购买的消费者的地点（如飞机场、火车站、街口等）。一张报纸，可以通过对内容的强势编排和位置安排，来吸引读者的注意力，因此对有可能吸引读者的内容要进行一番处理。同样，广播电视通过制定节目排期表，也可以影响不同内容相应的受众群规模。特定的播出时段也可以标识受众，比如，日间时段节目针对妇女观众，傍晚时段对准儿童观众，而深夜时段则属于年轻观众，等等。

结　语

受众形成的复杂性和多样性，使得任何对于受众的简单描述或单一理论阐释都行不通。我们可以明确地得出结论：受众并非看上去的那样，他们没有清晰的边界，是一个不断变化的集合体。他们的媒介动机
86 与取向也是混杂的，有时没有什么动机。虽然在一个有效的媒介市场上，我们可以假定传播内容与受众构成是相称相配的，但是，即使人们的媒介动机更清晰、更明确，我们也不可能单单凭借内容来“解读”他们。存在大量的内在不确定性，无法消除。尽管如此，在错综复杂而貌似混乱的情形中，仍然存在一些稳定而有秩序的岛屿——在那里，人与媒介相伴共存，彼此和谐地相处。然而，一般来说，这种境界是很难通过操控或宣传来达到的，它要么来自真实自然的社会需求，要么来自媒介创造性与公众品味的偶然巧合。

第6章　受众实践：媒介的社会使用

■ 媒介使用与日常生活

前面两章的讨论，已经使"受众"——许多个体多少有意识的选择行为的一个不确定产物——成为一个复杂问题。某种程度上，产生这些行为的原因，可以用若干相互作用的、有因果关系的因素来解释，如个人需求的推动、社会压力、环境支配、特定媒介的吸引力，等等。之所以要明确阐述这一问题，其动机与大多数受众研究相同，即：适应媒介产业的需要，或迎合媒介宣传者的目的，并且回应公众对媒介负面效果问题的关注。

从上述各种观点来看，媒介使用常常被视为是一种受动机支配而产生的行为，相应地，采用某些方法不仅可以预测而且可以改变这一行为。按照同一思路，韦伯斯特和费伦（Webster and Phalen，1994）提出了制定传播政策时需要考虑的三种主要受众模式。在三种模式中，受众分别被定位为："受害者"（victim）——效果模式；"消费者"（comsumer）——市场模式；"交易货币"（coin in exchange）——商品模式。无论是哪一种模式，在这些理论范畴内，受众都更多地表现为一种统计学意义上的抽象数字，而非活生生的人群。

88 近来，一个受众研究学派的发展开始引人关注。这一学派力图避免甚至反对上述看待受众的方式，他们将媒介使用视为某些更基本的事物的一个组成部分，这被称为日常社会互动和经验模式，它不仅影响着人们具体的媒介行为，而且也主导着媒介使用之于受众的意义（Moores，1993；Silverstone，1994）。这个新的受众研究学派通常被称为接受分析（reception research）学派，根据该学派的观点，"受众本体"（audiencehood）本身就是一个习得的、丰富多样的文化和社会实践形态。

这一学派的兴起，源于对两种观点的批判。这两种观点分别是"媒介操纵大众受众"和"获得受众的注意力就意味着控制了受众"，它们同样可以在文化理论中找到。社会中存在许多（较弱势的）少数族群或亚群体，他们的媒介使用不在任何社会控制与社会支配计划的考虑之中，更不在媒介产业的优待之列。文化理论重新评价了这些社会群体，并且尝试重新授予他们以权力。由于各种原因，接受分析学派与使用与满足研究一直存在分歧，尤其是后者鲜明的功能主义和行为主义偏向（见 Elliott，1974；Morley，1992）。那些被汇集在一起熔冶成为接受理论的各种元素，其中便包含了对受众群颇有意义的再定位，即将他们视为日常社会经验的一个方面（Bausinger，1984）。

一个令人误解的媒介使用模式

不可否认，早期受众研究者们都认为，受众的媒介使用由时间、地点以及社会和文化习俗所决定。人们由于各种不同的社会原因而接触大众传媒，比如为了交谈或只是一种日常生活习惯；同样也会出于某些实用目的而加入受众的队伍，比如从新闻中获取信息。埃利奥特·弗赖德森（Eliot Freidson，1953）曾经以当代广播电影电视受众为例，强调了他们实际媒介经验的群体特征，这与大众行为理论的观点形成了鲜明对照。他写道：

> 大量的观众行为是在当地社会活动的复杂网络中发生的。一天中的特定时间，特定的几天，特定季节，都是进行与各种大众媒介有关的活动的恰当时机。个人时常由其社会群体中的其他人所伴随……（而且）……参与到由观众所组成的人际网络之中，他们讨论以往的大众传播经验，并且预测未来经验的意义。（p. 310） 89

然而实际上，早期的受众研究一直被覆蔽在一个“讯息”（messages）传输线性过程模式的阴影里。这一模式优先考虑讯息的“内容”（content）及其“影响”（impact），将受众“暴露”（exposure）视为彼此无关的个体选择的总和。对于信息，重要的是能够被有意识地接收，被记录下来，并且产生预期效果（参见第4章“关于媒介到达与媒介影响的一般看法”一节）。有碍于这一观点的社会生活特征因素，不是被视为“噪音”（noise）、干扰，就是被看作是测量过程中令人头疼的麻烦。看上去“动机不明的”（unmotivated）行为，往往被认为是毫无意义的。与线性传播模式相应的受众观是：最好在实验室里研究受众（如果这是可行的话），对那些“不相关的”（irrelevant）方面不予考虑。

现在我们知道，媒介使用一般是非常杂乱无章、缺乏效率的，而且是不确定的，带有多重意味。有计划的信息传输模式不仅是一个抽象概念，而且它所描述的过程也是一种例外，而非多数大众传播活动的常态。因此，最好不要把它视为了解受众的一种手段，它甚至不能反映媒介业实践的真实情况。早期媒介形态的发展，常常力图适应不同社会群体的生活方式（工作、家庭和休闲），并且与潜在受众的渴求和态度相匹配（Martell & McCall，1964）。19 世纪末，日报在内容、生产和发行周期方面都发生了改变，就是为了适应城市工人的日常生活。面向家庭和妇女的期刊，也是为了便于人们在家中利用零碎时间随便拿起看上两眼而设计的。看电影是都市人的一种休闲方式，特别是对夫妻、朋友们而言，是一项方便而廉价的家庭外的娱乐活动。

“去看电影”（going to the movies）几乎总是被更多地视为是一项社交活动，而不只是去看一部电影（Handel，1950）。它反映了原始“受众”（audience）——那些出外参与社会公共事务，通常成群结队的人们——的某种延续。这比任何所传播的“讯息”（message）或个人所获
90 得的满足都要更有意义。看一部“差的”（bad）电影也许和看一部“好的”（good）电影一样，令人满意。在很大程度上，听广播、听留声机唱片、看电视也同样如此，虽然这些活动与看电影不同，它们在日常繁杂的家庭生活中几乎总是从属性的。

一般来说，“看电视”要比“看电视节目”更准确地描述了事实，但是，它也过分夸大了那些无处不在且不断闪烁的荧屏的重要性。库贝和克斯克什特米哈伊（Kubey & Csikszentmihalyi，1991）曾经对人们的时间使用情况进行过详细而深入的研究。该研究基于受访者的自我报告，虽然缺乏一定显著性，但是对于人们将电视作为一种从属性活动，观看时通常并不卷入的特点，该研究未留下任何可质疑之处。如上所述，媒介使用的杂乱无章和随机性，实际上只是人们的一种感觉而已，总是有一定规律可寻的，虽然不一定是“媒介暴露”（media exposure）模式。讯息传输模式和行为科学偏见，往往扭曲了受众研究，同样扭曲

受众研究的还有这样一种理论：将受众定义为由“暴露”（exposed）在外界影响下的孤立个体所组成的大众。

媒介使用的公共空间与私人空间

前面已经提到，某些媒介使用形态具有明显的公共特征。这一点不论是从发生在家庭之外（如电影院和音乐厅）这个角度说，还是从受众对公共表演和公共事件作出共同反应，因而其意义更加广泛这个角度说，都是如此。“对大量的普通受众而言，那种广泛分享、集体欣赏的演出，那种直接的信息传递……”所具有的持久意义，萨恩斯（Saenz，1994）曾经作过论述（p. 576），他说：“观众对电视节目中的表演和文化潮流的感受，是他们将欣赏电视剧作为一项显著的文化活动的一个重要原因。”（p. 576）公共（public）这一术语，既可以是对内容类别、事件发生场合的一种注解，也可以是对人们共享集体经验程度的一种表征。

那些主要在家庭中使用的大众媒介，尤其是电视、录像、音乐和书籍，会被认为是在个人、国家、世界以及更广泛的社会事务和社会活动 91
之间，架起了桥梁。在某些情况下，作为一名受众成员，意味着分享更加广泛的社会生活；而在另一些情况下，则是一种自我活动，可能是完全个人化的，或者只与小圈子里的朋友或家人分享。这与其说与受众使用媒介的地点（比如在电影院、在剧院或在家里）有关，不如说与对媒介使用是更加公共化还是更加私人化的意义解说有关。

公共型受众群，是通过如下特征来确立的：他们有意识地关注那些对具有广泛社会影响的事件的报道，比如选举结果、重大灾难、世界危机；收看重大体育赛事的电视现场直播（Rothenbuhler，1987）；参加大型娱乐活动，如现场音乐会等。公共型受众经验一般涉及对更广泛的社会群体的认识程度——是定义为媒介迷，还是定义为公民、当地居民或品味文化；同样，也可能多多少少与某些公共角色有关，如公民、选民和工人等。

在关于“媒介事件”（media events）的研究中，戴扬和卡茨（Dayan & Katz①，1992）曾经将人们的注意力引向特殊时刻，即媒介（尤其是电视）以近乎开展仪式的方式将人们集聚起来，庆祝和加入某种更大范围的全国性或全球性活动的那个时刻。这样的媒介事件常常是特殊的，而且打破了日常惯例。除了其重要性之外，事前准备、远程传输、现场直播是这些媒介事件的特点。戴扬和卡茨列举了奥运会、1978年萨达特的以色列之行、罗马教皇对波兰的重要访问、加冕仪式和皇室婚礼等事件。要成为这一类媒介事件的受众，就要更加充分地参与国家的或其他重要人士群体的公共生活。这项研究再一次提醒我们注意“受众本体”（audiencehood）的集体特征。

私人型受众经验是根据个人心态和环境条件建构的，不涉及对社会或其他人的任何考虑。虽然不纯粹是内省的，但多半与自我比较有关，并且注意与媒介模式、自我角色和个性相一致，以使自己在公众前的表现能够得到认同。公共型受众经验和私人型受众经验的差异，取决于以下几种因素的综合：媒介类型、内容类别、受众成员（或由受众成员所定义）的思维框架。媒介的增长和发展，使人们能够更多地按照自己的意愿作出选择，这似乎在很大程度上增加了私人型受众形成的可能性（参见 Neuman②，1991）。

---

① 丹尼尔·戴扬（Daniel Dayan），法国社会学者和传播学者，巴黎第二大学媒介社会学教授。曾在美国斯坦福大学任教，主要从事影视理论、媒介社会学、语言学、流行文化等方面的研究。伊莱休·卡茨为美国宾夕法尼亚大学安伦伯格传播学院教授（详见第1章），两人合写的《媒介事件》（*Media Events*，1992）一书，从文化人类学的视角研究了媒介事件的脚本、协商、表现、庆祝、萨满教化以及播出效果等六个方面的问题，认为对“历史性”事件的电视直播已经成为世界性仪式，这种直播事件虽然一方面把世界各地的观众固定在电视机前，另一方面却具有改变社会的潜能。该书中文版由北京广播学院出版社2000年出版。

② W·拉塞尔·纽曼（W. Russell Neuman），美国加利福尼亚大学伯克利分校博士，先后在宾夕法尼亚大学、哈佛大学和耶鲁大学从事教学工作，也是麻省理工学院媒介实验室的创始成员之一。其研究领域跨越传播学的两个领域：政治传播中传播效果的行为学研究和新媒介技术与政策研究领域中的新媒介传播的社会与政治影响。主要论著有：《大众政治的矛盾》（*The Paradox of Mass Politics*，1986），《大众受众的未来》（*The Future of the Mass Audience*，1991），《涌入住宅的传播流》（*The flow of Communication into the Home*，1986）等。

■ 亚文化与受众 92

早期大众社会理论的批评家们指出，表面上同质的“大众”（mass）受众，实际上存在巨大的社会差异。由于所属社会阶层不同，在生活圈中所处的地位不同，受众们在生存条件和观念上存在许多差别，虽然他们接触相同的媒介渠道或接收相同的媒介信息，这似乎超越了先前的众多界线，但是并没有淡化甚至消除这些差别。由于媒介业已经开发和寻找到更多新的“适位”（niche）[①] 受众市场，因此在这一点上，媒介已经不需要劝说，它们甚至已经进入了这样的业务中：力图界定和创造出以品味和生活方式为基础的、新的社会和文化亚群体，并通过这种方式来确认潜在的媒介消费者。这是一个以媒介为基础、持续不断地创造新风格和虚拟身份的过程，这些风格和身份，都是为了在受众的心中弹拨出热烈的和声。

尽管如此，受众的媒介使用可能总是根据其早期媒介经验，以及熔铸在个人社会生活中的身份认同而大体决定的，或者与当时的社会环境相符合。除了家庭这种特殊的社会单元外，还有学校同学这样的同侪群体，以及邻居朋友等，他们都影响着人们的品味和媒介消费，这种影响尤其体现在音乐和电视方面，两者都是最受年轻人欢迎的媒介。有时，人们将年轻人的偏好按年龄段进行详细划分（von Feilitzen，1976），有时只是大体上区分“青年文化”（youth culture）与成年人文化的不同，除此之外，还有许多不同层次的划分。午轻的成年人的媒介经验，被工作中和休闲中的社会交往所重塑。这种总体的环境因素与其他具体因素，至少是社会性别因素互相交织，一起产生影

---

① niche，译作“适位”，音译为“利基”，指在市场中通常被大企业所忽视的某些细分市场，在传媒界一般有适位受众、利基受众、利基市场的说法。

响（Van Zoonen，1994）。

有许多证据表明，在表达和强化各种不同的亚群体的特征方面，媒介使用能够发挥重要作用（Hebdige，1978）。这一点并不令人奇怪，因为媒介本身也是“文化”（culture）的一个组成部分。然而，还有另外一个视角，考察现代社会那些离经叛道者与另类亚文化，尤其是与年轻人音乐品味之间的密切关系（Avery，1979；Roe，1992）。对社会支配势力最具反抗性的意味，常常以音乐和舞蹈的形式表现出来，它们大多为亚文化所特有，并且成为一种反抗的象征（Hall & Jefferson，1975；Lull，1992）。许多被年轻人采用的现代音乐，通常是他们对父母、老师和现存社会表达不满的一种发泄。例如，默多克和费尔普斯（Murdock and Phelps，1973）就曾经阐明过，年轻人是如何通过音乐品味，来表达他们对于公立学校和中产阶级价值观的疏离的。

93

生活方式

“生活方式”（lifestyle）这个概念，作为与态度和行为之类相似的一个指标，常常被用来对不同的媒介使用模式进行描述和分类（例如Donohew，Palmgreen and Raybure，1987；Eastman，1979；Engel & Blackwell，1982；Frank & Greenberg，1980）。这个概念有着复杂的历史，虽然在有关社会阶层差别是如何影响了人们的品味、举止、穿着和行为等方面，这一概念的本质已经为我们所熟悉，成为常识。法国社会学家皮埃尔·布尔迪厄（Pierre Bourdieu，1984）曾经做过一项具有开创性的工作，即考察人们各种不同的文化品味与其社会和家庭背景之间的关系，从而再现了一个悠久的研究传统。在有关“文化资本”（cultural capital，布尔迪厄的概念）按阶层分布，以及大众（或流行）文化的性质等问题的讨论方面，他都颇有贡献。某种程度上说，生活方式是人们自我选择的行为和媒介使用模式，就此而言，生活方式这个概念避开了这样一个假定：即人们的媒介品味（不同于传统的审美和艺术品位）是由其所处的社会阶层和受教育程度决定的。

在广告营销研究中，生活方式这一概念有助于将消费者划分为不同的类别，以便确定广告目标并进行广告设计。就这一目的而言，它比基本的社会人口统计指标更加适用，尤其是从心理学角度看，分类也更加准确。生活方式研究的发展，已经超出了社会学和心理学的范畴，例如，里斯曼、格莱泽和丹尼（Riesman，Glazer and Denny，1950）有关内在导向（inner-directed）和他人导向（outer-directed）的人格理论，以及马斯洛（Maslow，1968）的基本需求理论。有一个著名的案例，来自米切尔（Mitchell，1983），他曾经将美国人的生活方式分为九种并进行了描述。他认为其中最重要的有三种，分别是：归属者（Belonger）、赶超者（Emulators）、成功者（Achievers）。在一项对媒介使用的社会与心理原因进行的研究中，也得出了相关的分类，特别是从社会和社区行为主义角度（Donohew 等，1987），确定了以下四种类型：闲散的主妇（Disengaged Homemakers）、外向的活动者（Outgoing Activists）、拘谨的活动者（Restrained Activists）、劳工阶层中的向上爬者（Working-Class Climbers）。这种分类，不仅区分了由态度和信仰模式所导致的媒介使用的各个相关方面，而且也显示出性别差异的重要性。

生活方式研究包括对各种社会地位变量、行为（包括媒介使用和其他娱乐休闲、消费活动）、态度、品味、价值观等方面的广泛研究。实际上，这类研究的潜在领域是十分广泛的，或许可以确定的与媒介相关的“生活方式”（lifestyles）的种类也无限之多。同样，人们往往也可以选择其他方式，比如，通过强调不同的有因果关系的因素，来描述相同的研究结果。这些因素可以是社会因素（如阶层和收入），也可以是文化、心理和态度因素。 94

上述讨论显示了生活方式这一概念的不足。归根结底，生活方式只是一种理论或研究建构（construct），它假设在大量可能相关的各种变量中有若干变量彼此相互联系，并主张去发掘这些联系。以足够的人口数据（前已提到）为基础的任何一项因子分析，都可能为描述生活方式提供潜在的候选者。一项在瑞典进行的有关青少年与媒介使用的大型研究（Johansson & Miegel，1992；Reimer，1994），揭示了媒介生活方式研究的某些长处，同时也表明了它的一些不足。结果显示，媒介品味和媒介选择，确实会影响那些可以被称为生活方式的一部分日常生活和休闲模式；反过来，我们可能称为生活方式的日常生活和休闲模式，也会影响人们的媒介使用。但是，看起来年龄、社会阶层、性别这些因素本身，在相当程度上似乎也解释了研究结果。

与生活方式这个概念有关的一个重要问题，就是寻找一个合适的分析层面。约翰森和米基尔（Johansson & Miegel，1992）划分了三个层面：一是全社会层面（用于国际比较）；二是社会和文化内部的不同层面；三是个体层面。对于后者，他们认为："生活方式表达了个人创造其自己独特的、个性化的、社会与文化身份认同的企图心"（p. 23）。第二个层面是最常用的，但也往往出现相当含混的结果。在第三个层面上，有多少个体，就有多少种可能的生活方式。尽管如此，生活方式这一概念，仍然有助于我们理解媒介与人们社会文化经验之间产生有意义联系的各种方式。

种族与媒介使用

在现代都市生活中，社会差异的重要性会不断增加，造成社会差异的一个来源，与民族和种族问题有关。在一些国家中，有专为小语种人群和少数族裔提供信息的媒介（Frachon & Vargaftig，1995）；而在其他一些地方，也时常有证据表明，这种小群体成员对于主流媒介的关注
95 是与众不同的（见 Becker，Kosicki and Jones，1992；Real，1989；Wilson & Gutiérrez，1985）。在音乐方面，有各种风格的"黑人"音乐

和“白人”音乐，也有各种融合了不同种族和不同文化特点的混合音乐（Lull[1]，1992）。在这个领域，媒介使用可以被理解为一种表达和欣赏的良好方式，一种共享的独自体验，以及对某种文化的认同。通常，种族差异更明显地表现在人们对媒介的解释和态度上，而不是实际媒介选择行为上（Gray[2]，1992）。

受众群的这些特点，在流行音乐方面表现得非常突出，流行音乐拥有非常不同的文化产品，而且能够反映人们品味的细微差别和变化（Frith & Goodwin，1990；Negus，1992）。一方面少数族裔成员与其他社会成员一样，被处于支配地位的媒介和“主流”（mainstream）文化品味所吸引，另一方面，少数族群的文化形态同样也拥有表达的空间。这些都有助于提供一个更加安全的、重要的、令人熟悉的符号环境。少数族群的特色，尤其是白人社会中的黑人少数族群的特色，已经在独特的文化品味中找到了自己的立足之处。例如，饶舌和 hip-hop 风格的音乐，在一些拥有相当多黑人少数族群的国家里，是辨别复杂的社会身份的关键。

---

① 简斯·勒尔（Janes Lull），威斯康星大学麦迪逊分校博士，加利福尼亚州立圣何塞大学传播学名誉教授，主要从事媒介与文化研究，先后在多所大学任教，并两度获得富布莱特基金资助，做过多年的职业记者和播报员，当过越战随军记者。主要论著有：《电视的社会功用》（*The Social Uses of Television*，1980），《透视家庭收看：电视受众的人种学研究》（*Inside Family Viewing: Ethnographic Research on Television Audiences*，1990），《流行音乐和传播学》（*Popular Music and Communication*，1992），《媒介、传播、文化：全球视点》（*Media, Communication, Culture: A Global Approach*，1995），《家庭怎样选择电视节目》（*How Families Select Television Program*，1982）等。

② 赫尔曼·格雷（Herman Gray），加利福尼亚大学圣克鲁斯分校博士，研究领域为：文化研究、大众文化、大众传播、少数民族文化。主要论著有：《美国种族想象中的忧虑、愿望与冲突》（*Anxiety, Desire, and Conflict in the American Racial Imagination*，1997），《电视》（*Television*，1997），《文化理论、社会建构主义和社会问题》（*Cultural Theory, Social Constructionism, and Social Problems*，1993），《电视，美国黑人和美国梦》（*Television, Black Americans, and the American Dream*，1992）。

性别化的受众

在女性主义理论影响下，关于媒介使用具有显著而持续的“被性别化”特征（gendered）① 的观点，同样在接受分析中逐渐发展起来（Seiter 等，1989）。长期以来，人们已经认识到性别不同导致了不同的媒介使用行为，某些类型的媒介是专门为女性受众服务的，也往往由女性来主持，特别是一些杂志（Ferguson，1983）以及一些虚构类作品（如浪漫的爱情小说）。同样，男性观众也拥有不同的媒介类型和内容。

与以往不同的是，这些差异的意义，今天引起了人们更加强烈的好奇，有研究专门探讨性别的社会建构是如何影响了人们的媒介选择的，反之亦然。这项研究，采取民族志和深度分析的方法。引人关注的是，由于受社会性别经验的影响，有一种所谓“解释团体”（interpretive community）② 的观点，在其中发挥着关键性作用（Hermes，1995）。受
96 众研究往往伴随着（也许跟随着）内容分析，内容分析也同样反映出媒介文本的“使性别化”（gendering）问题。事实上，要将受众研究与内容分析和作品分析完全分离开来，是非常困难的。

被性别化的受众经验，是多种因素综合作用的结果：某一类媒介内容；特有的日常惯例；仍然可能被描述为“父权社会”（patriarchal so-

---

① gender，“社会性别”，区别于 sex“生理性别”，是社会性别理论和女性主义研究的重要概念。这一概念被用来描述在一个特定社会中由社会形成的男性或女性的群体特征、角色、活动及责任。生理性别是人类生理上的事实；而社会性别不是，作为男性或女性的经历会因文化的不同而相差很大。社会的组织方式、社会性别身份决定了社会如何看待男人和女人，以及期待他们如何去思考和行动。社会性别常常反映一种权力关系，是制度性问题，而不仅仅是个人问题。gendered，可译为“被社会性别化的、被性别化的”；gendering，可译为“使社会性别化的、使性别化的”。

② “解释团体”（interpretive community），指一种理解结构、一种在集体意义上的自我（阅读）所依存的情势，即一个具有社会化的公众理解系统。解释团体既决定一个读者（阅读）的活动形态，也制约了这些活动所制造的文本（详见第 2 章注释）。

ciety）——或“男性世界”（man's world）等与权力相关的更广泛的结构。有一个被大量引用的案例，是拉德韦（Radway①，1984）对一群沉溺于大众化言情小说中（真正上瘾）的女性读者进行的研究。她首先让女性读者自己述说，通过她们的解释，来说明言情小说的巨大吸引力。她发现，言情小说为女性提供了一个专门为她们设计的避风港：第一，通过阅读行为，构建一个私人“空间”（space）和时间，来暂时逃避丈夫和家庭责任所带来的烦恼；其次，理想而浪漫的爱情故事，尽管是虚幻的，但是也能给人带来情绪上的抚慰。拉德韦的研究表明，尽管女性主义对言情小说持批判态度，认为它们富于迷惑性，趋向上是倒退的，可是女性读者在她们的小说中所找到的替代物和偶像，至少给了她们一些温馨的力量，支持她们。

受众被社会性别化这一观点，在对另一种吸引了大量女性受众的节目——广播和电视“肥皂剧”（soap operas）的研究中，也同样被援用。肥皂剧有多种多样的类型，但是早期（美国）的肥皂剧是白天时间在广播中播出的，以迎合家庭妇女听众。对肥皂剧的早期研究（如 Herzog，1953；Warner & Henry，1948）显示：肥皂剧之所以对家庭主妇和母亲类女性有特殊的吸引力，不仅是因为其恰当的排期，亦因为其内容设计——将戏剧性、劝诫、伦理道德、幻想，以及对家庭主妇这一角色的象征性支持，融合在一起，这就是肥皂剧。

近来有关电视肥皂剧的一些研究（如 Allen，1989；Geraghty，1991；Hobson，1982，1989），已经将肥皂剧的叙事方式（连续性、不

---

① 贾尼丝·A·拉德韦（Janice A. Radway），美国密歇根州立大学博士，现任杜克大学教授，曾任教于宾夕法尼亚大学美国文化系，是《美国季刊》的编辑，近来研究领域是美国文学与阅读史，特别是与女性生活有关的内容。主要论著有：《阅读言情小说：妇女、父权统治和流行文学》（*Reading the Romance*：*Women*，*Patriarchy*，*and Popular Literature*，1984），《解释团体和易变的文学：阅读言情小说的功用》（*Interpretive Communities and Variable Literacies*：*The Functions of Romance Reading*，1991），《阅读言情小说的妇女：文本与语境的交互》（*Women Read the Romance*：*The Interaction of Text and Context*，1995），《媒介研究的进路》（新华出版社，2004年）收录了她的《〈阅读言情小说〉导读》；《文化研究读本》（中国社会科学出版社，2000）收录了她的《浪漫小说的机构形成》一文。

确定性）与家庭主妇们的日常生活规律联系起来考虑，虽然它们有些零碎、分散（有碍人们持续关注），但是灵活变通。总的来说，电视肥皂剧明显地更受女性的喜爱，也更多地被女性观看，即使当她们意识到这种节目档次较低时，仍是如此（如 Alasuutari，1992）。对肥皂剧女性观众的民族志研究表明，肥皂剧因为对女性别有意义而广受欢迎，不仅经常被她们当作谈资，而且被用来反映她们自己的日常生活（Livingstone，1988）。

97 关于女性杂志的读者，赫米斯（Hermis[①]，1995）曾经根据女性读者对自己阅读行为的解释，以及她们对不同内容类别（从女性主义的到传统的出版物）的喜好，归纳出一系列解释性“条目”（repertoires）或意义结构。例如，在阅读传统女性杂志时，条目中既列出了女性读者支持妇女运动的责任感，也提到她们心目中一丝轻微的愧疚感。这些一组一组的观点经常是相互矛盾的，或者彼此对话的。不过，由于杂志媒介相对来说不太重要，即使它们最忠实的读者也这么认为，因此矛盾的解决要相对容易一些。

受众这种典型的矛盾态度，反映出在实际生活经验与媒介世界之间，存在巨大的鸿沟，这是可以理解的。安（Ang，1985）曾经对迷恋电视连续剧《达拉斯》（*Dallas*）——一部特别“浮华”（glossy）的肥皂剧——的女性观众进行研究，结果显示，观众一面欣赏虚构无聊的电视剧，一面批评其中的大部分内容，她们可以很容易地采取或消遣或嘲讽的态度，这太平常不过了。仅仅根据受众对所提及的某一内容或媒介的表面看法（或个别意见），便对受众下定义，可能是非常错误的。受众的存在，愉悦的产生，与他们对特定内容的选择，以及可能引发的对审美、道德、政治背景的批评，是彼此分开的。当然，对于其他媒介内

---

① 乔克·赫米斯（Joke Hermes），荷兰阿姆斯特丹大学媒介与文化系讲师，主要论著有：《阅读女性杂志》（*Reading Women's Magazines*，1995），《再解读流行文化：重新思考性别、电视和媒体受众》（*Re-reading Popular Culture: Rethinking Gender, Television, and Popular Media Audiences*，1985）。

容和其他受众，道理也一样。

所谓受众被性别化，本质上并不是指受众构成的性别比，而是指受众（受众群）被有意识地按特定的女性或男性经验，被赋予某种差别意味的程度。在媒介使用研究中，有大量的研究结果显示，性别差异与不同的媒介偏好和媒介满足相关联。例如安德森、柯林斯、施米特和雅克波维茨（Anderson，Collins，Schmitt and Jacobovitz，1996）曾经发现，自感有压力的女性观看更多的游戏节目和综艺节目，而有压力的男性则更多地观看动作片和暴力节目，这使得在一般受众中出现的差异进一步凸显。然而，这并不意味着多数受众的大众媒介经验可以用性别差异来解释，有大量证据表明，不同性别的受众可以跨越性别界限，拥有相同的目的和对事物一样的理解。

受众性别化的另一个问题是，两性之间的关系和特定性别角色，对于人们使用诸如电视一类家庭媒体这样一种复杂的社会行为，影响到底有多大。这方面，莫利（Morley，1986）的研究堪称经典。在关于家庭收视情况的民族志研究中，他强调指出，甚至在家庭这样一个微观受众环境下，也有许多不成文的规则、默契和行为模式存在。最典型的是，晚间收视的控制权，一般掌握在家庭中的男人手中（同样参见 Lull，1982a）。 98

人们发现，女性通常较少有计划地或不间断地观看电视。她们往往在看电视的同时，兼做其他事情。由于社会原因，她们会克制自己的兴趣，服从其他家庭成员的收视偏好；她们会在看电视时聊天；会因为独自看电视而感到愧疚。女性可能倾向于将电视看作是调节家庭紧张气氛、缓和争端的一种手段，是鼓励人们在观看中实现不同程度的个人自由或社会交往的一种方式。莫利（Morley，1986）曾经列举了一个事例来说明，在一些争吵中，男性是如何利用其控制权来“报复”（get even）妻子的。比如，他会独自一人自顾自地收看体育节目。可以推断，如果女性有机会，同样也会“投桃报李”的。总而言之，如今有关社会性别如何影响中家庭获取和使用新传播技术的研究，其领域正在不断扩大（Frissen，1992；Moores，1993）。

社交与媒介的社会使用

主流传播学含蓄地将“媒介使用”（media use）与其他行为区别开来，认为它是一种独立的、另类的行为类型，必定会替代其他活动。这种思考方式，曾经导致早期对媒介的一些批评：电影造成观众与现实的“隔离”（isolation），广播电视扼杀了人们之间的交流，削减了户外社会活动，人们又退归于家庭小圈子里（私人化）。沿着这个思路，近来批判的目标又指向了随身听的沉迷者，深陷电脑游戏和互联网中无法自拔的年轻人，他们已经与现实世界失去了联系。

很明显，有许多人与社会隔绝，又对使用媒介很上瘾，这可能进一步加剧了他们的孤立。然而，迄今为止还没有任何有说服力的证据证明，普遍的社会交往活动的减少，是人们使用大众媒介的直接后果。关注媒介成瘾这一现象，是可以理解的，不过这种关注已经从比较典型的媒介吸引力的意义上，转移了视线。大多数媒介使用行为已经获得了有效的社交回报。媒介使用本身是一种普遍存在的正常的社会行为方式，是一种可以接受的实际社会互动的替代品；同样，它也被广泛地认为是一个重要的“社会化的代理人”（agent of socialization）——一个社会
99 学习机会，也是更广泛地参与社会的一种手段（Rosengren & Windahl，1989）。

以下我们所熟悉的（并经过充分验证的）一般媒介使用特征表明，受众经验中存在一定的社交性：我们常常和他人一起分享媒介使用经验，尤其是看电影和看电视的经验；某些媒介（如电视和音乐）被用于娱乐消遣，或缓和社会交往；媒介使用常常伴随着对时事问题的讨论；媒介内容（新闻、故事、表演等）为人们提供了共同的关注对象和谈话主题。与媒介有关的话题，尤其有助于消除与陌生人谈话时的突兀感，

为彼此交流奠定基础。事实上，媒介在家庭中时常成为其他各项活动的背景，但不一定妨碍或取代这些活动。例如，库贝和克斯克什特米哈伊（Kubey and Csikszentmihalyi，1991）曾经报告说："在收看电视的过程中，63.5%的时间里人们边看电视边做其他事情。"（p.75）

尽管某些家庭内的社交娱乐活动，譬如打扑克、音乐派对、家庭游戏等很可能已经衰微（当然也有其他方面的原因），可是没有明显的证据表明，传统的人际"社交"（sociability）方式，例如与人交谈和"断混"（hanging out）已经消失。有一项历时性的瑞典媒介固定样本组研究（Swedish Media Panel），对儿童成长问题进行了探讨，罗森格伦和温达尔（Rosengren and Windahl，1989）在对该研究结果进行概述时，发现了大量证据，证明儿童的媒介使用与其他社会活动之间存在各种各样复杂的关系。他们发现："总的说来，儿童的电视收视行为与其社会交往活动之间存在正向关系。"（p.200）年龄（在校年级）、性别、社会阶层，所有这些因素都在这一关系中发挥着中介作用。

不过，对于书籍、电视、流行音乐等媒介来说，这种关系是不一样的。接下来是这项研究众多发现中的一例。对那些出生于中产阶级家庭的七年级（13岁）男孩来说，观看电视提供了"从家庭和父母通向同龄人和舞会的路径；而对那些大量观看电视的九年级（15岁）孩子而言，这却似乎是他们与家庭、父母和学校之间的一条联系纽带"（p.203）。在他们两年的成长过程中，原本作为社会化代理人的电视，其作用却恰恰相反。由于这是一项历时性的固定样本组研究，因此其结果十分可靠。

看起来，由于新的消磨时间方式的影响，人们的日常社会交往模式变得复杂而多变。大多数媒介使用是否能够如人们所选择的那样具有社交性，取决于我们在现实生活中拥有的资源情况如何（如金钱、流动 100
性、可得朋友、社会关系等方面），这就是罗森格伦和温达尔（Rosengren and Windahl，1972）所说的"互动潜能"（interaction potential）。在实际生活中，尤其是在现代都市生活中，社会交往可能殊为不易，媒介正是通过提供社会交往的替代品，来帮助人们减轻因为彼此隔离而带来的孤独寂寞感，缓解精神压力。

基于大众媒介的社会交往，会增加、补充、甚至取代现实的人际交往，其结果是，大众媒介可以加大也可以削弱人们社会交往的潜能。媒介使用和脱离社会之间是否存在因果关系，还很难找到确凿的证据（见 Canary & Spitzberg，1993；Finn & Gomm，1988；Perse & Rubin，1990；Rubin，Perse and Powell，1989）。截至目前，关于社会互动与媒介使用之间的相互关系，有一个总体的经验性答案，即：比较高的“实际”（real）社会交往程度，似乎往往伴随着高于平均水平的媒介接触。这个答案虽然不能完全解决问题，但是，这种相关关系可以被理解为是支持了这样一种观点的：对于受众，最正确的定义，是将他们定义为“社会的”（social）而不是“非社会的”（nonsocial）人。

通过各种各样的方式，媒介使用成为与人们日常生活密切相连的一个部分，尤其是电视，几乎无时不有，无处不在，紧紧伴随着人们的家庭生活。詹姆斯·勒尔（James Lull，1982a）曾经深入一些家庭开展一项参与式观察研究，在此基础上，他对电视的社会使用类型进行了划分，其中一些观点同样适用于其他媒介。第一类是结构型（structural），指媒介以各种方式为人们日常活动提供了一个时间表：从早间新闻开始，一边吃早餐，一边看电视；接着按照日程安排，工作、工间休息、午餐、下班回家，晚上收听或收看合意而熟悉的广播电视节目，放松放松。这就是门德尔松（Mendelsohn，1964）所说的无线电广播的功能——“为全天打括号”（bracketing the day）。这种由媒介主导（media-derived）的使用结构，带给人们一种伴随感，并且将一天划分成若干个时段，帮助人们相应地调适情绪。第二类是关系型（relational），包括早期将媒介内容视为是人们交谈时的“交易货币”（coin of exchange），是缓和那些非正式且并不亲密的社会交往的一种方式的观点。

第三类被概括为加入和回避型（affiliation and avoidance），指社会关系变动不定的情况，人们一时想一时不想，与那些处在同一物理空间中的其他人，或进行密切的社会接触，或与之疏离。不同的媒介提供了不同机会供人们去作这样那样的选择。加入是指人们不同程度地参与到同一观众群中（比如观看一场电视足球比赛）。

回避的方式则更加多样，有些涉及对特定媒介的使用，这些媒介被 101
定义为独自使用的媒介，比如读书或带着耳机听音乐。无论在公共场合还是在私人居所，阅读报纸往往表明你希望独处。如果家中不同房间里都摆放了电视机和收音机，会帮助家庭成员各得其所。这些社会性策略，因为避免了对他人的干扰，通常被认为是合乎情理的，亦为人们所理解和接受。自我孤立则较少被人们接受，从中是不可能分离出更加“合理的”（legitimate）媒介使用动机来的。在家庭里，随着孩子的成长，个人活动日益分散的情况相当明显，这与不同媒介的使用有着密切的关系（von Feilitzen，1976）。

勒尔提出的另一个媒介的社会使用类型，是社会学习型（social learning），它涵盖了与媒介使用有关的社会化的各个方面（如采用特定的角色模式）。第五种被称为权力/支配型（competence/dominance），是指由社会因素决定的在家庭中控制媒介使用的权力，从决定选择哪份日报，到控制电视遥控器，包括就如何获取媒介硬件和软件作出决策。同时，它还指利用从媒介获得的信息和专门知识，在与家人和朋友的社会交往中扮演舆论领袖的角色（Katz & Lazarsfeld，1955）。在家庭环境中进行的民族志研究清楚地表明，支配人们媒介使用行为的，往往是一些相当复杂、无法言传的规则和理解，这些规则和理解因家庭的不同而各异（参见 Morley，1986）。

受众接受与意义协商

媒介效果问题不在本书的讨论之列，但是关注，即使是简略地关注接受理论中与效果研究相关的大量推论，也是十分重要的。新的受众理论提出，不仅是媒介经验的意义，而且媒介内容的意义如何，很大程度上都取决于受众的认识能力、经历和社会地位（Jensen，1991）。受众按照他们自己的认识和期望，对媒介源所提供的信息的意义进行“解码”（decode），虽然这种解码常常是在某些共同的经验框架内进行（Hall，1980）。

102 这一点无疑适用于小说中那些混杂而模糊的讯息（比如，女性读者从低俗的言情小说中获得的经验——Radway，1984）。在用审美的或道德的标准对媒介内容进行评判时，这一点也同样适用，这点后面还会讨论。我们无法假定，即使是基本的“事实”（factual）信息，人们是否一定会按照传播者的原意去理解。新闻不被人理解，或被错误理解的例子，可谓俯拾皆是（见 Gunter，1987；Rubinson & Levy，1986），虽然有时，这一现象被错误地归咎为是传播方的问题。

新闻的接受分析（如 Graber，1984；Jensen，1988）清楚地表明，理解新闻的框架如何，很大程度上取决于接受者的社会地位和世界观，接受者不仅能够而且强烈地倾向于将媒介报道的“事实”（facts），纳入当地的或个人的解释和关系框架中来处理。新闻的受众总是热衷于在与自己对世界的认识一致的前提下，来建构和发展自己对于“真实”（real）事件的认知和评价。

社会病态与媒介使用

各种媒介都有一套复杂的概念体系，这套概念体系将媒介与个人社会经验的其他方面连接起来。一方面，媒介几乎不可避免地伴随着人们的日常生活，这需要我们调整自己的社会习惯（如饮食和谈话之类），以适应媒介存在这一现实；另一方面，媒介是一种有价值的、丰富多样的资源，有助于我们处理社会问题和个人问题（Pearlin，1959）。就后者而言，我们可以将媒介视为这样一种手段：它为我们营造某种心境，让自己振作起来，带我们走出自我，激发我们的感受，帮助我们记忆、反省和遗忘。有相当一些证据证明，人们常常为达到这样一些目的而有意识地使用媒介（Zillman & Bryant，1985）。

对这一问题的讨论，一方面缘于人们对媒介使用所产生的“去社会化”（desocializing）效果的质疑，一方面是因为媒介使用所导致的自我孤立这一反常行为的确时常发生。在不寻常的或极端的事物，与某种意义上说是病态的或有害的事物这两者之间划清界限，是不可能的。同一事例可以用不同的方式来解释。所以，早期关于儿童对媒介“成瘾”（addiction）现象的研究（如 Maccoby，1954）曾经发现，“过度的”（excessive）媒介使用，更有可能是由于家庭不睦或其他个人问题所导致。媒介使用常常是对社会生活的一种补偿，对心理苦闷的一种慰藉。 103

过度依赖电视，会造成对儿童的潜在危害（Himmelweit 等，1958），同时也兆示着，要么是儿童的人格发展有缺失，要么是其无法适应现实，这早已有了定论。简言之，也正是那些被认为几乎毫无价值的东西，妨碍了儿童去做一些被认为是更好的，尤其是更适合他们的事情，例如玩游戏、去户外活动、做家庭作业，等等。有证据表明，大量收看电视与儿童的社会适应性较差两者之间，确实存在相关关系（Halloran，Brown and Chancy，1970；Horton & Wohl，1956；Maccoby，1954；McLeod，Ward and Tancill，1965；Noble，1975；Pearlin，1959）。一些实证研究业已表明，就成年人而言，重度收看电视和使用其他媒介，与某些社会边缘性指标是相关联的，尤其是疾病、老年、失业和贫困（Smith，1986）。尽管存在这些现象，但是我们仍然有理由拒绝使用“成瘾”（addition）一词，因为它让人联想到对毒品的依赖。芬恩（Finn，1992）在考察了各种媒介使用模式后，得出结论说：“现有数据并不支持任何有关重度收看电视是一种疾病或者是……医学问题的观点。”（p. 422）

的确有一些证据表明，受众对一些真实的或虚构的媒介人物的卷入度，即使不是病态，看上去也近乎失去理性。大量真实可信但却带有轶闻色彩的事例显示，有些受众成员确实对虚构的媒介人物产生了强烈的感情依恋，比如在看长篇电视连续剧时，他们甚至到了为剧中人的“死亡”（deaths）而悲痛欲绝，为他们的快乐而兴奋不已的程度。这种感情到底有多深，一般很难作出评判。隆巴德（Lombard，1955）从她的研究中曾经得出结论说：“看电视的种种反应，与未看电视的反应之一致……（到了这样的一个程度，即）对媒介消费者来说，视听媒介足以混淆被媒介符号化的人工经验与非媒介化的‘真实’（real）经验之间的差别。”

■ 媒介使用的规范框架

前述讨论提示我们，媒介受众研究已经在一个规范的乃至评判的框
104 架内进行的程度（见 Barwise & Ehrenberg，1988，138ff），这本身就标志着媒介使用已经完全融入了人们的社会交往过程。正如我们所看到的，重度媒介使用本身虽然并不一定被认为是有害的，但是，媒介使用最基本的标准是：即使有益，也勿太过。媒介使用的规范框架乍看起来，似乎与这样的观点相悖：媒介使用是一种随意的、在空闲时间进行的、“角色外”（out-of-role）的活动，通常也是一种娱乐性活动，基本上与社会责任无关。然而，受众研究却在不断地发现某些价值体系的存在，它们非正式地规范着人们的媒介行为。正如库克玛（Krcmar，1996）所观察到的：“家庭中有多少关于家务、饮食习惯、宗教信仰等方面的话题，就有多少关于看电视的规矩和分歧。”（p. 251）正是在家庭语境（涉及父母亲的责任）中媒介使用所恪守的规范，使我们深刻地意识到了媒介规范控制的存在（Brown & Linne，1976；Geiger & Sokol，1959；Hedinsson，1981；Rosengren & Windahl，1989）。

我们很容易忽略，我们在日常各种受众行为中被社会化的程度，大家都在不知不觉中了解了有关媒介的规则和预期。这些知识是如此之广

博，而且可以随着时间、地点、文化的移易而如此千变万化，以至于无法作出任何解说。一般来说，只有当规则被其他受众成员或者被媒介自身突然打破时，我们才意识到它们的存在。例如，诺德（Nord，1995）曾经通过读者来信，对早期芝加哥报纸进行研究，结果显示，读者对于什么是新闻的客观性，什么是编辑所应承担的责任，已经有了颇为成熟的意识。这种意识在读者感到报纸已经背叛了他们，充满了偏见、宣传性内容，或者偏离了自己熟悉的政治观点时，便会显现出来。有许多我们知道的不成文的“规则”（rules），已经融进我们所熟悉的各种媒介内容中，融进了与特定媒介渠道和媒介源的联系当中。

有大量证据表明，受众们普遍认为媒介既有好的也有坏的潜在影响，因此需要社会加以引导和控制。至少，孩子们的媒介行为父母应当加以监管。例如，冈特和温斯顿（Gunter & Winstone，1993）曾经指出：在英国，90％被调查的样本受访者认为，父母应该设法阻止孩子过多地看电视；绝大多数被调查者都赞成一般情况下应该控制孩子们看电视。在同一项调查中，大约50％的被调查者认为，英国电视是被严格规范的，75％的人对此感到满意或希望施以甚至比目前更加严格的控制。

同样也有证据表明，一些国家的公众舆论支持在多样化的基础上，对包括印刷媒介在内的各种媒介进行强有力的规制（见 Golding & Van Snippenburg，1995）。很明显，受众们关心媒介规范，并且感到要保持这些规范，可能时常需要进行干预。一般来说，公众舆论留给媒介的自由，并不像媒介自己时常要求的那么多。 105

毫无疑问，人们对媒介规范的广泛关注，缘于对媒介不良影响的担忧，而媒介使用本身被认为有道德存疑的可能（如上所述）。例如，斯坦纳（Steiner，1963）曾经发现，观众们对自己大量收看电视显现出一种愧疚倾向，他把这种现象归因于新教伦理道德传统，这一传统不赞成“非生产性的”（unproductive）时间使用。中产阶级受众对这一价值传统尤其敏感。拉德韦（Radway，1984）发现，在热衷于浪漫的言情小说的女性读者中，也有类似的愧疚感，而引发愧疚感的原因也很相似：

"她们的社会化是在这样一种文化中进行的，即坚持认为工作重于休闲和玩乐，这就不难理解她们为什么会有愧疚感了。"（p.105）在这两个例子中，愧疚感更多的是用语言而不是用行为来表达的，这也反映出社会认可（social desirability）的影响。

赫米斯（Hermes，1995）在对女性杂志读者的研究中发现，女性读者的"解释条目"（interpretative repertoires）（表达阅读经验的构架）中，阅读女性主义读物的责任感和对沉迷于传统女性杂志的愧疚感，两者同时并存。巴怀斯和埃伦伯格（Barwise and Ehrenberg，1988）以及库贝和克斯克什特米哈伊（Kubey and Csikszentmihalyi，1991）都认为，这种（与电视有关的）愧疚感一般非常微弱（在杂志问题上赫米斯也许会赞同这一点），但是，在这个被认为是享乐主义盛行的年代，对这样一种无害的愉悦产生愧疚感，其存在的持续性和普遍性，还是非常引人关注的。

内容规范

对媒介规范的期望不仅与媒介使用行为有关，而且与媒介内容也有联系。人们对媒介既抱怨，亦欣赏，肯定的声音往往超过批评的声浪。但是，一个引人注目的事实是，媒介表现被如此广泛地认为是表达公众态度、判断和意见的一个合适主题。

受众们期望，传媒能够具备良好的品味，遵守一定的道德规范，有时也要符合其他一些价值标准，例如符合当地社区要求、坚持爱国主义和维护民主政体等。而对小说和娱乐内容来说，所谓适用的标准，一般是指粗俗的语言、暴力、性，以及媒介提供的各种行为模式。在这里，家庭生活、对儿童的保护、个人情感和成年人的道德标准，都是参考的重点。

106

除了道德以外，由于存在政治偏见和社会公正问题，受众对媒介品质十分敏感。他们往往更强调媒介的公正性和可信度，而不是媒介的自由表达权（如 Comstock，1988；Gunter & Winstone，1993）。通常，受众们似乎不能容忍在主流媒介上公开发表偏激的或离经叛道的政治观点，他们评判媒介信息的标准，一般包括观点是否全面、准确、平衡和多元化。对新闻来源，他们往往根据相应的可信度标准来对之进行评判（Gaziano & McGrath，1987）。

尽管公众对媒介持批评态度，但是似乎很少有人受到媒介的人身攻击，而人们的实际媒介使用行为，却呈现出相对缺乏规范的状况（参见如 Gunter & Winstone，1993）。这种看似矛盾的情形，也许正好说明，存在着基于个人品味和偏好的个人标准，而其行为的诸多方面与公共标准并不一致。这也表明，人们表达出的对媒介的评判态度，多少有些表面化，将之视为一种社会认可来把握，而非缘于深刻的内在主体意识。这并不是说，在选择媒介内容和对媒介内容作出的反馈中，个人偏好不会受个体自己的价值观的影响（参见 Johansson & Miegel，1992），而是说，这些价值观往往隐藏在表面下，潜移默化地发挥作用。

对媒介内容的评价，往往与是否能够良好地区分不同媒介和不同的媒介内容有关。例如，阿拉苏塔瑞（Alasuutari，1992）曾经指出，芬兰电视观众有效地采用一种"道德等级"（moral hierarchy）标准来评价电视内容。根据这一标准，新闻和资讯内容受到高度评价，肥皂剧则被视为"低级"（low）内容，甚至肥皂剧迷们自己也这样认为（这种观点相当普遍，见 Ang，1985；Morley，1986；Seiter 等，1989）。观众们表达了自己的共同看法，并没有感到个人要刻意遵从这一标准。这一等级标准的出现并不令人意外，因为它反映了传统文化的价值观和品味，尤其是在注重现实和资讯方面。

与其他研究结果一致，这个"道德等级"更多地适用于评估态度，而非行为，因为受人喜欢的收看模式并不遵从标准"处方"（prescription）。有足够的证据证明：受众不仅能够而且确实，将他们认为的客观 107
"优质"（quality）内容与其个人偏好（喜欢和不喜欢）区分开来了，而个人偏好有可能是背离这些标准的（Leggatt，1991）。对此，除了简单地解释为是受众自我不一，或无法做得像希望的那样好之外，还有一种解释就是，这一现象与收看电视（television）所获得的内在满足有关（这一点同样适用于阅读），而与媒介内容的道德或审美品质无甚关联。

受众与他们媒介经验之间的关系远不那么简单，往往涉及多个态度和关系维度。例如，在研究观众对电视剧《达拉斯》（*Dallas*）的反应中所表现出的文化差异时，利布斯和卡茨（Liebes and Katz，1990）区分了几种不同程度和不同类别的评判标准。其中“参考的”（referential）和“批判的”（critical）就不一样。前者着重考察受众在多大程度上认为报道是令人信服的、真实的，与他们的生活息息相关；后者则倾向于援引更多的美学评判标准，并参照叙事风格和其他一些文本特性（参见 Biltereyst，1991；Livingstone，1988）。

其他形式的评判标准，还包括出于道德和意识形态缘故而反对某些内容。换言之，“有经验的”（experienced）受众成员（这些数据来自常规的、能够清楚表达的受众）对他们能够接触到的特定媒介内容，抱持相当不同的各种观点。赫米斯（Hermes，1995）关于女性杂志的研究，也得出了类似的总体结论，而且读者反应之复杂，看来并没有因为卷入程度不够，或者所读内容公认的肤浅，而受到限制。

结　　语

我们可以为上述讨论作一个小结：受众通常是在一个由期望和评判组成的复杂框架内看媒介的。这个框架的建立，归根到底，既基于对媒介公共特征和社会特征以及媒介之于日常生活重要性的评价，也源于对媒介给予人们愉悦的评价。一般普通受众可能不会日常性地主动应用这一评判框架，或者有意识地清楚表达它，但是它所开列的关于媒介和媒介内容的标准规范，通常却是人们非常熟悉的。

媒介的社会使用已经无可避免地融进我们的日常生活当中，我们甚至很少意识到这一点。人们评价媒介内容最频繁使用的标准，往往源于 108
植根在文化中，通过社会化的教育机构、家庭、宗教传承下来的传统的价值标准。某种程度上说，它们也反映了由于阶层体系而产生的社会权力的差异。有时它们还反映年龄、性别、种族，以及其他基本的社会差别（如时尚、世界性）。我们自己个人的价值观对于媒介使用和内容选择的影响，是复杂、含蓄而隐蔽的，研究者往往不易察觉。总而言之，本章所提出的观点和论据，对于那种将受众视为由媒介操纵和影响的被动“靶子”（target）的观点提出了质疑。在关于媒介选择、媒介使用，以及受众赋予媒介重要意义等几乎所有的方面，我们都可以看到一种强有力的甚至是决定性的社会环境因素的影响。

第 7 章　传播者—受众关系

弥合差距

信息发送者和接受者之间的关系，对于任何有关媒介受众概念的考察来说都是一个核心问题。与面对面接触不同的是，经由媒介（尤其是大众媒介）进行的传播，常常在传播参与者之间形成空间和社会距离。媒介生产领域，往往与消费语境相去甚远。这个差距必须通过某种途径来消弭，以使传播过程能够以一种有意义的、有效的、令人满意的方式继续进行。

实践中，对这一差距的弥合，通常是由组织化策略、展现设施、传受双方所共享的复杂的习俗网，以及相互间的了解等几个因素结合在一起进行的。在过去的一段时间里，传播者与受众相互之间的了解在逐步增长，它们定义了合法性、常规，以及传播内容与交往的边界，并标示出谁可能对谁、以何种方式、为什么目的而进行传播。本质上说，这些了解在大多数时间里为大多数人所带来的回报，是使全社会范围内的、跨文化的传播变得更加容易。

一些关于大众媒介系统的总体模式（如 Westley & Maclean①，1957），描述了大众媒介的传播者与接受者之间的关系，认为受众对各 110 种媒介组织，以及对社会中"原始传播者"（或信源）进行的各种反馈，使传播者与受众之间的关系得以保持平衡（Singer，1973）。这一类模式假定，在一个开放的社会、一个竞争的市场环境中，在一系列法规、文化和习俗的制约下，一个能自我校正的媒介机制，主要通过对媒介施压以满足受众的内容需求来维持生存。大众传播者们不得不为争夺受众的注意力和更高收入而竞争，而受众需求的最好证据，则来自他们以往的媒介选择行为。

除市场之外，媒介与其受众之间关系的构成，还有其他一些基础。要知道，大多数讯息并非源于媒介自身，而是出自其他来源和组织。这些"原始传播者"包括政党、广告商、院外游说者、商人、社会活动团体和政府部门，不用说还有艺术家、作家和表演者。

这些传播者们对其目标观众通常会有自己的界定和看法，以减少不确定性。

有一些职业的媒介传播者，尤其是报刊记者，会按照公认的对社会和受众的道德与责任标准来行事。各种规章条例（参见 Belsey & Chadwick，1992；Christians & Rotzell，1991）帮助记者们与或许是未知的

① 布鲁斯·H·韦斯特利（Bruce H. Westley），先后执教于威斯康星大学麦迪逊分校、肯塔基大学，曾经担任《新闻学季刊》的编辑达十年之久，1973—1974年度曾任美国新闻教育协会主席。

马尔科姆·S·麦克莱恩（Malcolm S. MacLean），曾任美国艾奥瓦州立大学新闻学院主任。在两人合写的《大众传播研究的概念模式》（《新闻学季刊》，1957）一文中，提出了著名的韦斯特利—麦克莱恩大众传播模式。

“客户”（client）建立工作关系。同样，许多广播电视机构也受到甚至更加明确详细的责任要求与机制的管理，以确保其恪尽公共责任。

我们也应该注意到，仍然有一些非商业的或非中立的传媒继续存在着，其目的是表达特定的社会、文化、政治、宗教意识和观点，帮助其拥护者和成员们更加紧密地团结在一起，为实现其目标——无论它会是什么——而奋斗。这样的媒介与其受众之间的关系，通常是清晰而明确的。

本章中，我们特别将重点放在实际的“传播者”（记者、媒介写作者、编辑、制片人、表演者，等等）一边，他们需要在日复一日的工作中，熟悉和掌握大量看不见摸不着的、未知的公众情况。关于媒介机构的研究有一个经验是，传播者个人所感受到的了解受众的需要，与管理决策、抽象的受众视听率数据、焦点小组研究的提示、专业原则，以及
111 其他控制市场和与实际的或潜在的受众保持联系的制度化机制，常常不能完全吻合。

想象这样一种态度维度，即媒介传播者倾向于将自身定位与受众联系起来，是非常有益的。这种联系范围甚广，从站在非常积极的立场上为了沟通和交流而主动接触受众，到以消极保守的态度对待受众的影响和要求。在这个维度上，传播者可以按照个人意愿以及所扮演的角色类型，调整自己的定位。媒介传播者们发现，由于各种原因，受众们正对其传播绩效构成威胁，这并不罕见。传播者愈是选择按照专业的或个人的——而非市场导向的——目标行事，与受众之间出现紧张关系的可能性便愈大，其原因在于，市场上盛行的是大众化标准。

正是大众受众的多样性，使得组织讯息和选择合适的表达方式，往往成为难题。就像传播者自己所意识到的，低视听率这样的受众反馈，可能会导致独断而有害的结果，它常常与“真正的”（true）节目质量无关。对媒介机构的研究显示，有许多传播者认为，大众受众总体上是缺乏技巧和能力的，所以对待他们不会像对待有足够判断力的人那样（如Burns，1969；Gans，1979；Schlesinger，1978）。媒介讯息通常被汇集到一起，传播在巨大的压力和努力之下进行，而受众则被认为是放松

的、漫不经心的，而且常常是缺乏鉴赏力的。这类问题一再发生，人们也不断采用各种方法来处理，但是结果却总不令人满意。

与此同时，受众可能也感觉到与传播者之间存在一些问题，然而，却总是受到一些不成文的环境条件、信息和日常经验的限制。对于大多数受众来说，制度化的反馈形式，比如说研究和市场力量，既是他们不熟悉的，也不是一种能够充分表达其观点和感受的方式。更直接、更个人化的反馈形式，要么需要付出太多努力，要么被视为是无效的。作为受众成员，大多数人都发现，明确表达他们的需求和偏好是困难的。尽管如此，我们知道，受众成员的确常常对某些特定的媒介、传播者和讯息，采取积极主动的态度。他们会全身心地去关注，其感情卷入程度可能不亚于常态下人们之间的亲密关系。

除了进行研究和了解市场需求这两种因素外，如果媒介不开发其自身机制，以弥合这里所显示的传播者与受众之间差距的话，媒介就不可 112
能有效地运作。有一些把关人（gatekeeper）角色，与参与和表达受众的利益和要求有关。把关人能够为生产者—消费者关系中的任何一方服务，也常常同时服务于双方。例如，在新闻媒体中，编辑们的任务之一，就是按照为已知受众确立的相关标准来选择和发布新闻。图书出版者和发行者一直以来都是这样工作的，电影发行者和电视频道掌控者也同样如此。

在较少被正式组织的情况下，评论家和批评家们会通过提供建议和信息，来为受众需求服务。一般来说，这些活动都在媒介上进行，他们自身利益或许正好与其评论的媒介的利益相吻合，从而成为市场机制的共谋。尽管如此，仍然有一些独立的批评家，他们通常会以切合实际的方式帮助受众，讨论一些选择问题，以及与传播者的联系。

如果我们将视野放得更开阔一些，我们就会发现，受众—传播者的关系是在媒介与社会的关系这一更大的制度性框架内被讨论、处理和界定的。根据环境条件的不同，有许多不同的解说在发挥着作用，比用典型的反馈（feedback）一词来理解，其程度要深入得多，范围也广泛得多。例如，作为父母、居民、少数群体的成员，或政党的一分子，我们可以设法去影响媒介，促使他们对其疏忽或明显的失误作出说明。

传播者眼中的受众

早期关于传播者—受众关系的研究，采用了赫伯特·米德（Herbert Mead[1]，1934）的理论，以及在他之前，查尔斯·库利（Charles Cooley[2]，1908）的理论，尤其是吸收了其"虚拟的对话者"（imaginary interlocutor）的观点。这一理论的核心是：为了进行传播，我们需要确立某些人所共知的"参考个人"（reference person）或参考群体（reference group）[3]，与我们分享共同的文化和社会空间，拥有共同的语言，

---

① 乔治·赫伯特·米德（George Herbert Mead，1863—1931），美国哲学史上的代表人物之一，芝加哥大学教授。与詹姆斯、杜威等学者共同创建了实用主义，对20世纪的社会理论有重大影响。他开创的后来被称为符号互动论的理论，强调人际传播在人格发展中的作用，成为社会学和社会心理学的基础理论。此外，他在自然哲学、科学哲学、人类学哲学、历史哲学等领域均有重要建树。

主要代表作有：《心灵、自我和社会》（*Mind, Self, and Society*，1934），《行为哲学》（*The Philosophy of the Act*，1938），《19世纪的思想运动》（*Movements of Thought in the Nineteenth Century*，1936），《科学方法和个人思想者》（*Scientific Method and the Individual Thinker*，1917），《自我和社会控制的起源》（*The Genesis of Self and Social Control*，1925），《过去的本质》（*The Nature of the Past*，1929）等。

② 查尔斯·霍顿·库利（Charles Horton Cooley，1864—1929），密歇根大学早期社会学家。大学时修习工程学，后转读政治经济学和社会学。他提出的"首属概念"和"镜中自我"的概念，对芝加哥学派的其他学者产生了影响。主要著作有：《人类天性和社会秩序》（*Human Nature and the Social Order*，1908），《社会过程》（*Social Process*，1918）等。

③ 参考群体（reference group），指能直接或间接影响个人态度或行为的群体。一个人受其参考群体影响的方式至少可分为三种：第一，参考群体将新的行为和生活方式呈现在个人眼前；第二，参考群体可以影响个人的态度和自我概念，因为一般人总是希望能合群；第三，参考群体会产生使人顺从的压力，影响个人对事物的选择。参考群体可分为四类：一是对个人影响最大的群体，如家庭、朋友、邻居和同事等；二是影响较次一级的群体，如个人所参加的各种社会团体；三是个人并不直接参加，但影响也很显著的群体，如社会名流、影视明星、体育明星等，这被称为崇拜性群体，这种崇拜性群体的一举一动会成为人们模仿的样板；还有一种群体叫隔离群体，它是一种其价值观和行为被人拒绝接受的群体。

以使我们能够对之表达我们自己。传播中，对那些无法直接观察到的其他人群，我们必须去建构（或想象）他们。这涉及一个自我选择过程，一个将“重要的另一位”（significant other）模式化的过程。

根据鲍尔（Bauer，1964a）、普尔和舒尔曼（Pool and Shulman，1959）的研究，参考群体构成了传播的假想目标，它们不但使传播过程变得简单易行，而且能够影响讯息内容。普尔和舒尔曼写道，这就是“传播者所考虑的受众”（p. 148），这才是重要的。在他们关于新闻写作的研究中，他们发现，新闻记者们所设定的阅读公众形象，既包括那些他们有选择地试图取悦的支持者，也包括他们有可能冒犯的批评者。在这样一个框架内，为那些未知的实际受众写新闻变得更加容易。此后的一些研究，常常从传播者角度出发，涉及这一想象受众和预设受众的问题。上述观点颇有见地，常常得到确证，与此同时，我们能够找到不同的方式来确定受众特征，使得彼此间的差距变得更容易弥合。有关如何简化和调节传受关系的策略，我们将在下面部分详细阐述。 113

作为传播者自身社会生活延伸的受众

在大众传播生产中，那些具有较强自主性和创造力的人，是一些最不会屈从于由受众研究所定义或由经营者强加给他们的所谓“目标群体”（target group）的人。真正完整的艺术创造，不允许对其最高标准打折扣；编辑和资深记者们也期望，在其所扮演的组织内角色的正常职责范围内，最好能够拥有根据自己的判断进行报道的自由。尽管如此，他们同样需要对其受众有所了解，实际的解决之道，就是对人际交往中亲戚、朋友们的反应和看法予以特别关注。这种参考群体不仅会反映传播者自身的社会文化环境（Gans①，1979），而且在作出反馈，在综合各种讯息进行实际应用时，多半都会采取积极支持而不是消极反对的态度。

---

① 赫伯特·J·甘斯（Herbert J. Gans），德裔美国社会学家、教育家。主要著作有：《决定何谓新闻》（*Deciding What's News*，1979），《城市村民》（*The Urban Villagers*，1982），《通俗文化与高雅文化》（*Popular Culture and High Culture*，1974）等。

媒介从业者同样会发现，在个人交往中，不仅有与他们志趣相投的同侪，而且偶尔还会遇到自己不太熟悉的社会群体中一些平凡的人物（例如人们常说的看门人、出租车司机、清洁工人、办公室职员）。实际上，传播者更愿意在一个熟悉的环境中接受面对面口头的意见反馈，而不是权威式的且不可挑战的收视率数据反馈，这是可以理解的。

114 专业性参考群体

人们常常发现，最重要的参考群体由同事组成，在有关新闻记者的研究中这一点尤其突出。在那些业已建立了行业和专业标准的领域，按照专业人士的意见去解决问题，会被认为是唯一不错的选择（Burns，1969；Tuchman，1978；Tunstall，1971）。任何专业主义要求，通常都有一个关键部分，即要有判断顾客（这里是受众）需求的能力，关注他们的利益，甚至比他们自己能做得更好。在实际工作中，最直接的反馈也可能来自身边的同事。人们已经注意到，媒介专业主义取向，有时伴随着对受众非常消极的态度（Burns，1969；Schlesinger，1978）。伯恩斯（Burns，1969）曾经描述过BBC制片人对其受众的态度，他观察到，“从事这项服务工作的人们……往往采取一种对抗的、通常隐藏了引人反感的敌意的态度”（p. 55），来对待他们的顾客。受众常常被认为既变化无常，又缺乏专门技能，无法参透作品的内在本质，因为这已然超出了他们的智识水平和审美能力。

在电视领域，当遇到低收视率和其他市场挫折时，传播者往往以此为由为自己辩解，而不是检讨节目或表演的低“品质”（quality）。总之，对专业主义的追求也为实际工作提供了指南，一方面隔离了竞争激烈的受众市场上的某些硬敲打，另一方面也阻遏了经营部门的拙劣影响。与此相关，人们也注意到，当专业人士彼此看法不一致，或者与传播机构意见相左时，受众（表现为收视率和销售额）可能是最后的裁决者（Tunstall，1971）。到头来，令受众满意成为一项不容忽视的、衡量成功与否的客观标准。事实上，有能力让受众满意，本身就是一项重要的专业技能和目标（Cantor①，1971），在激烈竞争的媒介市场中，这也可能是唯一最重要的“质量”（quality）标准。

组织化目标的界定

大体上，往往是媒介机构而非专业人士为处理与受众的关系提供定位和指南。滕斯托尔（Tunstall②，1971）根据媒介所寻求的收入类别 115
的不同——尤其是广告收入与受众（销售和票房）收入的不同，对报纸的组织化目标进行了划分。第一种，主要目标是吸引目标（right）受众对目标讯息（广告）的注意力。第二种，衡量成功的主要标准只是付费受众群的规模大小，而不考虑所到达的受众都是些什么人。

不过，滕斯托尔（Tunstall，1971）也注意到了“非赢利”（non-revenue）目标的存在。例如，一些媒介有选择地承担着自己的任务和使命，不必去追求大众市场上的高额广告利润或高视听率，对政治和社会影响力的追求，成为媒介所有者和采编人员相当普遍的抱负。在这种情况下，传播者会对自己的目标受众及所要求的讯息形式进行具体界定，以减少不确定性。一些非商业性媒体，如政党报刊、公共广播等，大抵如此运作。它们一般以服务社会和发展文化事业为目标，而不以赢利为目的。

例如，在传统的欧洲公共广播机构中，如BBC，传播者被要求“树

---

① 缪里尔·G·坎托（Muriel G. Cantor），华盛顿哥伦比亚特区美利坚大学社会学教授。主要论著有：《好莱坞电视制片人：作品及受众》（*The Hollywood TV Producer: His Work and His Audience*，1971），《黄金时间的电视：内容与控制》（*Prime-Time Television: Content and Control*，1992），《肥皂剧》（*The Soap Opera*，1983），《受众在文化生产中的作用》（*The Role of the Audience in Production of Culture*，1994）等。《传播研究的进路》（新华出版社，2004）选录了其《内容是怎样生产出来的》一文。

② 杰里米·滕斯托尔（Jeremy Tunstall），英国伦敦城市大学社会学教授，在媒介、媒介政策和媒介工作者领域有较多研究，代表作有：《报纸力量：英国的新全国报纸》（*Newspaper Power: The New National Press in Britain*，1996），《工作中的新闻记者》（*Journalists at Work*，1971），《媒介社会学：读者》（*Media Sociology: A Reader*，1970）等（详见第4章注释）。

立高尚的目标”，不论受众是否会报以关注，都要坚持诚实正直的标准和文化品质（Burns，1969）。这些公共广播机构一般依照基本章程和法规行事，机构领导层也会制定合适的传播目标，很少去迎合观众的要求。随着商业竞争的不断加剧，目前情况已经发生了变化，但是，欧洲和其他地区的公共广播仍然秉持着超越追求视听率之上的更高的信念。

一些有名望的报纸，也在扮演着颇为相似的社会角色。例如法国《世界报》（*Le Monde*）、英国《泰晤士报》（*The Times*）、美国《华盛顿邮报》（*Washington Post*），它们不仅采用传统的高度专业化的新闻标准，而且选择确立某种政治或社会目标，超越而不是迎合市场要求，譬如，追求政治影响力（Padioleau，1985）。这里，在追求专业目标和社会目标与适应市场现实之间，同样出现了如何调和两者矛盾的问题。一些批评者注意到，由于试图迎合大众口味，先前的一些精英媒体的水准出现了明显的滑坡（如 Bogart，1995；Fallows，1996）。在上述媒介情形中，传播者承担着领导者的角色，他们引导受众，而不是屈从于消极势力。

无论在何处，当某一媒体拥有自己的庄严使命或目标，不管是政治的、文化的还是宗教的使命或目标，上述情形的一个变体又出现了：这样的媒体同样会以一位意识形态或思想观念的领导者或倡导者的姿态，来界定其与受众之间的关系。或者，他们只是设法表达他们所服务的群
116 体或公众的声音。受众们将拥有与他们所选择的媒介源相符合的看法，在此情况下，由于分享共同的观点和信仰，传播者与受众之间的关系多半会更加和谐和平衡。当然，也可能出现一些紧张情形，尤其是当信仰发生改变，或者支持环境发生变化时，受众可能减少，而相关媒介也会开始一段新的、更加商业化的历程。

产品图像和受众刻板印象

更典型的主流大众媒介处于这样一种状况：媒介机构及其工作人员，对其固定受众或目标受众的兴趣、期待和文化品味，形成了某种刻

板印象，并且寻求合适的传播内容来与他们的刻板印象相匹配。其目标是，最大限度地在受众图像与产品图像之间寻求一致性。这是适应受众兴趣、建立良好市场这整个过程的一个组成部分（Cantor，1994；Ettema & Whitney，1982；Eerguson & Perse，1993；Martel & McCall，1964；McDonald & Schechter，1988）。经验告诉我们，过去几年中哪一种媒介形式和内容是最受欢迎的，其工作假设是，将那些成功的节目类型和主要产品作一些细微的改动，下一次仍然有效。这个规律适用于电影、电视节目、新闻报道、音乐等领域（Negus，1992；Ryan & Peterson，1982）。对那些富于创造力的传播者来说，这常常意味着把工作留给广告宣传经理或策划人去做，他们与目标市场保持着更加密切的联系。

正如我们前面提到的，媒介常常采用生活方式这一概念来定义其目标受众，这在一定程度上是为了方便广告操作。在进行这项工作时，他们倾向于为其受众建构和提供标准身份，这比孤立地考察受众的媒介讯息选择要更好。在早前的媒介批判理论中，这种方式被认为是一种人为操纵和侵扰。C·赖特·米尔斯（C. Wright Mills，1956）曾经写道："（媒介）将新的身份和新的渴望带给我们，这些新身份和新渴望确定了我们应该喜欢成为什么，以及我们应该喜欢看起来是什么。"（p. 314）

这种把握受众不确定性的方式，也会令人感到迷惘沮丧；它阻碍了创新，也限制了传播者更加积极主动地去工作。对于那些真正确立了自己的传播目标，或者为实现最高专业标准和行业标准而奋斗的人来说，117
这也是造成紧张和冲突的根源（Cantor，1971）。另一方面，对那些碰巧发现了个人成功方案的传播者来说，这种方式一般更有保障，更有持续性，也可能有助于其发挥潜力。对于从媒介生产中挣钱来说，这可能是一个必要条件。

对受众参与的操纵

在为争夺受众而展开的激烈竞争中，我们可以看到，媒体采取主动控制的手法处理与受众的关系，而且花样不断翻新。仅仅为那些不经意的消费者生产商品是不够的，必须将他们拉进市场，拉进对媒介人物和媒介事件的关注中，这已经成为传播者目标的一部分，也是取得这一效果所要掌握的技巧之一。其主要目的是，首先吸引受众的注意力，然后激发一部分受众的感情投入。

人们采取各种不同的方式来尝试这项工作。在电视界，在各种不同类型的节目中，包括游戏节目、谈话节目和公共事务节目，录制现场的受众正日益频繁、日益显著地扮演着积极主动的角色。通过吸引大量有代表性的公众主动参与节目，节目主持人和其他明星演员们，与家庭受众之间的距离缩小了，增进了彼此间的了解（Livingstong & Lunt，1994）。这样做的目的，是促发“遥远的亲近”（intimacy at a distance）（Horton & Wohl，1956），它构成了受众与大众媒介人物之间虚拟的人际关系的基础（参见第 6 章中“社会病态与媒介使用”一节）。有一些作者（如 Meyrowitz①，1986）提出，电视摄像机同样可以用来促成想要得到的某些准社会关系形式。

这里所讨论问题并不新鲜，但却直击有关大众传播的争论焦点。彼得（Peter，1996）曾经指出，早在五六十年以前，电台传播者就注意到并且试图解决的一个问题，就是“如何弥补受众不在场的缺陷”（比如面对面的受众）。他描述了三种主要方法：第一，弥散策略，采用诸如“家庭风格”（homey styles）和一些人们熟悉的表达方式；第二，通过音效装置（如罐装笑声、鼓掌声）或拨入电话等方式，形成想象中的真实受众；第三，在广播中与听众进行模拟式人际互动，鼓励听众参与。所有这些做法，都给人造成一种不真诚的印象，也加深了潜在的不信任感，以致批判主义思想家们指责大众传媒根本就是在对受众进

---

① 约书亚·梅罗维茨（Joshua Meyrowitz），美国新罕布什尔大学传播学教授。代表作有：《消失的地域：电子媒介对社会行为的影响》（*No Sense of Place*：*The Impact of Electronic Media on Social Behavior*，1985），中译本由清华大学出版社 2002 年 11 月出版。该书曾获美国广播者协会和广播教育协会的最佳电子媒介图书奖，以及语言传播协会的年度图书金奖，被译成日、法等多种文字出版。

行操纵。

这种“快乐新闻”（happy news）的风格，兴起于20世纪70年代的美国电视界，并且被世界各地广泛效仿，目前这一策略在电视界同样被采用。实施这一策略的目的，是在强有力的媒介和其遥远的受众之间，制造出存在一种平等而密切的关系的错觉；同时，也使电视带来的“坏消息”（bad news），更少地惊扰家庭中舒适的收看者。目前，新技术的发展增加了传播直接互动式节目的可能性，这种类型的节目通过双向线路，可以将节目主持人或表演者与家庭中的受众连接起来，而采用电话和有线电视方式，这种互动会变得越来越容易。 118

来自受众的观点

正如前面已经提到的那样，受众并不总是将自己与媒介和媒介传播者之间的关系，视为日常生活中的难题。在一个自由而多元化的环境中，受众可以按照个人意愿，根据自己的理解和判断，什么是与己有关的，什么是有趣的，来选择自己的媒介源，无需理会那些令自己不快和不确定的内容。尽管如此，受众需要作出的努力，以及他们可能遭遇的某些不快，要远远超出一般的预想。考察受众—信息源关系的第一个维度，是所谓情感指向（affective direction）。

存在一些约束受众的潜在因素，它们几乎全都是平淡无奇的日常事务。例如，虽然受众可以自由选择媒介，但是实际上，受众群中的人们不可能根据个人意愿选择他们希望接触的媒介或特定内容。这种情况常常出现在家庭、住户或其他群体成员的媒介活动中，他们在选择阅读、收听和观看媒介内容时，会受到周围其他人的影响。这种媒介的“微型把关人”（micro-gatekeeper）可能是父母、同伴、朋友或其他人。在那些选择余地极小或没有任何真正选择余地的地方，比如只有一家城市报纸或者地方报纸的地方，这种情况很难避免。

常常会有大量不期而至的媒介讯息流，经由户外广告、邮件、电话等方式涌来，它们也会引发类似的情况。即使我们确实选择了自己中意的媒介渠道、信息源和内容，我们也会很容易地对媒介的某些做法表示
119 不满，且多半会因此而对媒介产生负面反应。我们需要不断地面对选择和评判，包括作出选择，反对我们所反感的事物。

准社会关系

除了对信源、媒介和讯息存在或积极或消极的看法外，与受众和媒介之间关系相关的，还有另外一个维度，即所谓卷入（involvement）或依恋程度，其范围包括从偶尔观看，一直到对媒介人物或媒介表演产生极度的个人迷恋感。主动关注媒介和日常对媒介抱持积极态度本身，并不需要任何情感投入，因此情感投入只是一个附加元素。如前所述，处心积虑地制造来自受众的个人反应，鼓励虚假的受众参与，这些都是媒介惯用的伎俩。其结果是，我们可能很难采用经验主义方法来将“真正的”（real）依恋与“虚假的”（artificial）喜爱区分开来。

“准社会互动”（parasocial interaction）的概念是由霍顿和沃尔（Horton & Wohl，1956）引入的，用来描述这样一种现象：媒介中的人物或媒介名人取代了现实的交流对象，与真正的社会互动相比，它意味着更低的满意感。不过在某些情况下，人们可能会善意解释这一现象，或者由于在现实生活中缺乏真正令人满意的社会互动，而助长了这一现象。如今，人们已经开发出一系列指标，对这种准社会互动（Para Social Interaction，PSI）的程度进行经验性测量（Austen，1992），鲁宾等人（Rubin et al.，1989）将其定义为“受众成员感到他们与其喜爱的电视新闻人物互动的程度”（p. 250）。

诺布尔（Noble，1975）曾经针对一项有关爱尔兰儿童的研究提出自己的看法，认为电视提供了一个“供观众定期与之对话和互动的荧屏社群”（p. 63）。同时，他还对人们对媒介名人和媒介中人物不同的卷入程度进行了界定。他认为，一种可以称为“承认”（recongnition），观众

对某一特定媒介人物非常喜爱，但是尚未失去现实感，这种体验会有助于其形成自我认识。诺布尔指出："那些（电视）人物充当了近似荧屏社群一样的角色，观众可以经常与之交谈和互动……对许多人来说，这是一个扩大了的亲友团。"（pp. 63～64）与此相反，还有另外一种"认同"（identification）现象存在，意指某人深深地沉溺于媒介人物中，感到自己与媒介人物情感与共，声气相通，丧失了与现实社会的联系。这很可能导致个人的"身份遗失"（identity loss），以及对媒介的过度依赖。 120

罗森格伦（Rosengren et al.，1989）等人曾经对"电视关系"（television relations）的种类进行了划分，从受众与媒介关系的两个主要维度出发，将电视关系分为四种。第一种他们称之为互动（interaction）——受众感到自己在与荧屏上的演员交流；第二种是认同（identification）程度变量（即对某些媒介人物的卷入程度）。当高度认同与高度互动发生共振时，一种对媒介极端依恋的现象便出现了。

这种状况被称为"捕获"（capture），它有可能妨碍人们之间建立正常的人际关系。很显然，如果我们要对这些不同状况进行评判，我们至少必须了解受众对媒介各种不同的喜爱和喜爱的不同程度。与此相反，那些低认同和低卷入的状况，则被称为"漠然"（detachment）。

评估态度和情感卷入程度这两个因素，可能是需要牢记的最重要的两个变量，除此之外，还有其他一些方式将受众与"遥远的"（distant）媒介源联系在一起。以下几种机制，与帮助引导人们进行媒介选择和评估，并且解决潜在的不确定性问题，关系最为密切。

社会环境和同侪群体

许多日常习惯性的媒介接触行为，在不经意间自然而然地成为人们所熟悉的环境和一系列实践活动的一个组成部分。这些行为受到家庭、邻里和朋友关系的影响，也受到学校和工作中同学同事之间相互关系的影响。我们对特定媒介、对媒介使用模式和内容类型的选择，常常在个人无意识之中，与自己的身份联系在一起。通过这种方式，我们与媒介的关系被不知不觉地定义了。有时，我们会调整自己的媒介选择和媒介使用，以此有意识地加强与他人的关系。

现代社会生活的（虽然严格来说并非新的）特征之一，是出现了各种各样的生活方式（参见第 6 章中“生活方式”一节）。一定程度上说，这些生活方式是由地域、环境、职业、收入、社会背景等物质条件所构成的一系列文化选择和文化活动的混合物。赖默（Reimer，1994）说
121 过，这一概念“意在揭示每一阶层群体特定的文化特征”（p. 61）。通过人们的各种文化选择和行为选择，尤其是通过包括大众媒介消费模式在内的各种不同的消费模式，生活方式被表达出来。

对于大多数人来说，采行某种生活方式，包括其中的媒介或其他象征物，是一个逐渐成长、逐渐形成品味、产生兴趣、建立友谊的正常过程的一部分。同样的过程，也会在集体层面上发生。例如，在某个新的国度里寻找自己生存之路的移民们，常常拥有相同的媒介使用模式。他们在新的环境中面临着压力：要适应那些自己并不熟悉的媒体，要与之建立联系，或者忍受一定程度的孤立。这样的环境往往会增强他们与自己母国媒体之间的联系，并且强化其身份认同。同样的情况，也可能出现在许许多多无法计数的移民——那些从乡村到城市的移民中，对他们来说，大众媒介经常扮演着这种强化的角色。在欧洲，特别是在德国、法国、英国和荷兰，随着移民的大量涌入，为移民提供服务的有线电视和卫星电视在不少国家已在迅速增长（Frachon & Vargaftig，1995；Gillespie，1995），来自北非、土耳其、巴基斯坦的电视节目在持续升温。在卫星电视时代来临之前，电视录像带曾经被用于同样的目的。吉莱斯皮（Gillespie，1995）的研究已经显示，长期以来，人们是如何通过看电视和看录像带来协调适应新身份与保持旧身份这二者之间的关系的。

媒介迷

受众经验总是以这样一些现象为特征：不仅对某些演员，而且对特定的内容类别（如各类音乐、各种流派的电影和小说），表现出（非常

特别的）强调和极度喜爱。最温和的一类媒介迷只是被媒介所吸引（就像俗称的“影迷”），而最狂热的一类媒介迷们，则对媒介人物投入极热烈的情感，积极主动地关注他们。在热衷于某一电视连续剧的观众中，当对虚构人物的喜爱和对演员的喜爱交织在一起，或者忽略故事与现实之间的界限时，便会出现一些非常相似但不那么激烈的举动。我们最好将媒介迷视为某种集合体——一个有意识地共享多少受到强烈吸引的感情的群类。当然，也有一些个体的媒介迷存在，但似乎很难有孤独的媒介迷，这个概念或许是多余的。媒介迷们总是受到有明显宣传意图的传媒的鼓动和刺激（参见 Sabal，1992），也被各种传播手段（尤其是那些 122
特别关注当红明星的媒介产品）所鼓动和刺激，不过，当媒介迷们联合起来，以公开方式（T 恤、爱好者杂志、流行时尚等等；参见 L. Lewis，1992）表达他们的喜好时，他们自身也会产生同样的成迷效果。按照目前文化理论的观点（如 Fiske，1992），既然媒介迷们的行为延伸了媒介事件，实际上，迷现象本身已经成为媒介“生产”（production）的一种元素。

按照定义，媒介迷们以一种令人满意的方式界定了自己与媒介之间的关系，并且在明星与追星族之间不可避免地存在着的真实的“沟壑”上架起了桥梁。尽管如此，媒介迷们如果抱持太高的期望，投入太热的情感，会很容易受到潜在的伤害，也可能会经历一段难堪。可以想见，虽然在某些情况下，丧失与现实社会的联系未免太离谱，媒介迷们的投入，通常与其获得的满足也不成比例，但是都会付出这样的“代价”（costs）。既然媒介迷们可能是变化无常和薄情寡义的，而且最终将脱离出去，那么他们对自己热衷的对象也会有消极的一面。他们会把明星们当作茶余饭后八卦闲聊、忌妒和声讨的对象（Alberoni，1972），这种做法还经常受到其他媒介的鼓励。

作为理性消费者的受众

如前所述，现实中的媒介迷现象，正逐渐演变为受众形成和表达自己媒介品味和偏好的一种日常现象，这恰恰是对媒介生产和传播过程的一种正常反应。这一过程意味着将大量不同的媒介产品提供给市场。受众作为一群消费者，他们与媒介源的关系，与其他消费者市场上的关系如出一辙。他们寻找合适的产品、适中的价格、优良的品质和可靠性。如前文所提到的，有关受众的“使用与满足”研究，便包含了这一观点（虽然不止于此）。有一种很有代表性的媒介选择模型，比如帕姆格林和雷伯恩（Palmgreen & Rayburn，1985）提出的模型，便描述了这样一个过程：受众基于对满足的某种期望来选择媒介，并且根据实际经验作出反馈（参见第 5 章图 5—2）。

在这一类理性消费者模型中，受众与媒介源的关系本质上并不复杂，是一种计算（calculative）关系。一种媒介产品可以被另一种媒介产品所替代，某一媒介产品供应商也可以被其他供应商取而代之。20 世纪后期媒介的特征是：媒介所有权的变更十分频繁，出现了大量新频道和新的媒介产品，受众的忠诚度较低等等。此外，还可以推断出其特征包括，媒介与受众之间的纽带是脆弱的，也是相当功利的。即便如此，消费者们确实也表达出清晰而稳定的期待，他们从自己的经验中汲取教
123 训，建立对产品或品牌的忠诚。新旧媒介形势之间的差异，或许并非第一眼看上去的那么巨大。

回归与媒介的规范联系

如上所述，与“负有使命”（with a mission）的媒介相对应的是这样一些受众：无论是出于政治、宗教或是文化原因，他们都与自己所选择的媒介分享同样的观点或信仰。现代社会，当人们不断谈及某些政治和意识形态报刊逐渐衰微时，一些相反的迹象也在出现。随着人们采用许多新的媒介渠道和内容类型，来表达各种不同的政治目标、政治议题和政治运动，政治在某种程度上也不得不改变它的特征。例如，脱口秀、电话拨入秀和观众参与秀等，已经取代了传统的政治传播形式（Livingstone & Lunt，1994）。出于政治目的而使用媒介的受众，累积

起来仍然人数众多，特别是当传播内容与各种社会问题、环境保护、人权（和动物权）、种族歧视，以及其他各种原则和议题相联系时，更是如此。同样，在某些国家，宗教问题也以某种新形式（尤其是原教旨主义、神灵论、宗教复兴主义）出现，这成为人们热衷于新媒介的重要原因。

如前所述，在人们形成对媒介的态度方面，道德与信仰的规范框架仍然发挥着强有力的作用。每一个国家、每一种文化通常都有自己特定的文化禁忌或圣牛（sacred cows①），还有基本的公众情感，都是媒介必须尊重的。这些成文或不成文的规则，制约着媒介的行为，并反映出媒介公众群中有影响力的那一部分人的偏好。其原因在于，人们相信媒介扮演着重要的公共角色，并且相信无论是在国家、私人还是社会领域中，媒介都享有特权。认为媒介在许多重要事务上具有强大影响力的观点，也在发挥着作用。对于有关的标准规范，公众和那些负责任的媒体通常是相当一致的，为大家所认同。

对受众负责的方式

即使在自由的传媒市场上，除了进行研究或一些常规性操作以保持与消费者的良好关系外，还有相当多的一些制度化机制，将媒介与其受众联系在一起。这个主题将我们带入另一个领域——媒介的社会责任——它对于提醒人们注意媒介—受众关系中的某些规范，是十分有益的。它们包括：为保护受众而建立的媒介规章，各种形式的公共服务广播，媒介机构内部的操作准则和道德规范，处理受众投诉的程序，受众自发组织的压力团体和利益群体的活动。 124

① sacred cows，（印度教等的）圣牛、神牛，意指不可批评的人、事物或思想，或人们所尊崇向往之物。

媒介规制的领域是如此之广泛，以致我们很难在这里一一论及。但是我们必须记住，所有国家都有法律、规章和控制（包括许多为抵御规制而设立的行业自律公约），这反映了受众对某些权利和获得某些保护（使自己免受媒介侵害）的要求。规制的范围十分广泛，往往以各种方式涵盖下列一些领域：准确而高品位的广告标准；保护未成年人，尤其是在有关性和暴力问题上；媒介控制和所有权的集中；支持教育和文化目标；保护少数族群的权利，例如对那些种族群体的保护。在这种语境下，“公众利益”（public interest）常常与“受众利益”（audience interest）是同义语，虽然这并不意味着能够引起受众的兴趣。

公共广播，尽管主要存在于那些沿袭了欧洲规制传统的国家中，但却是秉持媒介对受众负有责任这一观念的典型。公共广播电视被定义为一种非营利性活动，其目标首先应该是服务公众利益，不是仅仅取悦于受众，而是通过满足广泛的传播需求，通过为增进社会福祉作出贡献，来实现这一目标。在绝大多数情况下，公共广播的财政资金来自向所有受众成员征收的款项，因而被认为应该通过民主政治程序来对公众负责。公共广播确立了广泛的服务目标，并且承诺要向监督机构和议会定期汇报。受众作为观众、听众和消费者，同时也作为选民和公民，对媒体的传播进行反馈（Avery，1993）。经常有各种社会组织参与公众的反馈过程，受众也有许多表达愿望和观点的方式，每一个地方都不尽相同（参见 Blumler & Mitchell，1994）。许多人是志愿参与的，但有时也会组成正式的咨商委员会，或者通过一定的程序，来表达公众意见和处理某些投诉。

关于如何处理受众投诉，如何让受众表达自己，以及倾听他们声称自己受到冒犯的抱怨，已经逐渐形成了一些制度性措施。与广播电视相
125 比，印刷媒介一般较少正式说明其职责，尽管如此，印刷媒介也时常受到公众的严格检查，以及舆论和政治压力的考验。书籍报刊委员会是主要的处理机构，他们就公众对媒介的投诉，有代表性地征求意见并进行评判。这一类机构的目标通常是既代表公众利益，也反映行业利益和专

业利益，由于缺少法律的强制力，他们的工作主要是借公众压力来进行。同样的工作也可以由报章调查员来完成。在某些同家，调查委员会负责对报业结构和规范进行定期检查，所采用的是美国报刊自由委员会（American Commission on Freedom of the Press）20世纪40年代制定的标准（参见Blanchard，1977）。

媒介对受众负责，这已被许多媒介专业人员所认识，并且在操作规则中清楚地表达出来。这些规则对范围广泛的媒介内容，尤其是新闻内容进行监管（Belsey & Chadwick，1992；Christians & Rotzell，1991）。一般情况下，这些规则由媒介机构自己监督执行，作为自我防范机制的一部分，来防御外界的批评。不过，他们也的确将关于传播者与受众关系的一些重要观点，以及媒介社会作用的一些重要思想，奉为经典。他们一般都承诺维护新闻的真实性和准确性，并且对广泛的社会问题恪尽职责。

在缺乏正式的纠错机制，或者此一机制比较薄弱的地方，我们经常可以看到压力团体的活动。他们声称代表一部分受众的利益，并且会非常积极地通过具体案例，或从总体趋向上，公开宣传某一媒介的缺陷和不足。这样的团体经常直言不讳地代表某一社会群体说话，比如儿童、少数族裔、同性恋者或妇女群体。他们通常并不能完全代表一般受众，但是往往能够超规模、超水平地发挥其社会效力（Montgomery，1989）。他们的工作对于保持对媒介的监督是十分有益的。

结　　语

本章引领我们从最早的关于受众的观点出发，跋涉研究之旅。早前，受众处于单向的非人格传播的接收端，基本上是一群隐匿的、彼此孤立的、被动的个体。这一版本的“大众受众”（mass audience）看起来几乎没有任何确定性，但其规模却可能十分巨大。在传统的大众媒介

126 技术和环境条件下，直接互动是非常有限的；而受到限制的直接互动，却并不妨碍广泛而复杂的一系列纠错机制的出现，也不妨碍由社会阐释的或由个人想象的（传受之间的）众多关系网和各种角色定义的出现，这似乎弥补了某些表面上的不足。

由此，人们可能会被导向这样的思索：引入有助于实现反馈的技术（互动媒体），是否真的意味着发生了某种“革命”（revolution）？事实上，大众传播网络中的对话者们要想建立相互关系，实现彼此的充分了解，并不需要这样的技术。即使这样的互动技术已经完全到位，在很大程度上，它们也将从属于社会实践，从属于现存的对这一类技术的解说。

第8章　变动中的受众

受众的终结？

随着新媒介不断增加其谱系中的新成员，随着传统媒介为适应新形势而不断调整，大众传媒的受众也在不断变化着。在北美和欧洲，在读报普及率到达其巅峰之前，先是电影，而后是广播，开始为人们提供阅读之外的另一些选择。20世纪60年代，伴随新的大众媒介——电视的兴起，走进电影院的观众和收听广播的听众人数开始锐减。不过，迄今为止，还没有任何一种“前电视”（pre-television）媒介被认为是过时的，尽管我们不断听到所谓革命的宣言，称这场革命将扫除传统的媒介生态圈中的大量生物，以及我们所熟知的、与之相伴而生的受众。

正如我们所知，所谓“受众的终结”（end of the audience）这一说法，是新理论的一个产物，也是受众概念建构方式的一种改变。这显示出从传送者视角向接受者视角的某种转变，同样也表明人们已经认识到，在典型的媒介工业话语中，受众特征是被抽象、被人为建构的。基
128 于某种共同的兴趣和身份认同，人们可以自行组成新的、不同的受众。今天，无论是作为市场还是作为公众，“受众”（audience）这一概念已经不再由传媒工业和媒介源单方面进行界说。传统的受众定义，是由传播者与接受者之间的差异所决定的，然而这个曾经鲜明的差异，现在也不再立得住脚了。

像往常一样，我们必须在社会环境、媒介技术与媒介结构中寻找变化的原因。根据以往的经验，我们有必要对所谓源于技术革命的传播革命的说法，表示适度的怀疑（参见 Schement & Curtis，1995）。不过，根本性的变化正在进行当中，更多的新型受众正在出现，而旧的媒介使用模式也面临着新的挑战。

■技术作为变化之源

真正的“传播革命”（communications revolution）所要求的，不只是讯息传播方式的改变，或者受众注意力在不同媒介之间时间分布上的变迁，其最直接的驱动力，一如以往，是技术（technology）。时下，有关“革命的”（revolutionary）争论的焦点，就像我们所看到的那样，必定与大众（mass）受众的式微和衰落有关，而这些确实只是在 20 世纪才开始出现。

大众受众本身就是各种因素综合作用的产物。这些因素包括：都市化集中程度；相对廉价且面向大众的传播技术（规模经济）；有限的“软件”（媒介内容）供应；个人接收的高成本；社会集中化（垄断或中

央集权制）；民族主义。目前，技术的发展正（又一次）逐渐削弱形成这种大众受众的可能性和必要性。甚至在电视到达其发展的顶峰之前，在新的电子媒介形态发育成形之前，便已经有人宣告了“大众媒介的衰落”（Maisel①，1973）。此观点基于这样一些明显的事实：大众市场开始呈现饱和状态，出版物和其他媒介的差异化和专业化特征日益凸显。这也是其他行业的一个共同趋势，它可以被看作是促使人们采用新技术的动因，而不是其结果。

20世纪中期，无论在国内还是国际上，居支配地位的大众传播过程模式，是中心—边缘模式，最典型的是所谓“训示”（allocutive）模式——可直接称之为从一到多模式（参见第3章中“大众受众的消解：新类型的出现”一节；亦参见 Bordewijk & van Kaam，1986）。时下，虽然有关争论还在继续，但这一模式正逐渐被各种不同的模式所补充和取代。有一种叫“咨询”（consultative）模式，这一模式中，接受者决定他们所需要的信息内容和信息接收时机，并且从媒介所提供的范围广泛的信息和文化内容中去寻找和选择。此外还有一个重要模式，叫“互动”（interactive）模式。这一模式表明，没有所谓中心，通过广泛延伸的、连接每一个人的网络，信息传送者和接受者之间的对话和交流是有可能实现的。 129

大众传播最早的含义是工业技术，某些极大地拓展了从中心向四周扩散能力的工业技术。然而，这样一些技术虽然实现了向四周扩散能力的最大化，却并未能实现高度的多样化，也未能吸引受众的主动（active）参与。它们遵循一种为大众消费市场制造产品的工业逻辑行事，亦明显地将公众和公共传播与私人和私人领域区分开来。由技术所决定的受众角色，多半意味着是被动的、但却是专注的观看者和消费者，只有一些小规模的媒介会声称，它们完全能够实现互动。这些媒介往往是

① 理查德·梅塞尔（Richard Maisel），哥伦比亚大学社会学博士，曾任美国纽约大学社会学教职，主要研究选举行为、公众意见、传播体制、研究方法和统计学的发展。曾先后在美国民意研究会、世界民意研究会任职，主要论著有：《大众媒介的衰落》（*The Decline of Mass Media*，1973），《如何抽样》（*How Sampling Works*，1995）等。

地方性、专业化的媒介，也是不甚活跃的媒介。

新技术是电子式的——快速、简洁、可靠、可扩展、变通灵活、单位信息成本低廉（而且正在迅速降低）。最新的、仍在形成当中的技术形态，已经向我们显示，通过计算机网络空间，将会出现一个遍布全球的电子高速公路网，经由这个网络，人们可以接触到大量各种各样的软件和资料，人与人之间远距离的交流将成为现实。由于各种传播手段及其多种功能的不断融合，公共传播与私人传播之间的差异，也不再受到技术的“支持”。

所谓被动的收听者、消费者、接受者或目标对象，这些典型的受众角色将会终止，取而代之的将是下列各种角色中的任何一个：搜寻者（seeker）、咨询者（consultant）、浏览者（browser）、反馈者（respondent）、对话者（interlocutor）、交谈者（conversationalist）。很显然，在大众受众兴起长达一个世纪之后，这样一种变化也许确实堪称革命。

媒介技术的发展历史（Marvin，1988；Winston，1986），连同硬件，一种可能或必须使用的方法模式，为新技术的倡导者提供了有关技术发展趋势的丰富例证。很明显，这一趋势已经反映在电话、无线电广播、电视和个人计算机领域。按照班迪里（Bandini，1995）的观点，我们可以
130 说受众最初是由技术的发明者所建构的，然而，后来的媒介发展史也显示，使用者们最终“革新”（reinvent）了技术（Rice & Rogers①，1980）。

---

① 罗纳德·E·赖斯（Ronald E. Rice），斯坦福大学传播学博士，先后在新泽西州立大学、南加州大学任教，主要从事传播科学、公共传播、计算机媒介传播系统、方法学、组织管理理论、信息系统、信息科学等方面的研究。主要论著有：《公共传播运动》（*Public Communication Campaigns*，1981），《新媒介：传播、研究与技术》（*The New Media：Communication，Research and Technology*，1984），《互联网与健康传播》（*The Internet and Health Communication*，2001）等。

埃弗里特·M·罗杰斯（Everett M. Rogers），美国传播学者，“创新—扩散论”的提出者，新墨西哥大学新闻传播系教授，从事教学研究已 44 年，曾任教于俄亥俄州立大学、密歇根州立大学、密歇根大学、斯坦福大学、南加利福尼亚大学。主要从事传播学史、技术传播、健康传播的组织层面、媒介议程设置、跨文化传播等方面的研究，代表作《创新扩散》1995 年已出第四版，其他论著还有：《传播技术》（*Communication Technology*，1986），《传播网：面向新的研究范例》（*Communication Networks：Towards New Paradigms for Research*，1981），《传播学史》（*A History of Communication Study*，1997）等，后者中译本由上海译文出版社 2001 年出版。

1980 年赖斯与罗杰斯合写的《革新进程中的再创造》（“Reinvention in the Innovation Process”）一文发表在《知识》（*Knowledge*）刊物上。

■社会和经济因素的影响

在过去20年左右的时间里，当出现新的技术可能性时，便会有其他一些变化增强技术的影响力。尤其是在远东地区，这些变化包括经济的快速增长、更高的劳动生产率，以及新的开放的消费社会。导致放松媒介规制的自由主义经济学说的传播，以及共产主义的衰弱，都对这一过程贡献良多。其间，个人主义（私有化）和世俗化受到了鼓励。比较传统的大众组织，例如贸易联盟和政党，也已经衰落。对公共事务的集权式垄断，在逐渐退隐。在大众媒介几乎完全渗透的一些国家中，财富和可支配收入的不断增长，已经促进了媒介产品的多样化和传媒市场的多元化发展。人口的增长速度已经放缓，甚至停滞；大城市正在收缩；所有形式的流动都在增长，而电话则将越来越多的人们联系在一起。目前，在一些更先进的工业国家和地区，形成大众受众的社会必备条件正在逐渐消失。

另一个影响受众变化且有助于我们分析传播原因和传播效果的因素，是几乎席卷一切领域的国际化（internationalization）或全球化（globalization）浪潮。由于更快捷的全球旅行和全球传播的普及，以及政治及贸易壁垒的消减，世界似乎变小了，时空障碍也被克服（Ferguson，1992）。人们分享更多的文化形态和文化活动，导致更多的共同经验。受经济因素和经济需求的强力驱动，东西方彼此逐渐接近，变得熟悉起来。在许多事务上，由于跨国合作变得比强调国家主权更加重要，因此，民族国家（nation-state[①]）也在相应地逐渐衰微。制定有效的全球政治规则，似乎比以往任何时候都显得更有必要。

---

① nation-state，“民族国家”，单一民族的独立国家。这一概念源于16世纪的欧洲，二战后成为人类普适性政治形式。民族国家是欧洲标准的国家形式，即国家建立在民族的基础上。

如果不考虑媒介的市场压力（market forces），那么对影响受众变化的因素进行的概括，可能就不完整。媒介的崛起，尤其是作为商业和工业的媒介业的崛起，已是显而易见之事。在社会发展使得信息逐渐成为
131 社会的中心这样一个更广泛的背景下，大众媒介已被视为一个重要的经济增长点。随着经济的发展，消费者的收入和闲暇时间都在增加，对媒介产品和媒介服务的需求也在稳定增长。美国人不同寻常地将娱乐业作为其第二大出口产业，事实则兆示着其贸易模式的更大变化。

■ 对受众的冲击

今天，受众的含义包括：越来越大的消费压力，以及由越来越大的媒介公司提供服务的趋势。或许更意味深长的是，受众这一概念，在被当作市场理解时，其含义被强化和扩展了，尤其是在新的家用硬件市场这个层面上。受众既是技术的购买者和使用者（users），又是讯息的接受者。前已述及的经济发展过程，实际上已经包括了未来受众的含义。一方面，它们刺激了作为媒介集中之产物的甚至更大规模的受众群的生长，而大规模的受众群对于增加现金流和刊发某些类别的广告来说，是十分有益的；另一方面，它们又创造了许多新的专业化受众，这些受众愿意为新的媒介产品和新的媒介渠道，支付更高的价格。这些似乎彼此矛盾的状况，是告诫人们在预言传统大众受众将终结时要格外小心的另一个原因。

这样一些变化对于有关受众的看法有很大影响。受众就其原始形态来说，是相当稳定的，他们被限定在民族国家的疆域内，由本地的、特定的文化品味和表达方式所清晰地描述。过去媒介工业的规模一直相当小，变化缓慢，而且限于国内范围。目前传媒业的变化主要有两种，两种都在进行当中。一种变化与生产能力和数量有关——出现了远比过去更多的媒介源、更多的传播者、更多的媒介产品、更多的传播手段、更大的渠道空间，以及对媒介消费者（目标受众）来说，在逐步降低的整

个实际成本。第二个变化事关性质，以基于计算机的互动媒体（或准互动媒体，如电视文字广播和CD-ROM）为代表。各种录制、存储、重放媒介内容的新技术的运用，提高了人们使用媒介的灵活性，也增加了受众免受媒介机构管理与控制的可能性。

同样，在用于公共讯息传播的技术，与那些（尤其基于电信技术的）用于人际（通常是组织内和组织之间）传播的技术之间，也出现了一定程度的融合（convergence）。公共传播中出现了某种“个人化” 132
（personalization）或者说只是“个体化”（individualization）现象，比如个体阅读电子报纸或者声音文本；而“私人”（private）传播也变得更加公开，或者说至少更广泛地与陌生人共享信息。这一现象不仅在互联网或电子窃听中发生，而且也通过电话、邮件直销、广告、公共信息的方式出现。眼下，这一趋势还只是刚刚开始。

长期以来，人们一直在想象和探究媒介变化所带来的各种冲击，其中之一与所谓信息“过剩”（overabundance）和信息超载（overload）有关。由于不断面临着选择，而且逐渐失去了某些熟悉的引导，受众可能被认为正经受着由新媒介的不断丰富所带来的一系列问题的考验。毋庸置疑，各种各样（不仅是媒介）信息的生产和供给，已经以一种指数方式不断地增长，超出了人们的媒介消费和媒介使用能力（Neuman & Pool，1986）。人们已经开始限制投入信息消费的时间和金钱，而且很明显，有可能消费媒介的受众范围和人口比例并没有相应的增长。尤其引人注目的是，例如在过去十年间，欧洲的电视节目供应量增加了好几倍，而观众花在节目收视上的平均时间却几乎没有任何增加。

根据纽曼和普尔（Neuman & Pool，1986）的说法，受众对讯息“超载”（overload）的主要反应之一，是对信息的关注程度在相应降低。他们采用一种平衡模式来表达这种关系，即：接触媒介程度越高，对信息的关注“质量”（quality）便越低，只有通过这种方式，人们才能避免不适之感。这一观点与对有关个体收视情况的研究结果相吻合。例如，库贝和克斯克什特米哈伊（Kubey and Csikszentmihalyi，1991）曾经发现，“重度”（heavy）收视者的敏感度更低，观有所获的满足感也更低。

关于供过于求，还有一个看似矛盾的后果，即受众对把关服务的需求增加了。传统上，把关服务一直是由媒介以挑选信息、编辑加工、广告包装和市场推广等方式提供的。在绕过这些“过滤器”（filters）方面，新媒介的所谓优势，恐怕也难以奏效，而把关和编辑工作越是持续，生活在传统意识中的受众也就越多。

关于新的传播技术对受众的影响（更多的是质变而非量变），还有一个常见的而且似乎是正确的预言，即认为受众会出现某种细分（seg-
133 mentation）和分化（fragmentation）趋势。这一结果是合乎逻辑的，即在媒介使用者或媒介使用时间没有相应增加的情况下，形成各种受众的机会大大增加了（Webster，1986）。以往，受众总是大体按照国家、地区、城市等地域指标进行划分，所有居民分享相同的媒介源；如今，受众群的划分不再仅仅沿袭传统的地域标准，而是更多地与品味和生活方式相联系。

受众似乎变得更具有内在同质性，因为媒介所提供的内容专业性更强，例如针对特殊兴趣的期刊、专业性的广播频率和电视频道、地方有线电视等等；也因为人们拥有了更大的选择空间，可以从许多新的传播者那里选择特定的媒介内容。这就是所谓的受众细分（segmentation）。媒介希望创造和掌控新的消费者市场，并将合适的受众转送给广告商，某种程度上说，受众的细分过程正是由媒介的这一愿望所驱动的。来自美国的案例清楚地证明（推断其他地方有类似情况出现也是合乎逻辑的），有线电视观众（按标准的人口统计指标测量）的同质性，要远高于收看全国性电视频道的观众。在有线电视领域，有相当多的各种频道存在，传播各种不同的专业性内容，而频道数量也与观众群规模（负向）相关（Barnes & Thomson，1994，p. 89）。

分化（fragmentation）是指这样一个过程：同样数量的受众注意力被分散到越来越多的媒介源中。受众个体在新的多种媒介源中搜寻，既然所有选择都是受众个人的选择，在时间与空间上与其他任何人都没有关系，从理论上说，这会导致最大限度的多元化和个性化。这似乎意味着，作为社会集合体——可能拥有共同经历和同样的归属感——的受众，确实终结了。媒介使用者们将不再彼此一致（也不再分享同样的行为模式），或者说，他们之间的共性不会比小汽车司机之间或任何其他消费品使用者之间的共性更多（虽然人们不应该过分低估了一直存在着的集体消费，以及被社会模式化的“个体”消费特征）。

受众更有力？

表面上看，这一趋势也需要让“力量”（power）向媒介消费者迁移——赋予接受者更多的控制力，并且降低传播生产者和传播机构的操纵力。然而，这也同样意味着，不再有任何机制来演练这一新发现的对 134
“集体”（collective）行为的操纵力。受众们似乎变成一些迥然不同的消费者，没有共同的兴趣，面目也不甚清晰。在某些方面，受众中的人们对势力强大的媒介供应者的依赖性，似乎比以往更强，也更容易受到媒介的伤害。他们并不比任何其他市场上的消费者更有力量。

正如坎托（Cantor，1994）所评论的：“作为市场的受众，而不是文化政治意义上的受众，对电视内容具有最强有力的影响。”（p. 168）然而，这种聚合式的（市场）影响力（也参见 McDonald & Schechter，1983；以及 Ferguson & Perse，1993）与公众舆论或有组织的集体行为相去甚远，很容易被媒介市场的供应者们扭偏、操纵和有选择地曲解。

理论上说，媒介的增长和传播手段的丰富，的确为“传播者”（主要是有组织的媒介供应者）的更加多样化开辟了道路，同时亦为旨在争取受众的更加激烈的媒介竞争打开了大门，然而，其结果却无从保证，尤其是，传媒业的产业结构并未发生如技术进步所提供的可能性那样奇妙的变化。原有的媒介所有者依然处于强有力的支配地位，虽然其势力常常因为并购而得到扩充，但他们的运作方式仍然一如既往。与全球市场一样，在国内，市场力量似乎偏爱更强大的媒介企业集团，这些市场大鳄们通过垂直整合和水平整合，其势力渗入各种不同类别的媒介中。出于产业政策考虑，在他们走向垄断的道路上，各国政府所设置的阻碍也比较少。

早期的“大众受众”（mass audiences），比如那些大型电视频道或报纸的受众，没有什么确定的权利，但是他们的要求可能会被倾听，他们有时表达自己的意见，也会形成舆论压力，而公众舆论是不能完全忽视的。过去我们所讨论的媒体常常是全国性媒体，比较政治化，并带有某些公共体制的特征；而现代多媒体企业集团，同时也会是跨国企业集团，除了遵循市场规则运作外，一般会避免任何公共性色彩；对于国内或本地的受众，除了为取得良好的商业绩效所必须从事的工作之外，也不承担其他任何特别责任或承诺。

与这里所讨论的变化相关的另一个方面是，受众与其所选择的媒介源之间的联系在减弱。“传统的”（traditional）受众（作为公众），可能
135 而且有时的确保持着对其所选择的媒介源的忠诚（甚至是喜爱和尊重），这种感情的产生，基于与媒介、与其他受众同伴所拥有的共同的价值观。读者、听众和观众的忠诚，是保持媒介系统稳定的一个重要因素，不仅有益于媒介的长期生存，而且有助于媒介发挥其社会作用。

新媒介的使用者（顾客/消费者）对于他们的媒介供应者，一般没有什么忠诚感，在他们看来，媒介供应者只是被个体消费者所选择，用来与他人建立个人联系的一个代理者。当然也会有例外，比如在互联网社区中，网民们分享共同的传播文化，但是一般来说，与过去相比，新媒介的使用者可能会是更加我行我素、利己、缺少人情味，更不确定和多变的。

■ 媒介更无力？

受众的分化和细分，已经使所谓说服者、广告商、宣传者们日子更

难过了。虽然确定更小规模的目标受众群可能更容易一些，但是，要到达任何大规模的一般公众，绝对是更艰难、更昂贵、更不可预知了。目标受众有更多的机会避免接触自己不喜欢的媒介源和讯息。如果纽曼和普尔（Neuman and Pool，1986）是正确的，那么比起早期广播电视的受众，今天的受众们对于所接收的讯息的关注度更低了，这是因为有更多的媒介渠道在争夺总量近乎稳定的注意力资源的缘故。他们写道："每一种信息生产都面临着更加激烈的市场竞争，平均下来，受众群的规模更小，受众的关注度也更低了。"（p. 74）

我们所描述的这些变化，同样也指向一种定性效果，即降低了媒介影响人们的可能性，即使人们关注讯息。新媒介的消费者们，是一些典型的花更少时间、投入更少热情，在与媒介建立联系并作出反馈方面，吝于付出的人。实际上，这里中断的是媒介（传播者）与受众之间的社会联系，虽然受众个人与某位演员或某个信息源之间的关系，可能依然紧密。很显然，早期连接媒介与受众的那一条标准的纽带，已不大可能存在，这意味着，媒介对接受者观念和信仰的影响力更低了。

媒介自身可能不会那么在意其与受众关系"质量"（quality）的降低，因为对他们来说，数量才是最重要的。然而，对于政治家、广告商、压力集团、竞选者，以及所有那些极力想影响人们行为和观念的人来说，新出现的媒介形势确实反映了一些潜在问题。如今，要吸引和锁定受众的注意力，需要人们发挥更多的聪明才智。 136

■ 受众的"逃逸"

受众的分化和分散似乎暗示了媒介控制力的丧失，不少媒介深受困扰。伊恩·安（Ien Ang，1991）在其题为《不惜一切寻找受众》（*Desperately Seeking the Audience*）的书中，曾经总结了在新的更加激烈的竞争环境中，媒介机构所面临的困境。过去那种有组织的、可预见的受众接触媒介形式，使得人们对受众群规模、构成的把握，对受众的媒介需求、使用与满足情况的把握，相对比较容易。受众群规模愈大，通过调查研究获得精确的测量资料便愈容易。传统受众的构成也相当稳定，其总体行为是有规律的，而且是可以预测的。所有这一切，都使媒介计划的制订、媒介供应、传播效果的评估，以及将受众卖给广告商，变得十分轻松容易。在新形势下，人们对于把握受众的需求并未减少，然而，虽然出现了新的可资利用的调研技术，但是对受众群的把握却变得更加困难，也更加昂贵了。

按照巴恩斯和汤姆森（Barnes① and Thomson，1994）的说法，在期刊杂志界，由于电脑在分析受众调查资料——这些资料使出版商能够以令人信服的方式，为广告商提供正确恰当的受众市场细分信息——方面的改进，既有的专业化操作变得更为简单。时下，在电视领域，一种类似的操作也已开始进行，即采用先进的电子受众测量技术进行的专业化的电视观众调查。

对范围广泛的媒介产品（例如 CD、录像带、书籍等）的把握，除了可以用计算机记录其销售情况外，还可以通过调查来了解其供应情况。观众收看电视的情况，可以用电子式“人员测量仪”（people meters）来准确详细地监测。电话的使用情况同样可以自动记录下来。然而，仍然存在大量的、有可能不断增长的媒介使用地带（尤其是在使用家用电脑的地方），在那里，我们无法实时、方便地收集到准确而详细的信息。

不过，如果巴恩斯和汤姆森（Barnes and Thomson，1994）是正确的，那么传播系统的多样化，尤其是在靠广告支撑的媒介市场上，对受众的把握，不可能超出技术进步所提供的可能性。也因此，注意到以下

① 贝丝·E·巴恩斯（Beth E. Barnes），美国肯塔基大学信息传播学院新闻与电子传播系教授及系主任，主要论著有：《策略品牌传播活动》（*Strategic Brand Communication Campaigns*，19），《人员测量仪的力量：受众测量技术和媒介专业化》（*Power to the People meter：Audience Measurement Technology and Media Specialization*，1994）等。

这一点是很有意思的：在欧洲，广告商的支持对于整个传媒业来说，其重要性往往要比在美国相对小一些，最有商业发展前途的是有线电视和卫星频道，它们主要采取订阅服务方式，其对受众的把握是确定的。 137

尽管我们并不清楚，“受众”从其更隐匿、更不可知的状况中究竟获益几何，但是受众从控制和监测机构的监控下潜在“逃逸”(escape)，仍然会被视为是抵抗媒介影响的受众力量的一个加分项。至少我们可以看到(也许欢迎)，媒介机构通过传播信息来控制受众的能力受到一些限制。不过，媒介也通过其他一些方式，比如信息汇集、宣传和广告等方式，加倍努力，来拴住他们的受众。其结果是，正如我们将看到的那样，到目前为止，受众的分化和分散还是很有限的。我们无法假定，新的家庭私人用电子媒介会比传统的公共媒介所受到的监控更少(Gandy，1989)。

分化：多样性和局限性

如图8—1所示，我们可以用相互连接的四个阶段，来概括有关受众分化问题的讨论。尤其是用于电视领域，因为目前电视业正处于承受变化压力的中心。在电视发展的早期阶段(20世纪50年代和20世纪60年代)，在大部分国家，大多数观众只有有限的、最多不超过三个的、重要的或全国性的频道可供选择。美国的情况稍好一些。那时，人们广泛分享着同样的媒介经验，同质性相当强。这种一元模式(Unitary Model)意味着，单个受众基本上与一般公众拥有共同的空间。随着媒介内容和频道的增长，在一元模式框架内出现了更多样化和更有特色的选择空间。例如，日间和晚间电视，各种地方电视频道等。这是一种有限的内在多样化模式，可以称之为多元模式(Pluralism Model)。第三，是核心—边缘模式(Core-Periphery Model)，这一模式显示，频道的增加使得对这一框架之外其他的、竞争性频道的选择成为可能，也使人们有可能欣赏到与大多数人的喜好、与主流趣味迥然不同的电视节目。图8—1展示的最后一个阶段，被称为分裂模式（Breakup Model），表明受
138 众群更广泛的分化以及核心的淡化。受众以不固定的方式，分散到许多不同的频道中，只是偶尔才会出现受众共享媒介经验的情况。

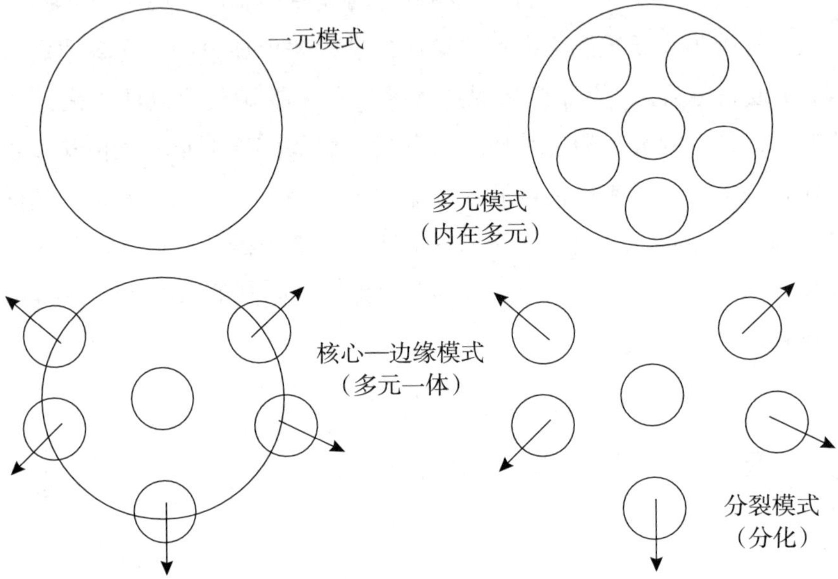

图 8—1　受众分化的四个阶段

注：引自珍·范·科伦伯格（Jan van Cuilenburg），并致谢忱。

尽管有沿着这些阶段逐渐演进的可能性，可是在大多数国家里，大多数受众的注意力仍然集中在少数几个能够适应人们一般兴趣的频道上，存在大量的受众重叠现象，人们分享着许多相同的大众化内容。这是目前拥有众多有线频道的国家中，电视领域里十分普遍的现象。核心—边缘式传播阶段已经来临（虽然尚未普及），可是它并没有导致新的、独特的小众受众的显著增长。对大多数人来说，在多数时间里，“核心”（core）仍然支配着他们的电视使用行为。其原因主要在于，受众对于主流内容的诉求几乎是共同的，连续不断地提供大众化内容的媒介具有优势，另外还有沿袭已久的社会习俗和生活模式。媒介变化自身，不足以

扰乱业已建立的共同的文化模式。最后，尽管分裂阶段来临的可能性变得更大，但是它仍然只是一个假设模式，还没有真正成为现实。

国际化

139

正如我们已经注意到的那样，一部分受众从媒介组织和媒介机构的“监控”（surveillance）下“逃逸”（escape）出来，这也是媒介传播国际化中的一个典型事例。媒介跨国化并非新鲜之事，对此进行探讨的文字可谓汗牛充栋，尤其是持批判态度的学者们，对此更是关注有加（见Sepstrup，1989）。一个接一个的传播技术（生产手段），随着移民迁徙、宗教传播和殖民化路线，不断地被扩散到地球上人类居住的每一个角落。有一个思想学派认为，对第三世界国家受众的捕捉，是文化帝国主义的一种新形式（参见 Tomlinson，1991）；另一种类似的观点则警告说，欧洲的视听市场被美国产品所支配，会使欧洲人丧失对国家和地区认同。

不管怎样，事实上，在与媒介产品及内容背景的原发地（还有原发时间）相距遥远的许多国家中，新的受众正在被创造出来。新媒介是跨国媒介内容的效力巨大的传播者，常常被称为全球电子高速公路，互联网（Internet）便是其典范。理论上说，这个网络应该不受国家的控制，面向全球所有拥有相应设施的公众开放。

尽管技术提供了可能性，但是在跨国传播中，如何扩大受众群仍然面临相当多的障碍。国内媒体在可得性和接近性方面则拥有很大的优势，他们熟悉自己的受众，与已知的受众世界打交道，相同的语言和文化可以消除大部分障碍，而且这些几乎不受新技术的影响（Biltereyst，1992），也不受降低成本因素的影响。一项来自西欧的研究案例对此提供了有益的说明。在那里，几乎所有有利于国际化的物质条件和环境因素都已经具备，然而迄今为止，尽管在这方面已经作了各种努力，但是对任何以欧洲为原发地的媒体来说，还完全谈不上有所谓泛欧洲的受众群。可以算得上是例外的，或许是 MTV 欧洲台（MTV Europe）。

被人们频繁讨论的所谓美国电视对欧洲的“入侵”（invasion），同样是言过其实的，几乎没有显示出任何加剧趋势（increasing trend）（参见 McQuail，1989，1996；Varis，1984）。欧洲的电视系统仍然需要持续不断的美国电影、电视剧和娱乐节目供应，以填充其节目排期表并取
140 悦观众。不过，这些进口节目在数量上并不占优势，即使在那些市场开放国家，也没有湮没当地节目明显的本国特点（Hoskins & Mirus，1988）。区分进口节目和国内节目的差异，并对它们作出不同的“解读”（read），对观众来说并不困难。进口节目常常被纳入本国媒介的使用模式之中，用当地语言配音，这样一来进口节目便失去了不少异国特色。

人们对在欧洲传播的美国节目数量的了解，要远远多于对这些节目所送达的实际观众群规模的把握。虽然塞普斯特拉普（Sepstrup，1989）的研究显示，观众“接触”（exposure）外国节目的总量，并不像一些研究所显示的那么多（也参看 Biltereyst，1992）。我们还有另一个例子，就是供过于求，这是现代媒介环境下的典型现象。迄今为止，新的电子技术在摧毁贫穷、无知、文化、意识形态和国家控制等旧的障碍方面，还没有取得多大进展，而所有这些因素都会阻遏全球化的进程。

尽管如此，在全球绝大部分地区，受众经验同质化的可能性仍然在逐渐增加，即使只是很缓慢地增加。媒介机构的操作与逻辑常常是非常相似的（毕竟技术是相同的），并且分享许多共同的内容。例如，在不同国家，新闻报道大都遵循基本相同的议程；最新的好莱坞热门影片或流行音乐排行榜，不仅随处可见而且经常被人模仿。虽然在不同国家市场中，文化差异仍然很大，而且不大可能消失，但是国际广告传播却推进了同质化过程。随着共产主义阵营的瓦解，以及东欧和俄罗斯向西方媒体开放，同质化（或称同步化）趋势（Hamelink，1994）正在不断加速。发展中国家仍然是西方媒介内容的主要接受者，而新的媒介内容提供者也在出现。

由于媒介全球化的进行，受众经验中，真正的变化正在发生。既然受众经验的特性也在改变，那么仅仅根据前面提及的、旧的“标准受众”（canonical audience）概念来考虑问题，也许就是一个错误。由于模仿外国模式、风格和媒介操作，由于发生了一系列其他变化，包括家用媒介产品的文化特点在“淡化”（dilution），比之以往，受众经验的“民族国家”特点会更少，这样的假定是很有道理的，虽然暂时还无法确证。

关注本地和地区性媒介的生存乃至发展是十分重要的，它们同样得益于新技术为媒介生产与传播提供的可能性（参见 Jankowski 等，1992）。我们还应该关注文化的分化与专业化问题，它们已经导致按照品味、兴趣、亚文化划分的其他受众类别的大量产生。这里的亚文化是没有特定“民族国家”特点的（如非“法国的”、“俄罗斯的”和“爱尔兰的”等等）。从民族国家角度对文化内容进行的界定，不再是独特的或唯一重要的定义。目前，有许多媒介内容的语境和背景，虽然仍然令人产生文化上的熟悉感，但是也许与祖国没有什么特别的联系了。 141

结　　语

在我写作本书时，对于“传播革命”（communications revolution）可能展开的范围和速度，囿于技术和其他变化等原因，还很难进行精确的评估。在平衡被打破之前，我们需要对目前有关媒介受众的理论和现实所面临的挑战，作更进一步密切的观察和思考。

第 9 章　受众概念的未来

新的挑战

毫无疑问，受众这一概念在很多方面已经过时，它在传播理论、传播模式和传播研究中所具有的传统作用已经受到人们的质疑。我们可以（而且很大程度上确实）表现得似乎受众依旧存在于“此外的”某一处那样，但是这样做，很大程度上可能是在自欺欺人，因为理论和实践都对这一概念提出了质疑。在大众传播研究初期，受众这一概念是指位于线性讯息传播过程终端的、讯息的实际或计划的（两者常常同时发生）接受者。他们通常是新闻或娱乐媒介的付费公众，广告宣传的目标对象。不过，这种认识已逐渐被另一种观点所取代，即认为在一定的社会和文化环境下，媒介接受者或多或少具有一定的主动性，能够抵御媒介的影响，而且受到他或她自身所关注内容的引导。传播过程也被重新定义，认为其本质上是一个协商、互动和交流的过程。

有一种相当新颖的观点认为，媒介受众具有典型的“被建构的”（constructed）特点，是被有选择地根据各种不同的“逻辑”（logics）和话语来定义的，这一观点对于受众理论来说同样重要。广告商所确定和 143
寻求的受众，与实际媒介传播者（记者、制片人、作者等等）所意识到的受众并不一致，与在政治、公共舆论、媒介影响以及“公众利益”的讨论中所提到的受众也不尽相同。至于传媒业经营者眼中的受众，可能与上述三者都不一样。在他们看来，受众是一种特殊的、由各种亚群体组成的消费者市场。而当人们按照自身兴趣、能力、品味、需求、偏好，以及其社会文化身份和经验来定义受众时，可能会产生另外一系列受众类别。由此，受众类别划分的多样性便大大增加了。我们所讨论的不是单一类别的社会集合体，而是种类繁多、各具特色的人群，凡是可以被称为受众的都包含其中。这些不同的类别系列包括媒介迷、社会和政治团体、种族团体、地方社团、信息消费者、压力集团、亚文化群、生活方式群、品味文化群、市场细分群等等。

很显然，关于“受众的衰落”之说，最现实的原因无疑是媒介和渠道的剧增。对于媒介源的关注是如此多样化，注意力是如此分散，以至于继续从“媒介”是拥有单一受众或是大众受众这样的角度来谈论或思考问题，或者将全部人口视为潜在的媒介使用者，已经没有什么意义了。大众受众的分化，并不单单是媒介渠道的增加和充裕的结果（这个结论只在少数情况下成立），而是因为“受众”（audience）的含义已经大大丰富了。即便如此，最大的潜在变化，似乎来自真正的新型媒介的产生——若以旧的受众概念来衡量的话，这些新媒介完全没有受众。

新媒介有新受众?

我们对于真正新技术的应用还处于初期阶段。早期研究集中在这样的问题上：对于某些新媒介，尤其是基于计算机技术的互动（可视图文）服务、虚拟现实，以及所有新的卫星电视频道，是否存在大规模的、持续不断的需求？对这一问题的解答因所处地域的不同而各异，主
144 要取决于当地的实际情况，以及更加广泛的媒介环境（Salvaggio & Bryant，1989）。互动媒介受众的发展，似乎也取决于“临界大众”（critical mass[①]）问题——是否有足够多的订户足以支撑起互动网络的运转，并且证明多样化的信息供应和其他服务是必要的？这一问题的答案如何，首先取决于是否存在“临界大众”（Markus，1987；Oliver，Marwell & Teixera，1985）。

研究的第二个目标，是确认对新媒介技术的使用质量方面的情况，并了解人们是如何评价新媒介的。在所有相关因素中，新媒介使用的便捷性以及“社会呈现”（social presence）如何是两个主要因素（Rice，1984）。随着新媒介的发展和广泛普及，使用的便捷性在增加，但是，要用可靠的证据来说明人们使用新媒介的情况究竟如何，还有赖于足够多的、使用过新媒介的人们出现。肖特、威廉斯和克里斯蒂（Short，Williams and Christie[②]，

---

① critical mass：核物理学中的“临界质量”，指达到预期效果所需要的足够数量。这里译为“临界大众”，意指足够的大众受众数。

② 约翰·肖特（John Short）、埃德瑞·威廉斯（Ederyn Williams）和布鲁斯·克里斯蒂（Bruce Christie）于1976年提出了社会呈现理论（Social Presence Theory，又译为社会表征理论）。这一理论是新媒介效果研究中许多理论产生的基石，其含义是：媒介的社会效果主要由该媒介提供给使用者的社会呈现程度决定。不同的媒介会引发人们接收这些媒介信息时不同的感知，如利用电话和书信将信息传送给同一个人，接受的感知是不一样的。这一理论学派的学者将媒介区分为高度社会呈现和低度社会呈现，区分的条件有个人化/非个人化、社交/非社交、冷/热、敏感/不敏感等。面对面可以传递最丰富的人际讯息，因此被划归为最“高度社会呈现”的媒介。

1976）第一次将“社会呈现”确实为区分不同类别媒介的受众（或使用者）特征的一个变量。

赖斯（Rice，1984）对研究结果进行的总结显示，从面对面的交谈到处理业务信函，受众经验在被归结为“社会呈现”的程度上存在可以预见的差异。然而，赖斯（Rice，1984）注意到：“社会呈现充其量只是一个模糊概念，从来没有被它的提出者们清晰地定义过。社会呈现往往被冠以诸如‘社会的、敏感的、温暖的、个人的’之类的形容词，迄今它也不曾被明确地用于实际操作。”（p. 61）

珀斯和考特赖特（Perse and Courtright，1993）对新旧媒介形象进行了比较，结果显示，受众们并没有将诸如录像机、多频道有线电视、卫星电视等一些“新媒介”与现有媒介真正区分开来；而以计算机为基础的媒介，主要由于是非人格的，以及缺乏（至少目前尚未）与娱乐的关联，而被孤立在外，没有得到非常正面的评价。尽管早期关于受众/使用者对媒介看法的研究结果令人感兴趣，但是，要区分什么结果本质上是由媒介引起的，什么是由特定的媒介使用或使用环境所引起的，仍然十分困难。

交互性（interactivity）本身具有多大程度的潜在吸引力，仍然是非常不确定的。交互性被纽曼（Neuman，1991）定义为“具有被电子媒介化的传播属性，其特点是发送者和接受者对传播过程的控制增加了”。（p. 104）。交互性通常颇受媒介理论研究者的重视，而且经常直接站在与大众受众理论相反的立场上，因为它意味着更多的自我控制、选择、卷入、更丰富的经验，以及对他人影响的抵御。实际上，交互性表现为多种不同形式，并不都与人们的预料相符合。

例如，交互性包括：电视游戏、虚拟真实、电视购物、互联网搜 145
索、电脑付账、交友、电子投票、参与游戏节目、远程教育、电脑赌博、可录制和重放、查询足球赛结果等等。它明显强化了受众成员介入、反馈和选择、接近和使用媒介的能力，动摇了以往的受众经验，并使之多样化。但是，它仍然不是传播上人们所熟悉的“观看式”大众媒介的替代物。

受众继续存在

尽管如此，只要“大众媒介”依然存在，关于受众的传统含义和传统现实，也将继续存在并且仍然适宜。有关大众媒介衰微的证据颇有些自相矛盾，媒介产业巨大的宣传机器，即使在传播渠道已经大大增加的情况下，仍然准备开足马力将大众受众最大化，并且保持下去。新的媒介技术不是仅仅作为旧媒介的**替代物**（alternative）而发展起来的。热衷于媒介革新的广告界和产业界人士，往往植根于“旧的”（old）媒介业中，拥有自己的基础和自己的口袋书[①]，它们所谋求的并不是和自己竞争，而是扩大其势力。

另一个暂时性现象就是，随着新媒介的发展（例如更多的频道、遥控装置、录放设备等），这些新事物很容易就被受众的经验、感知和行为吸收了，受众适应了新的机遇和挑战。例如，新增频道带来选择问题，要求人们改变旧习，形成新的选择习惯（见 Ferguson & Perse，1993；Heeter，1998；Perse，1990），但是并没有从根本上改变人们的行为。观众们为自己建立了一个有限的、自己所喜爱的频道的目录，而不是把时间平均分配在众多频道上。

在美国，有线电视一度发展迅猛，很快便蚕食了三大无线电视网的大量受众市场份额，不过这一进程在 1993 年暂时停顿并且稳定了下来。韦伯斯特和费伦（Webster and Phalen，1997）指出：“目前所获得的数据表明，在美国，对无线电视网感兴趣的传统大众仍然占据着媒介消费的主导地位。”（p. 114）在欧洲，新的媒介变革对各国的冲击不尽相同，但是注意力在频道间的分散是适度而渐变的。若是从打乱了旧的媒介使

① 口袋书：对尼尔森全国电视收视率报告的别称，这里泛指收视效益即经济效益。

用习惯这个意义上看，某些因技术而产生的“问题”（problems），已经部分地由技术本身所解决了——例如录像机的使用，使观看时间更加灵活，并且赢得了更多的观众。 146

在目前革新状态下，我们能够得到的一个最合理的结论就是：在面对所有这些变化和技术发展时，有一个相当强大的惯性力量制约着受众的形成和受众行为的根本性改变。纽曼（Neuman，1991）在其《大众受众的未来》（*The Future of the Mass Audience*）一书中，描述了当新的信息和传播技术推动传播活动向着更加多样化和更强的参与性发展时，所遭遇到的另外两股强大的抵制力量。纽曼将其中一股力量称为“媒介使用的社会心理”，并且用“根深蒂固的消极的、心不在焉的媒介使用习惯”（p. 42）来表述，称另一股力量是（美国的）大众传播工业。纽曼认为：“规模经济将传播推向追求公分母式的、单向的大众传播道路，而不是促进窄播和双向传播的发展。”（p. 42）。

虽然“大众受众心理”和经济力量并不是阻遏或者引导传播变革进程的仅有的两个因素。但是它们在其中扮演了重要角色。从前面章节的内容来看，在媒介生产和媒介使用环境中，同样存在着强大的、各种各样的社会（social）力量，它们具有更加深厚的根基和更为广泛的影响。受众状况仍然反映了从社团到小群体等各种社会组织的结构、动力和需求。这些力量的作用在取向上并不相同，有些可能（也许越来越多地）有利于新媒介的新使用，并且适应新受众这一现实。因此，对于传播变革的程度和范围，我们还不能作出任何确定的预测。

根据人们对技术整合发展可能性的广泛预测，我们甚至不知道新媒介与旧媒介形态是否真的会融合。同样是有线电视，可能很快就会给相同的消费者带来许多不同的（多媒体的）选择机会，但是几乎没有任何理由期望，人们已经形成的对于各种媒介服务的区分——譬如，它们是娱乐的还是实用的、是用于交流的还是独享的、是个人/家庭使用的还是工作或商业使用的——会很快消失。

报纸和其他印刷媒介将其产品或在线服务大量提供给互联网的使用

者，这种行为短期内没有任何效益可言，但是却表明这个行业正致力于维系和抓牢“他们的”（their）受众。我们不应该期望新媒介会从根本上完全颠覆旧的媒介秩序（Winston，1986），实际上，新技术的互动潜能很可能既“赋予权力”（empowerment）给接受者，同时也强化了媒
147 介“传送者”（sender）的地位。实际上，新的电子媒介更大的交互潜能，将起到了巩固传统受众的作用，因为它为发送者与接受者之间建立积极的互动关系提供了新的可能（例如，视频点播和正在开始应用的数字电视等）。

尽管接受者的影响力和自主性比之以往有了更大的发挥空间，但是传统的观念——媒介创造了它们的受众——还远没有消失。造成这一结果的，并不只是更加巧妙的操纵，或更机智灵活的市场促销与广告宣传。现在仍然有一些演员、表演、新闻报道和纪录片，通过报刊、电影、录像、广播或电视等媒介的不断传播，日渐成功地集合起了一定程度上拥有大致相同的认知与想象的观众群。虽然日常生活中存在大量不同的解释、理解和应用，应该正视这一点，但是，核心经验仍然可以看作是共同的，并且为大多数与此相关的受众所理解，否则，我们就无法解释为什么会有“经典”（classics）亘古流传，为什么会有对一切媒介和媒介内容的始终热爱，以及新的“媒介产品”（media products）何以会出人意料地获得共鸣和认可。这仍然是那种传统的“创造受众”（audience creation）模式在起作用，就像它在200年前或更早以前所做的那样。

前面讨论过的重大媒介事件理论（Dayan & Katz，1992）（见第6章中“媒介使用的公共空间与私人空间”一节）就是一个提示，表明我们尚处于大众媒介时代和信息社会的早期阶段，社会本身还没有发生如此根本性的变化。目前，仍然存在单一的民族国家（nation-states），强烈的集体认同、广泛的利益团体，这些不断为形成大量而且投入的受众群提供了可能。在全国乃至全球范围内，媒介成为表达集体认同与忠诚的重要手段，也成为这一切发挥作用的主要工具。

民主政治的发展，同样有助于在媒介和作为公众的受众之间维系传统的相互关系，尽管针对人为操纵的政治宣传，有相当多的批评之声。政党及其拥护者们，需要借助基本上独立的媒介——它们充当了为特定类型的受众把关的角色，来瞄准并且抵达潜在的支持者。

有充分的证据表明，竞选者只是将新媒介视为助选的一个加分机会。针对时常变化的议题，选民们仍旧需要在获知信息的基础上来形成自己的观点。他们仍然以媒介受众的身份在尽力寻找这些信息，而且，他们也出于“传统的”(traditional) 目的而使用新媒介。

最后要特别指出的是，大众媒介的兴起，一定程度上是由于其作为大众化商业广告的载体的缘故，如果说广告起到了什么作用的话，那就是促使其发育成熟。虽然成熟市场的要求是更加多样化，广告目标更明确，但是仍然有很大一部分广告(尤其是在新兴市场中)，需要具备这样的能力，即将纯粹消费品的简单讯息传达到大规模的大众公众那里。这一点几乎不可能是满足不了的。 148

若干概念问题

尽管在相当程度上我们可以确信，大众传播的受众现状会持续下去，但是当前的变化，对懒于思考传播研究中受众这一关键概念的现象，的确提出了重要挑战。其中一些挑战已被莫里斯和奥根 (Morris & Ogan[①], 1996) 深入地考察过，他们特别提到如下问题：新媒介的互动

① 梅里尔·莫里斯 (Merrill Morris)，印第安纳大学大众传播学博士，孟菲斯大学新闻系副教授，曾在佐治亚州和印第安纳州数家报纸担任记者和编辑，主要从事互联网有关问题研究。

克里斯蒂娜·奥根 (Christine Ogan)，印第安纳大学新闻学教授，主要关注国际社会和政治事务的信息与传播技术，以及传播领域的两性平等问题。

1996年莫里斯和奥根合写的《作为大众媒介的互联网》(“The Internet as Mass Medium”) 一文刊登在《传播学期刊》(*Journal of Communication*) 上，这是关于互联网研究最早的成果之一。

特征；按照受众术语目前是什么建构了大众（mass）；媒介源的可信度问题；个人与大众传播之间的关系；生产者与接受者之间角色的可互换性（interchangeability）可能发生和实际发生的程度。他们关于互联网研究的主要结论是：它的传播方式提供了这样的可能性：可以融历史上各种传播方式于一体，其范围从传受双方的互动，到传统的大众传播模式。这意味着，受众成员的角色也是多种多样的，我们要学会从一种角色到另一种角色的转换。

用受众（audience）这个常用术语来思考传播方式的变革与扩张形式，似乎仍然是有益的。受众被用于指称那些被某一传播媒介（communication medium）所到达的（reached）人们，或与之相联系的人们，不论他们对媒介卷入的实际程度如何。为了实现当前目标，“传播媒介”（communication medium）可以被定义为某种组织化的形式或手段，它们被用来使意义的赋予、获取、分享、交流或储存更加容易。既然这个概念能够流传下来，被人们使用并形成习惯，而且候选媒介的范围还在不断扩大，那么就没有必要详细罗列这个定义中究竟包括了一些什么含义。

乍看起来，将各种互动媒介的使用者说成是受众似乎没有太大意义，尤其是当过去常用的标准——根据时间、空间、对固定目标的注意

149 力进行划分——不再适宜或不再清晰可见时。在各种语言中，受众（audience）一词仍然没能摆脱其关于人们坐着、观看、聆听的明显内涵。受众这一名词的经典含义总是与讯息相关联的（message related），而理论和实践已经表明，受众的媒介使用——在不同环境下媒介使用过程中所获得的内在愉悦和满足——在行为（behavioral）以及在社会（social）、情绪（emotional）、感情（affective）等方面所显示的意义几乎是相同的。

由于真正全新的传播参与群体的出现，或者说按照新媒介使用类型划分出的新群体的出现，也许需要创造一些新名词以敷使用（或旧词新用）。但是，对于通过多媒体渠道获得标准化的软件内容的消费者来说，

我们仍然不能弃用受众（audience）这个术语。这一概念在使用中的适应程度如何，内涵上有何新发展，可能取决于我们对作为听众或观众统称的受众一词的原始含义能够保持多长时间的敏感，以及这一含义在现实中能够坚持多久。看来，“主动受众”（active audience）这一概念，似乎很轻易就被纳入到诸如媒介“消费”（consumption）和媒介使用行为等专用术语之列了。

受众类型与术语：结束语

如今，出现新型受众的可能性是如此之大，以致没有任何单一的分类方法能够恰如其分地对受众进行划分。很难想象，有什么词语能够涵盖各种媒介接触情况，从飞行中放映的电影，到铭刻在每一个可以想到的物件上那些吸引我们注意力的讯息。尽管如此，有关受众的理论与研究，仍然允许我们确立有限的几个主要维度，据以清楚地划分各种不同的受众。在有关受众行为的经验性研究中，这些受众类型维度同样是潜在的变量。随着媒介的发展，以及旧变量意义的相对变化，又会产生新的变量，受众理论和受众研究中将会不断涌现大量的新概念（表9—1）。

表9—1　　受众的主要维度

- 主动性或被动性程度
- 互动性和可互换性程度
- 规模大小和持续时间
- 空间上的位置
- 群体特征（社会/文化身份）
- 接触媒介源的同时性
- 构成的异质性
- 传送者与接受者之间的社会关系
- 讯息 vs. 在社会/行为意义上对态势的界说
- “社会呈现”（social presence）的程度
- 使用环境的群己状况

作为对本书若干重要主题的提示，我们可以将已经出现的最重要的受众特征变量概括如下。表 9—1 所显示的各个维度，取向不一，分别
150 指的是：可测量的物质特征；主动性与过程；环境与状况；对卷入部分的心理感受和印象。如果要详细考察不同媒介之间的差异，可能需要增加更多的维度。

以上所列出的每一个变量，尽管不是都适用于每一个目的，但是都可以用来对目前所遇到的无数种受众进行描述和划分。表 9—1 中的每一项都可以追溯到历史上最早的受众，即在大众媒介出现之前作为听者和观看者的受众。以此为基础，我们可以探讨受众经验本质的连续性，也可以探讨以往的思考与目前正在进行的分析和解释工作的关联性。毫无疑问，新的更准确的术语，会因为特定目的的需要而产生。

上述观点的主旨，是赞成保留受众（audience）这一传统术语，并使用一套已经很丰富的专业用语，来指称由社会、文化、行为、语言、经济等各种因素所界定的，目前正大量涌现的各种受众现象。在某些情况下，如果对“受众”一词的含义没有作出清晰的界定，我们就不能再使用这一术语，而且任何受众“测量”（measure）都必须以特定的方式来理解。但是，这个建议应该始终得到遵循，这也是写作本书最主要的理由。

参考文献

Alasuutari, P. (1992). "I'm ashamed to admit it but I have watched Dallas." The moral hierarchy of television programmes. *Media Culture and Society*, *14* (1), 561～582.

Alberoni, F. (1972). The "powerless elite": Theory and sociological research on the phenomenon of the stars. In D. McQuail (Ed.), *Sociology of mass communication* (pp. 75～98). Harmondsworth, UK: Penguin.

Allen, R. C. (1989). "Soap opera," audiences and the limits of genre. In E. Seiter, H. Borchers, G. Kreutzner, & E.-M. Warth (Eds.), *Remote control* (pp. 4～55). London: Routledge & Kegan Paul.

Anderson, J., Collins, P. A., Schmitt, R. S., & Jacobovitz, R. S. (1996). Stressful life events and television viewing. *Communication Research*, *23* (3), 243～260.

Ang, I. (1985). *Watching Dallas: Soap opera and the melodramatic imagination*. London: Methuen.

Ang, I. (1991). *Desperately seeking the audience*. London: Routledge & Kegan Paul.

Austen, P. J. (1992). Television that talks back: An experimental validation of a PSI scale. *Journal of Broadcasting and Electronic Media*, *36* (1), 173～181.

Avery, R. (1979). Adolescents' use of the mass media. *American Behavioral Scientist*, *23*, 53～70.

Avery, R. (1993). *Public service broadcasting*. New York: Longman.

Babrow, A. S. (1988). Theory and method in research on audience motives. *Journal of Broadcasting and Electronic Media*, *32* (4), 471～487.

Ball-Rokeach, S., & DeFleur, M. (1976). A dependency model of mass media effects. *Communication Research*, *3*, 3～21.

Bandini, T. (1995). The social construction of the personal computer user. *Journal of Communication*, *45* (3), 40～65.

Barnes, B. E., & Thomson, L. M. (1994). Power to the people (meter): Audience measurement technology and media specialization. In J. S. Ettema & D. C. Whitney (Eds.), *Audiencemaking: How the media create the audience* (pp. 75～94). Thousand Oaks, CA: Sage.

Barwise, P., & Ehrenberg, A. (1988). *Television and its audience*. London: sage.

152 Bauer, R. A. (1964a). The communicator and the audience. In L. A. Dexter & D. M. White (Eds.), *People, society, and mass communi-*

cation (pp. 125～139). New York: Free Press.

Bauer, R. A. (1964b). The obstinate audience. *American Psychologist*, *19*, 319～328.

Bausinger, H. (1984). Media, technology and daily life. *Media, Culture and Society*, *6* (4), 343～351.

Becker, L. B., Kosicki, G. M., & Jones, F. (1992). Racial differences in evaluations of the mass media. *Journalism Quarterly*, *69* (1), 124～134.

Belsey, A., & Chadwick, R. (Eds.). (1992). *Ethical issues in journalism*. London: Routledge & Kegan Paul.

Beniger, J. R. (1986). *The control revolution*. Cambridge, MA: Harvard University Press.

Berelson, B. (1949). What missing the newspaper means. In P. F. Lazarsfeld & F. Stanton (Eds.), *Communication research 1948～1949* (pp. 111～129). New York: Duell, Sloan and Pearce.

Biltereyst, D. (1991). Regulating American hegemony: A comparative analysis of the reception of domestic and U. S. fiction. *European Journal of Communication*, *6* (4), 469～497.

Biltereyst, D. (1992). Language and culture as ultimate barriers? An examination of the circulation and consumption of fiction in small European countries. *European Journal of Communication*, *7* (4), 517～540.

Biocca, F. A. (1988a). The breakdown of the canonical audience. In J. Anderson (Ed.), *Communication yearbook II* (pp. 127～132). Newbury Park, CA: Sage.

Biocca, F. A. (1988b). Opposing conceptions of the audience. In J. Anderson (Ed.), *Communication yearbook II* (pp. 51～80). Newbury Park, CA: Sage.

Blanchard, M. A. (1977). The Hutchins Commission, the press, and the responsibility concept. *Journalism Monographs*, *49*.

Blumer, H. (1933). *Movies and conduct*. New York: Macmillan.

Blumer, H. (1946). The mass, the public, and public opinion. In A. Lee (Ed.), *New outlines of the principles of sociology* (pp. 167~222). New York: Barnes & Noble.

Blumler, J. G., & Katz, E. (Eds.). (1974). *The uses of mass communications*. Beverly Hills, CA: Sage.

Blumler, J. G. (1985). The social character of media gratifications. In K. E. Rosengren, P. Palmgreen, & L. Wenner (Eds.), *Media gratification research: Current perspectives* (pp. 41~59). Beverly Hills, CA: Sage.

Blumler, J. G., & McQuail, D. (1968). *Television in politics: Its uses and influence*. London: Faber.

Blumler, J. G., & Mitchell, J. (Eds.). (1994). *Television and the viewer interest*. London: John Libbey.

Bogart, L. (1995). *Commercial culture*. New York: Oxford University Press.

Bordewijk, J. L., & van Kaam, B. (1986). Towards a new classification of tele-information services. *Intermedia*, *14* (1), 16~21. (Reprinted from *Allocutie*, 1982, Baarn: Bosch and Keuning)

Bourdieu, P. (1984). *Distinction: A social critique of the judgement of taste*. London: Routledge & Kegan Paul.

Brown, J. W. (Ed.). (1976). *Children and television*. London: Collier-Macmillan.

Brown, J. R., & Linne, O. (1976). The family as a mediator of television's effects. In J. R. Brown (Ed.), *Children and television*. London: Collier-Macmillan.

Burnett, R. (1990). *Concentration and diversity in the international phonogram industry*. Gothenburg, Sweden: University of Gothenburg.

Burns, T. (1969). Public service and private world. In P. Halmos (Ed.), *The sociology of mass media communicators* (pp. 53～73). Keele, Staffordshire, UK: University of Keele.

Canary, D. J., & Spitzberg, R. H. (1993). Loneliness and media gratifications. *Communication Research*, *20* (6), 800～821.

Cantor, M. (1971). *The Hollywood television producers*. New York: Basic Books.

Cantor, M. (1994). The role of the audience in the production of culture. In J. S. Ettema & D. C. Whitney (Eds.), *Audiencemaking: How the media create the audience* (pp. 159～170). Thousand Oaks CA: Sage.

Cantril, H., & Allport, G. (1935). *The psychology of radio*. New York: Harper.

Carey, J. (1975). A cultural approach to communication. *Communication*, 2, 1～22.

Carey, J. (1977). Mass communication research and cultural studies: 153
An American view. In J. Curran, M. Gurevitch, & J. Woollacott (Eds.), *Mass communication and society* (pp. 409～426). London: Edward Arnold.

Carey, J. W., with Kreiling, A. L. (1974). Popular culture and uses and gratifications. In J. G. Blumler & E. Katz (Eds.), *The uses of mass communications* (pp. 225～248). Beverly Hills, CA: Sage.

Christensen, P., & Peterson, J. B. (1988). Genre and gender in the structure of music preferences. *Communication Research*, *15* (3), 282～301.

Christians, C. G., & Rotzell, K. B. (1991). *Media ethics: Cases and moral reasoning*. New York: Longman.

Clausse, R. (1968). The mass public at grips with mass communication. *International Social Science Journal*, *20* (4), 625～643.

Comstock, G. (1988). Today's audience, tomorrow's media. In S. Oskamp (Ed.), *Television as a social issue* (pp. 324～345). Newbury Park, CA: Sage.

Comstock, G., Chaffee, S., Katzman, N., McCombs, M., & Roberts, D. (Eds.). (1978). *Television and human behavior*. New York: Columbia University Press.

Conway, J. C., & Rubin, A. M. (1991). Psychological predictors of television viewing motivation. *Communication Research*, *18* (4), 443～463.

Cooley, C. H. (1908). *Human nature and the social order*. New York: Scribner.

Cooper, R. (1993). An expanded, integrated model for determining audience exposure to television. *Journal of Broadcasting and Electronic Media*, *37* (4), 401～418.

Cooper, R. (1996). The status and future of audience duplication research. *Journal of Broadcasting and Electronic Media*, *40* (1), 96～111.

Curran, J. (1990). The new revisionism in mass communication research: A reappraisal. *European Journal of Communication*, *5* (2/3), 135～164.

Dayan, D., & Katz, E. (1992). *Media events*. Cambridge, MA: Harvard University Press.

DeFleur, M. L. (1970). *Theories of mass communication* (2nd ed.). New York: David McKay.

Delia, J. G. (1987). Communication research: A history. In S. H.

Chaffee & C. Berger (Eds.), *Handbook of communication* (pp. 20～98). Newbury Park, CA: Sage.

Dimmick, J. W., Sikard, J., & Patterson, S. J. (1994). The gratifications of the telephone: Sociability, instrumentality and reassurance. *Communication Research*, *21* (5), 643～663.

Donohew, L., Palmgreen, P., & Rayburn, J. D. (1987). Social and psychological origins of media use: A lifestyle analysis. *Journal of Broadcasting and Electronic Media*, *31* (3), 255～278.

Downing, J. (1984). *Radical media*. Boston: South End.

Drew, D., & Weaver, D. (1990). Media attention, media exposure, and media effects. *Journalism Quarterly*, *67* (4), 740～748.

Dutton, W., Blumler, J. G., & Kramer, S. (Eds.). (1987). *Wired cities: Shaping the future of communication*. Washington, DC: Knowledge Industries.

Eastman, S. T. (1979). Uses of television viewing and consumer life styles: A multivariate analysis. *Journal of Broadcasting*, *23*, 491～500.

Elliott, P. (1972). *The making of a television series: A case study in the production of culture*. London: Constable.

Elliott, P. (1974). Uses and gratifications research: A critique and a sociological alternative. In J. G. Blumler & E. Katz (Eds.), *The uses of mass communications* (pp. 249～268). Beverly Hills, CA: Sage.

Emmett, B. P. (1968). A new role for research in broadcasting. *Public Opinion Quarterly*, *32*, 551～665.

Emmett, B. P. (1972). The TV and radio audience in Britain. In D. McQuail (Ed.), *Sociology of mass communications* (pp. 195～217). Harmondsworth, UK: Penguin.

Engel, J., & Blackwell, R. (1982). *Consumer behavior*. Chicago: Holt Saunders.

Ennis, P. H. (1961). The social structure of communication systems. *Studies in Public Communication*, *3*, 120~144.

154 Enzensberger, H. M. (1972). Constituents of a theory of the media. In D. McQuail (Ed.), *Sociology of mass communication* (pp. 99~116). Harmondsworth, UK: Penguin. (Reprinted from *New Left Review*, *64*, 1970, pp. 13~36)

Espé, H., & Seiwert, M. (1986). European television viewer types: A six nation classification by programme interest. *European Journal of Communication*, *1* (3), 301~325.

Ettema, J. S., & Whitney, D. C. (Eds.). (1982). *Individuals in mass media organizations*. Beverly Hills, CA: Sage.

Fallows, J. (1996). *Breaking the news: How the mass media undermine American democracy*. New York: Pantheon.

Febvre, L., & Martin, H. D. (1984). *The coming of the book*. London: Verso.

Feilitzen, C. von (1976). The functions served by the mass media. In J. W. Brown (Ed.), *Children and television*. London: Collier-Macmillan.

Ferguson, D. A., & Perse, E. M. (1993). Media audience influences on channel repertoire. *Journal of Broadcasting and Electronic Media*, *37* (1), 31~47.

Ferguson, M. (1983). *Forever feminine: Women's magazines and the cult of femininity*. London: Heinemann.

Ferguson, M. (1992). The mythology about globalization. *European Journal of Communication*, *7* (2), 69~83.

Ferguson, M., & Golding, P. (Eds.). (1997). *Cultural studies in question*. London: Sage.

Finn, C. (1992). TV addiction? An evaluation of four competing media use models. *Journalism Quarterly*, *69*, 422～435.

Finn, S., & Gomm, M. B. (1988). Social isolation and social support as correlates of television viewing motivations. *Communication Research*, *15* (2), 135～158.

Fiske, J. (1987). *Television culture*. London: Methuen.

Fiske, J. (1992). The cultural economy of fandom. In L. Lewis (Ed.), *The adoring audience: Fan culture and popular media* (pp. 30～59). London: Routledge & Kegan Paul.

Frachon, C., & Vargaftig, M. (Eds.). (1995). *European television: Immigrants and ethnic minorities*. London: John Libbey.

Frank, R. E., & Greenberg, B. (1980). *The public's view of television*. Beverly Hills, CA: Sage.

Freidson, E. (1953). Communication research and the concept of the mass. *American Sociological Review*, *18* (3), 313～317.

Frissen, V. (1992). Trapped in electronic cages? Gender and new information technology. *Media, Culture and Society*, *14*, 31～50.

Frith, S., & Goodwin, A. (Eds.). (1990). *On record*. London: Routledge & Kegan Paul.

Gandy, O. (1989). The surveillance society: Information technologies and bureaucratic social control. *Journal of communication*, *39* (3), 61～76.

Gans, H. (1957). The creator-audience relationship in the mass media. In B. Rosenberg & D. M. White (Eds.), *Mass culture* (pp. 315～324). New York: Free Press.

Gans, H. J. (1979). *Deciding what's news*. New York: Vintage.

Gaziano, C., & McGrath, K. (1987). Newspaper credibility and relationships of newspaper journalists to communities. *Journalism Quarterly*, *64*, 317～328.

Geiger, K., & Sokol, R. (1959). Social norms in watching television. *American Journal of Sociology*, *65* (3), 178～181.

Geraghty, C. (1991). *Women and soap opera*. Cambridge, UK: Polity Press.

Gerbner, G., Gross, L., Morgan, M., Signorielli, N., & Jackson-Beek, M. (1979). The demonstration of power: Violence Profile No. 10. *Journal of Communication*, *29* (3), 177～196.

Gillespie, M. (1995). *Television, ethnicity and cultural change*. London: Routledge & Kegan Paul.

Gitlin, T. (1978). Media sociology: The dominant paradigm. *Theory and Society*, *6*, 205～253.

Golding, P., & van Snippenburg, L. (1995). Government, communications and the media. In *Beliefs in government* (Vol. 3). London: Oxford University Press.

Graber, D. (1984). *Processing the news*. New York: Longman.

155 Gray, H. (1992). Television, black Americans, and the American dream. In H. Newcomb (Ed.), *Television: The critical view* (5th ed., pp. 170～187). New York: Oxford University Press.

Greenberg, B. S. (1964). Person-to-person communication in the diffusion of a news event. *Journalism Quarterly*, *41*, 489～494.

Gunter, B. (1987). *Poor reception*. Hillsdale, NJ: Lawrence Erlbaum.

Gunter, B., & Winstone, P. (1993). *Television: The public's view*. London: John Libbey.

Hall, S. (1977). Culture, the media and the "ideological effect." In J. Curran, M. Gurevitch, & J. Woollacott (Eds.), *Mass communication and society* (pp. 315～348). London: Edward Arnold.

Hall, S. (1980). Coding and encoding in the television discourse. In S. Hall et al. (Eds.), *Culture, media, language*. London: Hutchinson.

Hall，S.，& Jefferson，T.（1975）. *Resistance through rituals*. London：Hutchinson.

Halloran，J. D.，Brown，R. L.，& Chaney，D. C.（1970）. *Television and delinquency*. Leicester，UK：Leicester University Press.

Hamelink，C.（1994）. *The politics of world communication*. London：Sage.

Handel，L.（1950）. *Hollywood looks at its audience*. Urbana：University of Illinois Press.

Hart，H.（1991）. *Critical communication studies*. New York：Routledge.

Hawkins，R. P.，Reynolds，N.，& Pingree，S.（1991）. In search of television viewing styles. *Journal of Broadcasting and Electronic Media*，35（3），375～383.

Hebdige，D.（1978）. *Subculture：The meaning of style*. London：Methuen.

Hedinsson，E.（1981）. *TV，family and society：The social origins and effects of adolescents'TV use*. Stockholm：Almqvist & Wiksell International.

Heeter，C.（1988）. The choice process model. In C. Heeter & B. Greenberg（Eds.），*Cableviewing*（pp. 11～32）. Norwood，NJ：Ablex.

Hermes，J.（1995）. *Reading women's magazines*. Cambridge，UK：Polity Press.

Herzog，H.（1953）. What do we really know about day-time serial listeners? In B. Berelson & M. Janowitz（Eds.），*Reader in public opinion and communication*（pp. 352～365）. New York：Free Press.（Reprinted from P. F. Lazarsfeld & F. Stanton，Eds.，［1944］*Radio research 1942～1943*，New York：Duell，Sloan and Pearce）

Himmelweit, H. T., & Swift, T. (1976). Continuities and discontinuities in media taste. *Journal of Social Issues*, *32* (6), 332～356.

Himmelweit, H. T., Vince, P., & Oppenheim, A. N. (1958). *Television and the child*. London: Oxford University Press.

Hobson, D. (1982). *Crossroads: The drama of a soap opera*. London: Methuen.

Hobson, D. (1989). Soap operas at work. In E. Seiter, H. Borchers, G. Kreutzner, & E.-M. Warth (Eds.), *Remote control* (pp. 150～167). London: Routledge & Kegan Paul.

Hoggart, R. (1957). *The uses of literacy*. London: Chatto & Windus.

Hopkins, M. (1970). *Mass media in the Soviet Union*. New York: Pegasus.

Horton, D., & Wohl, R. R. (1956). Mass communication and parasocial interaction. *Psychiatry*, *19*, 215～229.

Hoskins, C., & Mirus, R. (1988). Reasons for the U. S. dominance of the international trade in television programmes. *Media, Culture and Society*, *10*, 499～515.

Hoskins, C., Mirus, R., & Rozeboom, W. (1989). U. S. television programs in the international market: Unfair pricing? *Journal of Communication*, *39* (2), 55～75.

Hovland, C. I., Lumsdaine, A. A., & Sheffeld, F. D. (1949). *Experiments in mass communication*. Princeton, NJ: Princeton University Press.

Hyman, H. H., & Sheatsley, P. (1947). Some reasons why information campaigns fail. *Public Opinion Quarterly*, *11*, 412～423.

Jankowski, N., Prehn, O., & Stappers, J. (Eds.). (1992). *The people's voice*. London: John Libbey.

Janowitz, M. (1952). *The community press in an urban setting*. Glencoe, IL: Free Press.

Jay, M. (1973). *The dialectical imagination*. London: Heinemann.

Jensen, K. B. (1988). News as a social resource. *European Journal of Communication*, *3* (3), 275~301.

Jensen, K. B. (1991). When is meaning? Communication theory, pragmatism, and mass media reception. In J. Anderson (Ed.), *Communication yearbook 14* (pp. 3~32). Newbury Park, CA: Sage. 156

Jensen, K. B., & Rosengren, K. E. (1990). Five traditions in search of the audience. *European Journal of Communication*, *5* (2~3), 207~238.

Jhally, S., & Livant, B. (1986). Watching as working: The valorization of audience consciousness. *Journal of Communication*, *36* (2), 124~163.

Johansson, T., & Miegel, F. (1992). *Do the right thing*. Stockholm: Almqvist & Wiksell International.

Jones, P. (Ed.). (1995). *CyberSociety: Computer mediated communication and community*. Thousand Oaks, CA: Sage.

Jowett, G., & Linton, J. M. (1980). *Movies as mass communication*. Beverly Hills, CA: Sage.

Katz, E., Blumler, J. G., & Gurevitch, M. (1974). Utilization of mass communication by the individual. In J. G. Blumler & E. Katz (Eds.), *The uses of mass communication* (pp. 19~32). Beverly Hills, CA: Sage.

Katz, E., & Foulkes, D. (1962). On the use of mass media as "escape": Clarification of a concept. *Public Opinion Quarterly*, *26* (3), 361~376.

Katz, E., Gurevitch, M., & Haas, H. (1973). On the use of mass media for important things. *American Sociological Review*, *38*, 164～181.

Katz, E., & Lazarsfeld, P. F. (1955). *Personal influence*. Glencoe, IL: Free Press.

Kaufer, D. S., & Carley, K. M. (1993). *Communication at a distance*. Hillsdale, NJ: Lawrence Erlbaum.

Kippax, S., & Murray, J. P. (1980). Using the mass media: Need gratification and perceived utility. *Communication Research*, *7* (3), 335～360.

Klapper, J. (1960). *The effects of mass communication*. New York: Free Press.

Kleinsteuber, H., & Sonnenberg, U. (1990). Beyond public service and private profit: International experience with non－commercial local radio. *European Journal of Communication*, *5* (1), 87～106.

Krcmar, M. (1996). Family communication patterns, discourse behavior and child TV viewing. *Human Communication Research*, *23* (2), 251～277.

Krugman, H. (1965). The impact of television advertising: Learning without involvement. *Public Opinion Quarterly*, *29*, 349～356.

Kubey, R. W. (1986). Television use in everyday life: Coping with unstructured time. *Journal of Communication*, *36*, 108～123.

Kubey, R., & Csikszentmihalyi, M. (1991). *Television and the quality of life*. Hillsdale, NJ: Lawrence Erlbaum.

Lazarsfeld, P. F., Berelson, B., & Gaudet, H. (1944). *The people's choice*. New York: Columbia University Press.

Lazarsfeld, P. F., & Field, H. (Eds.). (1946). *The people look at radio*. Chapel Hill: University of North Carolina Press.

Lazarsfeld, P. F., & Stanton, F. (Eds.). (1944). *Radio research*

1942～1943. New York: Duell, Sloan and Pearce.

Lazarsfeld, P. F., & Stanton, F. (Eds.). (1949). *Communication research 1948/9*. New York: Harper & Bros.

Leggatt, T. (1991). Identifying the undefinable. *Studies of Broadcasting*, *27*, 113～132.

Levy, M. R. (1978). The audience experience with television news. *Journalism Monographs*, *55*.

Levy, M. R., & Windahl, S. (1985). The concept of audience activity. In K. E. Rosengren, P. Palmgreen, & L. Wenner (Eds.), *Media gratification research*: *Current perspectives* (pp. 109～122). Beverly Hills, CA: Sage.

Lewis, G. H. (1981). Taste cultures and their composition: Towards a new theoretical perspective. In E. Katz & T. Szecsko (Eds.), *Mass media and social change* (pp. 201～217). London: Sage.

Lewis, G. H. (1992). Who do you love? The dimensions of musical taste. In J. Lull (Ed.), *Popular music and communication* (2nd ed., pp. 134～151). Newbury Park, CA: Sage.

Lewis, L. (1992). *The adoring audience*: *Fan culture and popular media*. London: Routledge & Kegan Paul.

Lichtenstein, S. L., & Rosenfeld, L. B. (1983). Uses and misuses of gratifications research: An explication of media functions. *Communications Research*, *10*, 97～109.

Liebes, T., & Katz, E. (1986). Patterns of involvement in television 157
fiction: A comparative analysis. *European Journal of Communication*, *1* (2), 151～172.

Liebes, T., & Katz, E. (1989). Critical abilities of TV viewers, In E. Seiter, H. Borchers, G. Kreutzner, & E.-M. Warth (Eds.), *Remote control* (pp. 204～222). London: Routledge & Kegan Paul.

Liebes, T., & Kalz, E. (1990). *The export of meaning: Cross-cultural readings of Dallas*. Oxford, UK: Oxford University Press.

Lindlof, T. (1988). Media audiences as interpretive communities. In J. Anderson (Ed.), *Communication yearbook 11* (pp. 81～107). Newbury Park, CA: Sage.

Lindlof, T. (1991). The qualitative study of media audiences. *The Journal of Broadcasting and Electronic Media*, 35 (1), 23～42.

Livingstone, S. M. (1988). Why people watch soap opera: An analysis of the explanations of British viewers. *European Journal of Communication*, 3 (1), 55～80.

Livingstone, S. M., & Lunt, P. (1994). *Talk on television: Audience participation and public debate*. London: Routledge & Kegan Paul.

Lombard, M. (1995). Direct response to people on the screen. *Communication Research*, *22* (3), 288～324.

Lull, J. (1982a). How families select television programs. *The Journal of Broadcasting and Electronic Media*, *26* (4), 801～811.

Lull, J. (1982b.) The social uses of television. *Human Communication Research*, *6* (3), 197～208. Beverly Hills (CA) and London: Sage. (Also in D. C. Whitney et al., Eds., *Mass communication review yearbook*, 1982, pp. 397～409, Beverly Hills (CA) and London: Sage)

Lull, J. (Ed.). (1992). *Popular music and communication*. Newbury Park, CA: Sage.

Maccoby, E. (1954). Why do children watch TV? *Public Opinion Quarterly*, *18*, 239～244.

Maisel, R. (1973). The decline of mass media. *Public Opinion Quarterly*, *37*, 159～170.

Marcuse, H. (1964). *One dimensional man*. London: Routledge & Kegan Paul.

Markus, M. L. (1987). Towards a "critical mass" theory of interactive media. *Communication Research*, *14* (5), 491～511.

Martel, M. U., & McCall, G. J. (1964). Reality-orientation and the pleasure principle. In L. A. Dexter & D. M. White (Eds.), *People, society and mass communication* (pp. 283～333). New York: Free Press.

Marvin, C. (1988). *When old technologies were new*. New York: Oxford University Press.

Maslow, A. (1968). *Towards a sociology of being*. New York: Van Nostrand.

McCain, T. (1986). Patterns of media use in Europe. *European Journal of Communication*, *1* (3), 231～250.

McDonald, D. G. (1990). Media orientation and television news viewing. *Journalism Quarterly*, *67* (1), 11～20.

McDonald, D. G., & Schechter, R. (1988). Audience role in the evolution of fictional TV content. *Journal of Broadcasting*, *32* (1), 419～440.

McGuigan, P. (1992). *Cultural populism*. London: Routledge & Kegan Paul.

McGuire, W. J. (1974). Psychological motives and communication gratifications. In J. G. Blumler & E. Katz (Eds.), *The uses of mass communications* (pp. 167～196). Beverly Hills, CA: Sage.

McLeod, J., Daily, K., Guo, Z., Eveland, W. P., Bayer, J., Yang, S., & Wang, H. (1996). Community integration, local media use and democratic processes. *Communication Research*, *23* (2), 179～210.

McLeod, J., & McDonald, D. G. (1985). Beyond simple exposure: Media orientations and their impact on political processes. *Communication Research*, *12*, 3～32.

McLeod, M. J., Ward, L. S., & Tancill, K. (1965). Alienation and uses of mass media. *Public Opinion Quarterly*, *29*, 583～594.

McQuail, D. (1984). With the benefit of hindsight: Reflections on uses and gratifications research. *Critical Studies in Mass Communication*. *1* (2), 177～193.

McQuail, D. (1989). Commercial imperialism and cultural cost. In C. W. Thomson (Ed.), *Cultural transfer or electronic colonialism?* (pp. 207～217). Heidelberg: Carl Winter Universitätsverlag.

McQuail, D. (1994). *Mass communication theory: An introduction*. London: Sage.

158 McQuail, D. (1996). Transatlantic TV flows: A new look at cultural cost-accounting. In A. van Hemel (Ed.), *Trading culture* (pp. 111～125). Amsterdam: Boekman Foundation.

McQuail, D., Blumler, J. G., & Brown, J. W. (1972). The television audience, a revised perspective. In D. McQuail (Ed.), *Sociology of mass communications* (pp. 135～164). Harmondsworth, UK: Penguin.

McQuail, D., & Gurevitch, M. (1974). Explaining audience behavior. In J. G. Blumler & E. Katz (Eds.), *The uses of mass communication* (pp. 287～386). Beverly Hills, CA: Sage.

McQuail, D., & Windahl, S. (1993). *Communication models* (2nd ed.). London: Longman.

Mead, G. H. (1934). *Mind, self, and society*. Chicago: University of Chicago Press.

Mendelsohn, H. (1964). Listening to radio. In L. A. Dexter &

D. M. White (Eds.), *People, society, and mass communication* (pp. 239～248). New York: Free Press.

Merton, R. K. (1949). Patterns of influence. In *Social theory and social structure* (pp. 387～470). Glencoe, IL: Free Press.

Meyrowitz, J. (1986). Television and interpersonal behavior: Codes of perception and response. In G. Gumpert & R. Cathcart (Eds.), *Inter/media: Interpersonal communication in a media world* (3rd ed., pp. 253～272). New York: Oxford University Press.

Mills, C. W. (1951). *White collar*. New York: Oxford University Press.

Mills, C. W. (1956). *The power elite*. New York: Oxford University Press.

Mitchell, A. (1983). *The nine American lifestyles*. New York: Warner Books.

Montgomery, K. C. (1989). *Target: Prime-time*. New York: Oxford University Press.

Moores, S. (1993). *Interpreting audiences*. London: Sage.

Morley, D. (1980). *The nationwide audience: Structure and decoding*. London: British Film Institute.

Morley, D. (1986). *Family television*. London: Routledge & Kegan Paul.

Morley, D. (1992). *Television, audiences and cultural studies*. London: Routledge & Kegan Paul.

Morris, M., & Ogan, C. (1996). The Internet as mass medium. *Journal of Communication*. *46* (1), 39～50.

Murdock, G., & Phelps, G. (1973). *Mass media and the secondary school*. London: Macmillan.

Mytton, G., & Forrester, C. (1988). Audiences for international radio broadcasting. *European Journal of Communication*, *3* (3), 457～481.

National Advertising Bureau (NAB). (1982). *The newspaper in people's minds* (Research Report). New York: Author.

National Advertising Bureau (NAB). (1984.) *Meeting readers'multiple needs* (Research Report). New York: Author.

Negus, K. (1992). *Producing pop*. London: Edward Arnold.

Neuman, W. R. (1991). *The future of the mass audience*. Cambridge, UK: Cambridge University Press.

Neuman, W. R., & Pool, I. de Sola. (1986). The flow of communication into the home. In S. Ball-Rokeach & M. Cantor (Eds.), *Media, audience, and social structure* (pp. 71～86). Newbury Park, CA: Sage.

Newcomb, H. (1976). *Television: The critical view*. New York: Oxford University Press.

Noble, G. (1975). *Children in front of the small screen*. London: Constable.

Nord, D. P. (1995). Reading the newspaper: Strategies and politics of reader response, Chicago 1912～1917. *Journal of Communication*, *45* (3), 66～93.

Oliver, P., Marwell, G., & Teixera, R. (1985). A theory of the critical mass. *American Journal of Sociology*, *91* (3), 522～556.

Padioleau, J. (1985). *Le Monde et le Washington Post*. Paris: PUF.

Palmgreen, P., & Rayburn, J. D. (1985). An expectancy-value approach to media gratification. In K. E. Rosengren, P. Palmgreen, & L. Wenner (Eds.), *Media gratification research: Current perspectives* (pp. 61～73). Beverly Hills, CA: Sage.

Palmgreen, P., Wenner, L., & Rayburn, J. (1980). Relations between gratifications sought and obtained. A study of television news. *Communication Research*, *7* (2), 161～192.

Pearlin, L. (1959). Social and personal stress and escape television viewing. *Public Opinion Quarterly*, *23*, 255～259.

Perse, E. M. (1990). Audience selectivity and involvement in the newer media environment. *Communication Research*, *17* (5), 765～799.

Perse, E. M. (1994). Uses of erotica. *Communication Research*, *20* 159
(4), 488～515.

Perse, E. M., & Courtright, J. A. (1993). Normative images of communication media. *Human Communication Review*, *19* (4), 485～503.

Perse, E. M., & Rubin, A. L. (1990). Chronic loneliness and television. *Journal of Broadcasting and Electronic Media*, *34* (1), 37～53.

Peters, J. D. (1996). The uncanniness of mass communication in interwar social thought. *Journal of Communication*, *46* (3), 108～123.

Picard, R. G. (1989). *Media economics*. Newbury Park, CA: Sage.

Pool, I. de Sola, & Shulman, I. (1959). Newsmen's fantasies, audiences, and newswriting. *Public Opinion Quarterly*, *23* (2), 145～158.

Radway, J. (1984). *Reading the romance*. Chapel Hill: University of North Carolina Press.

Real, M. (1989). *Supermedia*. Newbury Park, CA: Sage.

Reimer, B. (1994). *The most common of practices: Media use in late modernity*. Stockholm: Almqvist & Wiksell.

Renckstorf, K. (1989). Medienützing als soziales Hendeln. *Kölner Zeitschrift für Soziologie und Sozialpsychologie Sonderheft*, *30*, 314～336.

Renckstorf, K., McQuail, D., & Jankowski, N. (Eds.). (1996).

Media use as social action. London: John Libbey.

Rheingold, H. (1994). *The virtual community*. London: Secker and Warburg.

Rice, R. E. (Ed.). (1984). *The new media*. Beverly Hills, CA: Sage.

Rice, R. E., & Rogers, E. (1980). Reinvention in the innovation process. *Knowledge*, *1* (1), 449～514.

Riesman, D., Glazer, N., & Denny, R. (1950). *The lonely crowd*. New Haven, CT: Yale University Press.

Robinson, J., & Levy, M. (1986). *The main source*. Newbury Park, CA: Sage.

Robinson, J. P., & Fink, E. L. (1986). Beyond mass culture and class culture: Subcultural differences in the structure of music preferences. In S. Ball-Rokeach & M. Cantor (Eds.), *Media, audience, and social structure* (pp. 226～239). Newbury Park, CA: Sage.

Roe, K. (1985). Swedish youth and music: Listening patterns and motivation. *Communication Research*, *12*, 353～362.

Roe, K. (1992). Different destinies—different melodies: School achievement, anticipated status and adolescents' tastes in music. *European Journal of Communication*, *7* (3), 335～358.

Rosen, J., & Merritt, D. (1994). *Public journalism: Theory and practice*. Dayton, OH: Kettering Foundation.

Rosenberg, B., & White, D. M. (Eds.). (1957). *Mass culture*. New York: Free Press.

Rosengren, K. E. (1973). News diffusion: An overview. *Journalism Quarterly*, *50*, 83～91.

Rosengren, K. E. (1974). Uses and gratifications: A paradigm outlined. In J. G. Blumler & E. Katz (Eds.), *The uses of mass commu-*

nications (pp. 269～286). Beverly Hills, CA: Sage.

Rosengren, K. E., Palmgreen, P., & Rayburn, J. D. (Eds.). (1985). *Media gratification research: Current perspectives*. Beverly Hills, CA: Sage.

Rosengren, K. E., & Windahl, S. (1972). Mass media consumption as a functional alternative. In D. McQuail (Ed.), *Sociology of mass communications* (pp. 166～194). Harmondsworth, UK: Penguin.

Rosengren, K. E., & Windahl, S. (1989). *Media matter: TV use in childhood and adolescence*. Norwood, NJ: Ablex.

Rothenbuhler, E. W. (1987). The living room celebration of the Olympic Games. *Journal of Communication*, *38* (4), 61～68.

Rothenbuhler, W., Mullen, L. J., De Carell, R., & Ryan, C. R. (1996). Community, community attachment, and involvement. *Journalism Quarterly*, *73* (2), 445～466.

Rubin, A. M. (1983). Television uses and gratifications: The interaction of viewing patterns and motivations. *The Journal of Broadcasting and Electronic Media*, *27* (1), 37～51.

Rubin, A. M. (1984). Ritualized and instrumental television viewing. *Journal of Communication*, *34* (3), 67～77.

Rubin, A. M., Perse, E. M., & Powell, E. (1989). Loneliness, pa- 160
rasocial interaction and local TV news viewing. *Communication Re-
search*, *14*, 246～268.

Ryan, J., & Peterson, R. A. (1982). The product image: The fate of creativity in country music song writing. In J. S. Ettema & D. C. Whitney (Eds). *Individuals in mass media organizations* (pp. 11～32). Beverly Hills, CA: Sage.

Sabal, R. (1992). Television executives speak about fan letters to the networks. In L. Lewis (Ed.), *The adoring audience* (pp. 185～

188). London: Routledge & Kegan Paul.

Saenz, K. (1994). Television as a cultural practice. In H. Newcomb (Ed.), *Television: The crltical view* (5th ed., pp. 573～586). New York: Oxford University Press.

Salvaggio, J. L., & Bryant, J. (Eds.). (1989). *Media use in the Information Age*. Hillsdale, NJ: Lawrence Erlbaum.

Schement, J. R., & Curtis, T. (1995). *Tendencies and tensions of the Information Age*. New Brunswick, NJ: Transaction Books.

Schlesinger, P. (1978). *Putting "reality" together: BBC news*. London: Constable.

Schramm, W. (1954). How communication works. In W. Schramm (Ed.), *Process and effects of mass communication* (pp. 3～26). Urbana: University of Illinois Press.

Schramm, W., Lyle, J., & Parker, E. (1961). *Television in the lives of our children*. Stanford, CA: Stanford University Press.

Schrφder, K. C. (1987). Convergence of antagonistic traditions? *European Journal of Communication*, *2*, 7～31.

Sears, D. O., & Freedman, J. L. (1971). Selective exposure to information: A critical review. In W. Schramm & D. F. Roberts (Eds.), *The process and effects of mass communication* (pp. 209～234). Urbana: University of Illinois Press.

Seiter, E., Borchers, H., Kreutzner, G., & Warth, E.-M. (Eds.). (1989). *Remote control*. London: Routledge & Kegan Paul.

Sepstrup, P. (1989). Research into international TV flows. *European Journal of Communication*, 4 (4), 393～408.

Sepstrup, P. (1990). *The transnationalization of TV in West Europe*. London: John Libbey.

Short, J., Williams, E., & Christie, B. (1976). *The social psy-*

chology of telecommunications. New York: John Wiley.

Signorielli, N., & Morgan, M. (Eds.). (1990). *Cultivation analysis*. Newbury Park, CA: Sage.

Silverstone, R. (1994). *Television and everyday life*. London: Routledge & Kegan Paul.

Singer, B. D. (1973). *Feedback and society*. Lexington, MA: Lexington Books.

Smith, R. (1986). Television addiction. In J. Bryant & D. Zillman (Eds.), *Perspectives on media effects* (pp. 109～128). Hillsdale, NJ: Lawrence Erlbaum.

Smythe, D. W. (1977). Communications: Blindspot of Western Marxism. *Canadian Journal of Political and Social Theory*, *1*, 120～127.

Sparks, C., & Campbell, M. (1987). The inscribed reader of the British quality press. *European Journal of Communication*, *2* (4), 455～472.

Spears, R., & Lea, M. (1994). Panacea or panopticon? The hidden power in computer-mediated communication. *Communication Research*, *21* (4), 427～459.

Stamm, K. R. (1985). *Newspaper use and community ties*. Norwood, NJ: Ablex.

Steiner, G. (1963). *The people look at television*. New York: Knopf.

Tomlinson, J. (1991). *Cultural imperialism*. London: Pinter.

Tuchman, G. (1978). *Making news: A study in the construction of reality*. New York: Free Press.

Tunstall, J. (1971). *Journalists at work*. London: Constable.

Tunstall, J. (1977). *The media are American*. London: Constable.

Twyman, T. (1994). Measuring audiences to radio. In R. Kent (Ed.),

Measuring media audiences (pp. 88～104). London: Routledge & Kegan Paul.

Van den Bulk, J. (1995). The selective viewer: Defining (Flemish) viewer types. *European Journal of Communication*, *10* (2), 147～177.

van Zoonen, E. (1994). *Feminist media theory*. London: Sage.

161 van Zuylen, J. (1977). *The life-cycle of the family magazine*. Amsterdam: University of Amsterdam Press.

Varis, T. (1984). The international flow of television programs. *Journal of Communication*, *34* (1), 143～152.

Waples, D., Berelson, B., & Bradshaw, F. R. (1940). *What reading does to people*. Chicago: University of Chicago Press.

Warner, W. L., & Henry, W. E. (1948). The radio day-time serial: A symbolic analysis. *Genetic Psychology Monographs*, *37*, 7～13, 55～64.

Webster, J. G. (1986). Audience behavior in the new media environment. *Journal of Communication*, *36* (2), 77～91.

Webster, J. G., & Lichty. L. W. (1991). *Ratings analysis: Theory and practice*. Hillsdale, NJ: Lawrence Erlbaum.

Webster, J. G., & Phalen, P. F. (1994). Victim, consumer, or commodity? Audience models in communication policy. In J. S. Ettema & D. C. Whitney (Eds.), *Audiencemaking: How the media create the audience* (pp. 19～37). Thousand Oaks, CA: Sage.

Webster, J. G., & Phalen, P. F. (1997). *The mass audience: Rediscovering the dominant model*. Mahawa, NJ: Lawrence Erlbaum.

Webster, J. G., & Wakshlag, J. J. (1983). A theory of television program choice. *Communication Research*, *10* (4), 430～446.

Weibull, L. (1985). Structural factors in gratifications research. In

K. E. Rosengren, P. Palmgreen, & L. Wenner (Eds.), *Media gratifications research: Current perspectives* (pp. 123～147). Beverly Hills, CA: Sage.

Weimann, G., Wober, M., & Brosius, H. (1992). Towards a typology of TV diets. *European Journal of Communication*, *7* (4), 491～515.

Westley, B., & MacLean, M. (1957). A conceptual model for mass communication research. *Journalism Quarterly*, *34*, 31～38.

Wilson, C. C., & Gutiérrez, F. (1985), *Minorities and the media*. Beverly Hills, CA: Sage.

Wildman, S. (1994). One-way flows and the economics of audience-making. In J. S. Ettema & D. C. Whitney (Eds.) *Audiencemaking: How the media create the audience* (pp. 115～141). Thousand Oaks, CA: Sage.

Williams, R. (1961). *Culture and society 1780～1950*. Harmondsworth, UK: Penguin.

Williams, R. (1974). *Television: Technology and cultural form*. London: Fontana.

Windahl, S., Signitzer, B., & Olson, J. (1992). *Using communication theory*. Newbury Park, CA: Sage.

Winston, B. (1986). *Misunderstanding media*. Cambridge, MA: Harvard University Press.

Wright, C. R. (1974). Functional analysis and mass communication revisited. In J. G. Blumler & E. Katz (Eds.), *The uses of mass communications* (pp. 197～212). Beverly Hills, CA: Sage.

Zillman, D. (1980). The anatomy of suspense. In P. H. Tannenbaum (Ed.), *The entertainment functions of television* (pp. 133～163). Hillsdale, NJ: Lawrence Erlbaum.

Zillman, D. (1985). The experimental explorations of gratifications from media entertainment. In D. Zillman & J. Bryant (Eds.), *Selective exposure to communication* (pp. 225 ~ 239). Hillsdale, NJ: Lawrence Erlbaum.

Zillman, D., & Bryant, J. (Eds.). (1985). *Selective exposure to communication*. Hillsdale, NJ: Lawrence Erlbaum.

索　　引

（所注页码为英文原书页码，即本书边码）

作者介绍

丹尼斯·麦奎尔（1935—2017），著名传播学者，荷兰阿姆斯特丹大学传播学终身教授，英国南安普敦大学客座教授。他的执教生涯主要在这些大学中度过。他获得的第一个学位是英国牛津大学的历史学学位，后在利兹大学获得博士学位。根特大学还授予他荣誉博士头衔。他在多所大学有客座教职，包括宾夕法尼亚大学、哥伦比亚大学、哈佛大学、莫斯科大学和坦佩雷大学。麦奎尔主要从事与大众传播相关的教学和研究工作，尤其是关于大众传媒在竞选活动中的作用、受众研究、媒介政策和大众传播理论等。他出版了很多相关的著作，最近出版的有《媒介行为》(1992)，《传播模式》（与斯文·温德尔合著，1993），以及新版的《大众传播理论》（第三版）。上述著作以及他较早期的一些著作已经被翻译成多种文字，作为教材或教学参考书在世界各地被广泛采用。

丹尼斯·麦奎尔是“欧洲传媒研究小组”（Euromedia Research Group）的成员，并担任《欧洲传播学杂志》（*European Journal of Communication*）的编辑，同时还是阿姆斯特丹传播研究学院（Amsterdam School of Communication Research）的成员。目前，他的研究主要集中在媒介政策比较和媒介责任问题方面。

译后记

2000 年春天，我到香港中文大学作访问研究，偶然读到麦奎尔教授的《受众分析》一书，颇受吸引，感兴趣之余便着手联系出版社，想将其翻译介绍给国内读者，亦作为我所主持的“受众研究”硕士生课程的参考书。没想到好事多磨，5 年后的今天，这个想法才得以实现。

翻译本书，我们的基本原则是，以“信”为主，忠实于原作；其次是“好读”，尽可能避免艰涩；再次是“可用”，对书中出现的专门术语或概念，均附有原文对照，对作者所援引的比较重要的理论、著述和作者，都加以注释和背景介绍，特别是提供相关论著的中文版在国内的出版情况，意在为读者提供一个索引窗口，方便大家进一步了解各种理论、学派或研究者的思想脉络及其最新发展。

本书中的注释和介绍性文字，部分参考了《新闻学大辞典》、《传播学史》、《关键概念》、《20世纪传播学经典文本》、《传播研究的进路》、《传播学教程》等著译作中的内容，篇幅所限，恕不一一列出，在此谨表谢忱。

本书的翻译出版，是一次集体劳动的结晶，中国传媒大学应用传播学受众研究方向的一部分研究生参与了本书的翻译工作。其中，初译由李颖（第2、3、5章）、杨振荣（第4、6、9章）、刘晓晨（第7章）、刘燕南（前言及第1、8章）完成；王晓黎、马晓星分别初校了本书前五章和后四章；文卫华、马晓星、张威承担了有关资料的查找、翻译和注释工作；王向宁、李沁沁、潘东辉、李颖（另一位同名者）、顾晖、张杨、汪彦、齐书阳、董旻靖等同学承担或参与了本书各章节的专题研讨；全书由刘燕南复译并审校。

在此，衷心感谢所有为本书付出过心血的同学们和朋友们，也感谢中国人民大学出版社司马兰编辑、姜颖昳编辑为本书付出的辛勤劳动。限于时间和学识，书中恐有不少错误和疏漏之处，恳请各位读者和专家学者批评指正。

刘燕南

2005年10月于中国传媒大学

当代世界学术名著·第一批书目

心灵与世界	[美]约翰·麦克道威尔
科学与文化	[美]约瑟夫·阿伽西
从逻辑的观点看	[美]W.V.O.蒯因
自然科学的哲学	[美]卡尔·G·亨普尔
单一的现代性	[美] F.R.詹姆逊
本然的观点	[美]托马斯·内格尔
宗教的意义与终结	[加]威尔弗雷德·坎特韦尔·史密斯
帝国与传播	[加]哈罗德·伊尼斯
传播的偏向	[加]哈罗德·伊尼斯
世界大战中的宣传技巧	[美]哈罗德·D·拉斯韦尔
一个自由而负责的新闻界	[美]新闻自由委员会
机器新娘——工业人的民俗	[加]马歇尔·麦克卢汉
报纸的良知——新闻事业的原则和问题案例讲义	[美]利昂·纳尔逊·弗林特
传播与社会影响	[法]加布里埃尔·塔尔德
模仿律	[法]加布里埃尔·塔尔德
传媒的四种理论	[美]威尔伯·施拉姆 等
传播学简史	[法]阿芒·马特拉 等
受众分析	丹尼斯·麦奎尔
写作的零度	[法]罗兰·巴尔特
符号学原理	[法]罗兰·巴尔特
符号学历险	[法]罗兰·巴尔特
人的自我寻求	[美]罗洛·梅
存在——精神病学和心理学的新方向	[美]罗洛·梅
存在心理学——一种整合的临床观	[美]罗洛·梅
个人形成论——我的心理治疗观	[美]卡尔·R·罗杰斯
当事人中心治疗——实践、运用和理论	[美]卡尔·R·罗杰斯

万物简史	[美]肯·威尔伯
动机与人格(第三版)	[美]亚伯拉罕·马斯洛
历史与意志:毛泽东思想的哲学透视	[美]魏斐德
中国的共产主义与毛泽东的崛起	[美]本杰明·I·史华慈
毛泽东的思想	[美]斯图尔特·R·施拉姆
仪式过程——结构与反结构	维克多·特纳
人类学、发展与后现代挑战	凯蒂·加德纳,大卫·刘易斯
结构人类学	[法]克洛德·列维-斯特劳斯
野性的思维	[法]克洛德·列维-斯特劳斯
面具之道	[法]克洛德·列维-斯特劳斯
嫉妒的制陶女	[法]克洛德·列维-斯特劳斯
社会科学方法论	[德]马克斯·韦伯
无快乐的经济——人类获得满足的心理学	[美]提勃尔·西托夫斯基
不确定状况下的判断:启发式和偏差	[美]丹尼尔·卡尼曼 等
话语和社会心理学——超越态度与行为	[英]乔纳森·波特 等
社会网络分析发展史——一项科学社会学的研究	[美]林顿·C·弗里曼
自由之声——19 世纪法国公共知识界大观	[法]米歇尔·维诺克
官僚制内幕	[美]安东尼·唐斯
公共行政的语言——官僚制、现代性和后现代性	[美]戴维·约翰·法默尔
公共行政的精神	[美]乔治·弗雷德里克森
公共行政的合法性——一种话语分析	[美]O.C.麦克斯怀特
后现代公共行政——话语指向	[美]查尔斯·J·福克斯 等
政策悖论:政治决策中的艺术(修订版)	[美]德博拉·斯通
行政法的范围	[新西]迈克尔·塔格特
法国行政法(第五版)	[英]L·赖维乐·布朗,约翰·S·贝尔
宪法解释:文本含义,原初意图与司法审查	[美]基思·E·惠廷顿

英国与美国的公法与民主	[英]保罗·P·克雷格
行政法学的结构性变革	[日]大桥洋一
权利革命之后:重塑规制国	[美]凯斯·R·桑斯坦
规制:法律形式与经济学理论	[英]安东尼·奥格斯
阿蒂亚论事故、赔偿及法律(第六版)	[澳]波得·凯恩
意大利刑法学原理(注评版)	[意]杜里奥·帕多瓦尼
刑法概说(总论)(第三版)	[日]大塚仁
刑法概说(各论)(第三版)	[日]大塚仁
英国刑事诉讼程序(第九版)	[英]约翰·斯普莱克
刑法总论(新版第2版)	[日]大谷实
刑法各论(新版第2版)	[日]大谷实
日本刑法总论	[日]西田典之
日本刑法各论(第三版)	[日]西田典之
美国刑事法院诉讼程序	[美]爱伦·豪切斯泰勒·斯黛丽,南希·弗兰克
现代条约法与实践	[英]安托尼·奥斯特
刑事责任论	[英]维克托·塔德洛斯
刑罚、责任和正义——相关批判	[英]阿伦·洛雷
政治经济学:对经济政策的解释	T.佩尔森,G.塔贝里尼
共同价值拍卖与赢者灾难	约翰·H·凯格尔,丹·莱文
以自由看待发展	阿马蒂亚·森
美国的知识生产与分配	弗里茨·马克卢普
经济学中的经验建模——设定与评价	[英]克莱夫·W·J·格兰杰
产业组织经济学(第五版)	[美]威廉·G·谢泼德,乔安娜·M·谢泼德
经济政策的制定:交易成本政治学的视角	阿维纳什·K·迪克西特
博弈论经典	[美]哈罗德·W·库恩
行为博弈——对策略互动的实验研究	[美]科林·凯莫勒
博弈学习理论	[美]朱·弗登伯格,戴维·K·莱文
利益集团与贸易政策	G.M.格罗斯曼,E.赫尔普曼
市场波动	罗伯特·希勒
零售与分销经济学	罗格·R·贝当古
世界贸易体系经济学	[美]科依勒·贝格威尔,罗伯特·W·思泰格尔

税收经济学	伯纳德·萨拉尼
经济学是如何忘记历史的:社会科学中的历史特性问题	杰弗里·M·霍奇逊
通货膨胀、失业与货币政策	罗伯特·M·索洛 等
经济增长的决定因素:跨国经验研究	[美]罗伯特·J·巴罗
全球经济中的创新与增长	[美]G.M.格罗斯曼,E.赫尔普曼
美国产业结构(第十版)	[美]沃尔特·亚当斯,詹姆斯·W·布罗克
制度与行为经济学	[美]阿兰·斯密德
企业文化——企业生活中的礼仪与仪式	特伦斯·E·迪尔 等
组织学习(第二版)	[美]克里斯·阿吉里斯
企业文化与经营业绩	[美]约翰·P·科特 等
系统思考——适于管理者的创造性整体论	[英]迈克尔·C·杰克逊
组织学习、绩效与变革——战略人力资源开发导论	杰里·W·吉雷 等
组织文化诊断与变革	金·S·卡梅隆 等
社会网络与组织	马汀·奇达夫 等
新企业文化——重获工作场所的活力	特伦斯·E·迪尔 等
文化与组织(第二版)	霍尔特·霍夫斯泰德 等
组织文化与领导力(第四版)	埃德加·沙因
价值观管理	西蒙·多伦 等
美国会计史	加里·约翰·普雷维茨 等
实证会计理论	罗斯·瓦茨 等
组织理论:理性、自然和开放的系统	理查德·斯科特 等
管理思想史(第六版)	丹尼尔·A·雷恩
战略过程:概念、情境、案例(第四版)	亨利·明茨伯格
后《萨班斯—奥克斯利法》时代的公司治理	扎比霍拉哈·瑞扎伊
财务呈报:会计革命	威廉·比弗
当代会计研究:综述与评论	科塔里 等
管理会计研究	克里斯托弗·查普曼 等
会计和审计中的判断与决策	罗伯特·阿斯顿 等
会计经济学	约翰·B·坎宁

Audience Analysis/by Denis McQuail

English language edition published by Sage Publications, Inc.

Published by arrangement with Sage Publications, Inc.

图书在版编目（CIP）数据

受众分析/麦奎尔著；刘燕南等译.
北京：中国人民大学出版社，2006
（当代世界学术名著）
ISBN 978-7-300-07158-9

Ⅰ.受…
Ⅱ.①麦…②刘…
Ⅲ.受众-研究
Ⅳ.G206.2

中国版本图书馆 CIP 数据核字（2006）第 016950 号

当代世界学术名著
受众分析
丹尼斯·麦奎尔　著
刘燕南　李颖　杨振荣　译

出版发行	中国人民大学出版社		
社　　址	北京中关村大街 31 号	**邮政编码**	100080
电　　话	010－62511242（总编室）		010－62511770（出版部）
	010－82501766（自营网店）		010－62514148（明德书店）
	010－62511173（销售部）		010－62515275（盗版举报）
网　　址	http://www.crup.com.cn		
经　　销	新华书店		
印　　刷	天津中印联印务有限公司		
开　　本	720mm×1000mm　1/16	**版　　次**	2006 年 3 月第 1 版
印　　张	16 插页 2	**印　　次**	2025 年 11 月第 10 次印刷
字　　数	213 000	**定　　价**	59.80 元